El duelo

EDICIÓN ACTUALIZADA Y REVISADA POR EL AUTOR

CUANDO EL DOLOR SE HACE CARNE

Gabriel

Rolón

El duelo

DIANA

Obra editada en colaboración con Editorial Planeta – Argentina

Concepto editorial: Anónima Content Studio
Diseño e imágenes de portada: Óscar Abril / BaPstudio.co
Fotografía del autor: ©Alejandro Palacios
Formación: Liz Estrada
Ilustraciones de interiores: Diego Martínez García
Diseño de maquetación: Ale Ruiz Esparza

Bajo el sello editorial DIANA M.R.
Avenida Presidente Masaryk núm. 111,
Piso 2, Polanco V Sección, Miguel Hidalgo
C.P. 11560, Ciudad de México
www.planetadelibros.com.mx

Primera edición impresa en Argentina: septiembre de 2024
ISBN: 978-950-49-8827-4

Primera edición impresa en México: agosto de 2025
Primera reimpresión en México: junio 2026
ISBN: 978-607-39-2956-1

Impreso en los talleres de Corporación en Servicios Integrales de Asesoría Profesional S.A. de C.V.
Calle E No. 6, Parque Industrial Puebla 2000, C.P. 72225, Puebla, México.
Impreso en México – *Printed in Mexico*

A mi padre

ÍNDICE

NOTA INICIAL

Pensar el duelo es pensar la vida. Es asomarse a un universo solitario, lleno de ausencias y miedos.

El duelo camina entre el amor y lo perdido, entre lo deseado y lo que no fue, o fue en un tiempo que pasó. Nosotros también pasaremos.

Llamaré *ensombrecido* a toda persona que esté atravesando un proceso de duelo.

El duelo es un trabajo y un recorrido. Un sendero que se abre ante el *ensombrecido* que enfrenta una pérdida. Es también lucha y dignidad.

Esta obra intenta pensar el duelo. Está dividida en tres partes.

La Parte Uno aborda la cara más existencial, el sentimiento trágico de la vida y la angustia de sabernos mortales. Una angustia que dio origen a mitos y religiones que buscaron calmar el espanto.

De la mano de Yahvé y Houdini, de Chachao y Spinoza, de Dante y Discépolo, de Zeus y Santa Teresa, de Gilgamesh y Heidegger, de Platón y Milton, de Gualichu y Eva, de Tántalo y Unamuno, de Sísifo y Swedenborg, de Cristo y de Gardel, entre otros, el texto deambula por Cielos e Infiernos. Cielos e Infiernos que con sus promesas de reencuentros o castigos han querido sostener la idea de que hay algo después de la vida.

La Parte Dos se detiene en los duelos personales, esos que vivimos a diario. A partir de casos clínicos, novelas, canciones y cuentos visita territorios de muerte y desamor.

Freud y Julieta, Romeo y Klein, Sophie y Nasio, Piazzolla y Allouch, Lacan y Moby Dick, Cortázar y Martina, Borges y Margot, la Yoly de Lanús y Comte-Sponville, Penélope y su bolso de piel marrón nos guían por el mundo atormentado de quien lucha por reponerse de la pérdida de sus amores.

En la Parte Tres analizo cada una de las etapas del proceso de duelo y despliego mi teoría.

Terminé de escribir este ensayo en tiempos de duelo.

Entre el asombro y la incertidumbre, la pandemia que azota al mundo desde hace meses se ha llevado vidas, sueños, empleos y abrazos. La humanidad está en duelo. Todos hemos perdido algo. En especial hemos perdido tiempo. Lo más valioso de la vida. También eso debemos «duelar». Pero como veremos, de eso se trata vivir.

Una última aclaración.

Si bien este libro puede ser leído con total independencia, fue pensado como parte de una obra mayor, como el eslabón final de una tetralogía que reúne mis ensayos anteriores. Una aventura que comenzó con *El desafío de amar* y continuó con *Cara a cara* y *El precio de la pasión*.

Lo analizado en esos textos será reformulado a la luz de un todo conceptual. Por eso, no faltará en este enfoque la mirada retrospectiva que cuestione o incluso modifique en algo lo ya escrito.

Es la esencia del pensamiento psicoanalítico. La posibilidad de revisar el pasado para encontrar significados nuevos y modificar nuestra historia.

Gabriel Rolón
Septiembre de 2020

Solo el que ha muerto es nuestro,
solo es nuestro lo que perdimos.

Jorge Luis Borges
«Posesión del ayer»

INTRODUCCIÓN

Toda persona lleva el olor de sus muertos.

Marcas feroces de quienes amamos u odiamos anidan en la cara, los gestos, los dichos, los silencios y el modo de querer y sufrir de cada uno de nosotros. Nos habitan restos de un pasado que jamás serán pasado porque se actualizan en actos y pensamientos que guían el curso de nuestras decisiones. Somos, en parte, aquello que perdimos.

Esta idea se me impuso a las diez de la noche de un día de invierno en Buenos Aires. No fue casual; aquel no era un día como cualquiera. Un llamado urgente me hizo volver al consultorio a esa hora, pero esa voz angustiada no permitía dilaciones.

Estaba lloviendo y hacía mucho frío. Bajé del taxi y corrí hacia la puerta. Entré y encendí las luces.

Después de tantos años de práctica clínica vi a decenas de pacientes transitar sus pérdidas, asomarse al vacío de sus soledades y enfrentar sus dolores más profundos.

En *El precio de la pasión* afirmé que el consultorio era un lugar apasionado. Hoy digo que es también un lugar lleno de dolor, aunque no todos los dolores son iguales. Algunos carecen de sentido aparente. Son dolores misteriosos e incomprensibles que provocan un tormento que no cesa. Un tormento vano que no conduce a la resolución del conflicto que lo causó. Lejos de eso, horada nuestras defensas y penetra cada vez más hondo hasta dejarnos frente a un abismo que cautiva. A esa extraña fascinación que genera el horror, a esa búsqueda patológica de arañar nuestras heridas, los psicoanalistas la llamamos *goce*.

Otros dolores, en cambio, resultan del esfuerzo que hacemos por mantenernos a flote luego de haber sufrido una pérdida importante. Esos dolores son inevitables y forman parte de un proceso que todo doliente debe atravesar.

Los lazos que nos unen con aquello que queremos son lazos invisibles, pero no por eso menos fuertes. Por el contrario, resisten al tiempo y la razón, y no pueden desatarse sino al costo de un enorme esfuerzo.

Cuando irrumpen la muerte, el desengaño, la frustración o el desamor, el vínculo se altera, los lazos se niegan a aceptar la pérdida, se tensan, y esa tensión genera un dolor difícil de soportar. En eso pensé aquella noche mientras esperaba la llegada de Martina. La esperaba, sí, pero de todos modos el sonido del timbre me sobresaltó.

Al verla comprendí que había pasado algo malo.

No era solo la falta de esa sonrisa generosa que solía mostrar cada vez que llegaba, había algo más. Un peso, un vacío, esa oscuridad sin nombre que con el tiempo aprendí a reconocer.

Atravesó la recepción sin hablar y se dirigió al consultorio. Miró el diván y optó por sentarse frente a mí. Me quedé callado. A los pocos segundos, como si el ámbito le hubiera permitido abrir una compuerta que hasta ese momento se había esforzado por mantener cerrada, agachó la cabeza, la apretó con sus manos, y un grito desgarrador inundó el lugar.

Me dolió. Lo sentí en el pecho y me incliné hacia ella para percibir aún más las vibraciones de su angustia. En situaciones como esas, suelo achicar la distancia física para estar más cerca. Comprendí hace mucho que un analista no es solo escucha, también debe ser una presencia dispuesta a captar con cada una de sus fibras el dolor que emana del paciente.

Cuando ocurre un desgarro emocional, el cuerpo resulta incapaz de contener ese dolor enloquecido y necesita expulsarlo de algún modo. Entonces, el analista tiene que abandonar el lugar de abstinencia y hacerse presente para recibirlo, e incluso compartirlo hasta que surja la palabra que acote en algo el sufrimiento.

El Psicoanálisis es el arte de poner sentido donde solo había angustia. Es también el arte de crear un vínculo que aloje tanto dolor.

No todo el que tiene un título habilitante está capacitado para ejercer el Psicoanálisis. No basta estudiar, hacer una carrera y recibirse. Tampoco alcanza con haber llevado adelante un profundo análisis personal. El analista es, antes que nada, un artesano cuyas herramientas son el conocimiento, la escucha, la intuición y la capacidad de mirar cara a cara el padecimiento ajeno sin huir de él ni caer en la tentación del consuelo. El primer movimiento terapéutico de un analista es absorber ese dolor descontrolado y alojarlo hasta que pueda transformarse en un dolor soportable. Para que esto ocurra, ese afecto insensato debe encontrar un espacio en el mundo de las palabras. No es algo que suceda de un momento a otro. Por el contrario, lleva mucho tiempo, pero solo de esa manera es posible simbolizar lo que hasta ese instante era un sufrimiento mudo.

No es un tiempo cómodo para mí. A veces me siento perdido. Desorientado y sin respuestas, me limito a ser una compañía silenciosa y recibir las conmociones del paciente. Por eso dejé llorar a Martina sin interrumpirla.

No entendía qué podía haber pasado. La última vez que la vi estaba feliz, a punto de emprender un viaje al Norte con su hija. Desde hacía tiempo tenían el deseo de estar unos días a solas. Melanie estaba creciendo y Martina quería conversar con ella, mirar el paisaje, reírse y compartir algunas infidencias «antes de que fuera demasiado tarde». Así lo había expresado.

Imaginé que regresaría contenta, llena de anécdotas divertidas acerca del viaje. Lejos de permitirse estas suposiciones un analista debe estar dispuesto a la intervención inesperada del azar. Y aquella vez el azar se vistió con ropas de tragedia.

—La maté —dijo de pronto—. Maté a mi hija.

Me angustié, como si mi Inconsciente se hubiera enlazado al suyo de un modo tan profundo que ya no podía discernir a cuál de los dos pertenecía el dolor.

No sabía qué había pasado, pero comprendí de inmediato el camino que tenía por delante. Lo supe en un segundo. Martina y yo comenzaríamos un descenso a los Infiernos, un proceso difícil, cruel pero inevitable. Nos esperaba el desgarro y lo incomprensible, el absurdo y la angustia.

Nos esperaba el duelo.

PARTE UNO

LA MUERTE PROPIA

I

FRENTE AL ENIGMA

Es más fácil soportar la muerte sin pensar en ella que soportar el pensamiento de la muerte.

BLAISE PASCAL

Lo inesperado

El duelo es un territorio oscuro, misterioso, casi inaccesible.

Una conmoción que nos sorprende, nos toma desprevenidos y cambia nuestro mundo en un instante. No importa lo preparados que creamos estar para enfrentar una pérdida, esa preparación jamás será suficiente. No alcanzan los consejos médicos que sugieren que el desenlace está cerca, o el registro de que el vínculo amoroso ya no funciona. Esas señales que generan angustia y ponen en movimiento nuestros mecanismos de defensa apenas pueden amortiguar el impacto. Por muy alertas que estemos, el duelo siempre será sorpresivo y a pesar de las murallas que levantemos, el dolor encontrará alguna grieta por la cual filtrarse. Cuando eso ocurre, todo se desmorona ante nosotros y por un tiempo nada tiene sentido.

El duelo aparece cuando algo se pierde. En esos momentos algo se quiebra en nosotros, el mundo se derrumba y nos muestra su aspecto más cruel. Son etapas en las que se establece una batalla entre la realidad y el deseo. Experiencias extremas en las que nos atrapa la *falta* y nos inunda una sensación de vacío.

Nadie vive sin pérdidas.

Vivir implica ceder cosas todo el tiempo, y es inútil desesperarse por evitar lo inevitable. Si algo nos enseña el análisis es que, incluso para ganar, algo hay que perder. Por suerte, no toda pérdida nos empuja al duelo. Entonces, ¿qué tienen de particular aquellas que nos obligan a un trabajo tan doloroso? Porque eso es el duelo: un trabajo. No se trata de un estado sino de un tránsito complejo donde el equilibrio psíquico se encuentra en riesgo. Un recorrido habitado de sensaciones fuertes y emociones encontradas.

La persona ensombrecida por el duelo camina confundida por un mundo que le resulta extraño. Aquello que amaba ya no está y debe aceptar vivir con esa falta.

Son pérdidas diferentes que abren una herida insoportable y generan un sufrimiento tan extremo que conmueve y desestabiliza nuestro ser.

El arte con sus metáforas puede guiarnos en la comprensión de este momento. Y si hablamos de pérdidas, la poesía del tango es una cantera inagotable. Dejemos, entonces, que «Martirio», de Enrique Santos Discépolo, nos lleve un trecho de la mano.

Solo…
¡Increíblemente solo!
Vivo el drama de esperarte,
Hoy, mañana… siempre igual.

¿Qué es lo primero que aparece ante el desgarro de la pérdida? La soledad, una soledad increíble, porque cuando perdemos algo amado nadie puede compartir nuestro mundo. Quienes se acercan intentan consolarnos con palabras huecas que denotan que esas personas no logran comprender el infierno que estamos viviendo.

Luego llega el espanto, el drama de esperar algo que no volverá y, aun así, seguir esperando en un tiempo de angustia que se nos vuelve infinito: hoy, mañana, siempre igual.

Dolor que muerde las carnes,
herida que hace gritar.

Aquí aparece el verdadero protagonista de la historia: el dolor. Un dolor incomprensible, intolerable. Un dolor que borra el límite entre el cuerpo y la mente lastimando a ambos. Un dolor tan intenso que hace gritar.

El grito.

No se trata de un detalle menor. El grito es la manifestación más arcaica para expresar el dolor.

Antes dije que toda persona lleva el olor de sus muertos.

El poeta Miguel Hernández tuvo que soportar la muerte de su primer hijo. Esa pérdida lo llevó a escribir su *Cancionero y romancero de ausencias*.

Ropas con su olor
paños con su aroma.
Se alejó en su cuerpo
me dejó en sus ropas.

Lecho sin calor,
sábana de sombra.
Se ausentó en su cuerpo,
se quedó en sus ropas.

A veces el arte es metáfora del dolor.

Así fue con Hernández. También con Discépolo.

Vergüenza de no olvidarte
si yo sé que no vendrás.

El personaje del tango nos muestra también su vergüenza, una sensación que lo recorre porque no está loco. Sabe que la persona amada no regresará y sin embargo no puede dejar de esperarla.

Solo...
¡Pavorosamente solo!
Como están los que se mueren,
los que sufren, los que quieren,
así estoy por tu impiedad.

De nuevo la soledad, pero esta vez de la mano del pavor, de un miedo difícil de manejar. Se trata de otro de los afectos que acompañan el duelo: el miedo. Miedo a no poder seguir, a no soportar tanto padecimiento, a que la vida no vuelva a encontrar un sentido. Un miedo y una soledad que, según Discépolo, solo pueden entender los muertos, los que sufren, los que aman en vano.

Y sobre el final asoma el enojo contra quien nos ha abandonado. Un ser impiadoso que no tiene compasión por nosotros.

Sin comprender,
por qué razón te quiero...
Ni qué castigo de Dios
me condenó al horror
de que seas vos...

Vos, solamente solo vos,
nadie en la vida más que vos
lo que deseo.

Estamos frente al desamor. Y el abandonado se siente confundido. No entiende cómo puede seguir queriendo a esa persona, ni por qué Dios lo condena al horror de no poder desear a alguien más. ¿Cómo hacer para seguir adelante? No lo sabe, ni siquiera vislumbra la respuesta a esa pregunta…

Y entre la risa y las burlas
yo arrastré mi amor… llamándote.

Otra vez los demás.

Ese mundo que no entiende, que se burla del dolor, que dice «Ya terminó», «Tienes que olvidar» o «La vida continúa». Frases vacías que lejos de ayudar empujan al *ensombrecido* a un aislamiento todavía más profundo.

Unos versos después, Discépolo nos regala la imagen más brutal de la tortura que atraviesa la persona que es asaltada por el duelo.

Dolor de bestia perdida
que quiere huir del puñal.
Yo me revuelco sin manos
pa' librarme de tu mal…

La escena describe el espanto, la sensación de sentirse una bestia perdida que quiere huir de la muerte, pero no puede. Y esa imagen aterradora: alguien que, atravesado por el dolor, intenta dar vueltas en el piso sin tener las manos para hacerlo. Alguien que ha perdido hasta la posibilidad de revolcarse para descargar en algo tanto sufrimiento.

Solo…
¡Despiadadamente solo!
Mientras grita mi consciencia
tu traición, la de tu ausencia…
Hoy, mañana, siempre igual.

Y, como en el comienzo, la soledad nuevamente despiadada. Pero esta vez es el protagonista enamorado, o al menos una parte de él, quien ejerce esa falta de piedad por sí mismo. Su razón le pide que recuerde la traición y acepte la ausencia. Pero él sabe que es inútil, que sus compañeros serán el dolor, la angustia, la soledad, la culpa, la vergüenza y un deseo obsesionado por recuperar lo perdido.

Así será por un tiempo. Un tiempo que nos parece interminable. Hoy, mañana… siempre igual.

* * *

Avancemos de la mano de una pregunta. ¿Qué tienen de particular aquellas cosas que, al perderlas, nos precipitan al duelo?

En principio, son afectos, vínculos o situaciones que resultan indispensables para nuestro equilibrio emocional. Por lo tanto, su desaparición nos desestabiliza, hiere nuestra integridad y nuestro narcisismo más profundo. El amor propio se resiente y todo cambia en un segundo.

Nótese que no dije *muerte* sino *desaparición*. Porque esa es la sensación que registra nuestra psiquis, que el amado ha desaparecido del mundo, y su ausencia nos condena a deambular sin pausa intentando reencontrarlo.

Dada la connotación que el término «desaparecido» tiene en Argentina utilizaré la palabra «desvanecido» para referirme a esas personas, situaciones o ideales que ya no están en nuestra vida. Ante pérdidas semejantes se produce un impacto afectivo difícil de soportar. Así, emocionalmente arrinconados, comprendemos el fracaso de la ilusión de estar completos.

Esta es otra de las características de esas vivencias que nos precipitan al duelo: por un tiempo aparentan tapar la falta y brindan sensación de completud. ¿Qué otra cosa más que el amor puede generar eso? Ninguna.

De modo que llegamos a una primera conclusión: solo se duela aquello que se ha amado.

Así como la esperanza es la raíz de la desilusión, el amor es la génesis del duelo, la condición primera que nos expone al dolor.

«Nunca estamos tan indefensos contra el sufrimiento como cuando amamos», sentenció Freud.

La relación entre el amor y el dolor es tan directa que bajo la lupa del duelo podemos reforzar la idea trabajada en *El precio de la pasión*: todo lo que duele, duele porque antes fue amor.

El amor es un engaño.

Como dijo Lacan, «es dar lo que no se tiene a quien no es».

Por amor, alguien se ofrece a dar lo que otro necesita para ser feliz, sin tenerlo. Y lo hace porque cree que esa persona puede completar su sentimiento de vacío. Es la falacia del amor, la promesa de tenerlo todo, de que nada más hará falta, y el duelo irrumpe cuando esa promesa falla.

La sensación de estar completos se evapora, la ilusión se desmorona y aparece la angustia.

Una palabra con historia

El término *duelo* presenta algunas aristas.

Como toda palabra, tiene una etimología y unas modificaciones posteriores que se produjeron con los años. Es inevitable que así sea. Nos apropiamos de las palabras, las incorporamos y las vamos moldeando, a veces tanto que llegamos a cambiar por completo el significado original.

Los puristas del lenguaje reniegan de los sentidos nuevos que el uso cotidiano produce sobre las palabras. Se equivocan. Es justamente allí donde reside gran parte de su importancia. Es por el uso cotidiano que las palabras adquieren su valor. Por eso, en el consultorio presto mucha atención a cómo habla cada paciente. En ocasiones, la infancia, alguna vivencia traumática, o un simple chiste familiar dan a un término una significación única para esa persona, y es deber del analista escucharla para darle un lugar en el tratamiento.

Ahora volvamos a la etimología de la palabra *duelo*.

La primera proviene del latín *duellum*, que significa «guerra»; aunque tiempo después fue reemplazado por el término *bellum*, de donde deriva, por ejemplo, la palabra *beligerante*. Sin embargo, *duellum* siguió en los escritos antiguos y en la memoria cultural. Y aquella raíz, *due*, rimaba tanto con *duo* («dos») que no resulta extraño que el sentido se desplazara a una de las acepciones más conocidas de la palabra duelo: «guerra entre dos».

Todos sabemos que en otros tiempos algunos hombres se retaban a duelo, a una guerra de dos, para dirimir cuestiones de honor. Por entonces, se creía que vencería en el combate quien tuviera la verdad. Por extraña que parezca, esta creencia es mucho más común de lo que pensamos. Aun hoy sobrevuela la idea mágica de que siempre gana el mejor. ¿Qué otra cosa sostiene la convicción en la meritocracia?

Tal vez el origen de esta enorme confusión se encuentre en las antiguas ordalías.

La ordalía, o Juicio de Dios, fue una institución que tuvo valor jurídico en Europa hasta fines de la Edad Media. Se trataba de una serie de pruebas en las que se utilizaban el agua o el fuego para juzgar a los sospechosos de algún delito. Por ejemplo, se obligaba a alguien a meter las manos en una hoguera o sostener un hierro encendido. Si al finalizar la prueba esa persona no tenía heridas, se deducía que Dios lo había protegido y, por lo tanto, era declarado inocente. Como sospechamos, quienes pasaban por esas experiencias salían lastimados. Para los jueces eso era un signo innegable de culpabilidad. Entonces, además de la tortura a la que habían sido sometidos, los acusados debían enfrentar condenas que casi siempre terminaban en la muerte.

De aquí provienen frases, tales como «atravesar una prueba de fuego», o «poner las manos en el fuego por alguien».

La ordalía por el agua presentaba un rasgo curioso. Por lo general, se ataba de pies y manos al sospechoso y se le arrojaba a un río o un estanque. El agua era considerada un elemento sagrado, recordemos el bautismo, por lo tanto se creía que recibía a las personas virtuosas y rechazaba a los pecadores. De modo que solo sería considerado inocente quien se hundiera y no quien lograra mantenerse a flote. Razón por la cual se daba una circunstancia extraña: la declaración de inocencia recaía sobre personas que, al haberse ahogado, ya estaban muertas. Los que sobrevivían, en cambio, eran considerados culpables y sentenciados a morir.

Resulta evidente que la idea que subyace a la ordalía es que Dios existe y toma partido por los justos. Es probable que esta creencia se desplazara también hacia los duelos garantizando que siempre vencería quien tuviera la razón, porque el Creador no podría beneficiar a los indignos.

Este tipo de duelos tienen una historia extensa.

Los antiguos pueblos germanos, por ejemplo, zanjaban sus problemas limítrofes arrojando un martillo o dando gritos. Así, la razón quedaba del lado de quien tuviera mayor fuerza física o pegara alaridos más estruendosos.

Al parecer, los primeros duelistas fueron los vikingos, quienes se retaban a golpes de puño, aunque estos combates no eran a muerte sino a «primera sangre», es decir que el duelo finalizaba cuando alguno de los dos recibía una herida.

Sea como sea, no se trató de un tema menor ni esporádico. Basta decir que, durante el reinado de Enrique IV, más de ocho mil personas murieron en Francia a causa de estos duelos.

Aunque mucho más joven, Argentina también tuvo sus duelistas.

Lucio V. Mansilla, militar, periodista y autor del famoso libro *Una excursión a los indios ranqueles* protagonizó un combate célebre. Según se cuenta, Mansilla se sintió ofendido por algunas opiniones vertidas sobre él en el diario *El Nacional* y desafió a su director, Pantaleón Gómez, a batirse en duelo. Cuando llegó el momento, Gómez tomó su arma y disparó al suelo. Mansilla, en cambio, lo hirió de muerte.

Sin entender la actitud de su rival, Mansilla se acercó a su oponente quien, antes de morir, lo miró con respeto y le dijo: «Yo no mato a un hombre de talento».

El vencedor lo abrazó llorando y lo besó en la frente. Al parecer, jamás pudo reponerse de esta experiencia, y descarto que ese recuerdo lo acompañó siempre.

Los duelos no eran solo una práctica violenta y cruel, además eran falaces. No es cierto que siempre ganen las personas más nobles y, por otro lado, la victoria suele estar más cerca del poder que de la justicia.

A pesar de esto hay dos características que me gustaría resaltar.

La primera remite a la imposibilidad de rechazar un duelo. Nadie podía negarse, porque se pensaba que quien no estuviera dispuesto a defender su honor no merecía la vida.

La segunda sostenía que, siendo el duelo un privilegio de la nobleza, evitarlo hacía que la persona ya no fuera digna de pertenecer a su clase.

Detengámonos aquí por ahora. Pero guardemos estas ideas que retomaremos luego: la importancia de defender la dignidad y la soledad a la que queda condenado quien no es capaz de enfrentar un duelo.

Volviendo a la etimología de la palabra, existe una segunda acepción que liga duelo con luto. En este caso, el origen es el vocablo latino *dolus,* «dolor». Y aquí todos nos sentimos reflejados. ¿Quién no ha experimentado en carne propia el dolor que implica atravesar una pérdida? Ese desgarro desesperado de saber que no volveremos a ver a alguien, que jamás escucharemos su voz.

Pero hay una etimología mucho más intrigante aún que sugiere que la palabra *duelo* deriva del griego *dolos*, que significa «engaño». Desde esta óptica cabe preguntarse: ¿qué relación hay entre el duelo y la impostura?

Como vemos, apenas iniciado el camino quedan flotando algunos *significantes* fuertes: guerra, batalla de dos, desafío, dolor, engaño. No los perdamos de vista porque con todos ellos recorreremos este camino.

Esa compañera silenciosa

Por lo general, la idea de duelo está asociada a la muerte, y es inevitable que así sea. Después de todo, no se duela nada que no haya muerto.

A veces esas muertes son plenas e implican la desaparición en el mundo real de alguien amado. Otras no, pero no por eso duelen menos. Son las muertes que se producen al perder un sueño, un amor, una casa, la juventud, un trabajo, o el reconocimiento de alguien cuya mirada era fundamental para nosotros.

Toda ausencia puede herirnos de modo profundo y precipitarnos al duelo, por eso Freud lo definió como «la reacción frente a la pérdida de una persona amada, o de una abstracción que haga sus veces, como la patria, la libertad, un ideal, etc.».

No olvidemos que *Duelo y melancolía*, el texto más importante que Freud dedicó al tema, se publicó en el año 1917 con los dolores frescos de la Primera Guerra Mundial. De allí la importancia que dio a la patria, la libertad y los ideales. Pero ya nos ocuparemos a detalle de la concepción freudiana del duelo. Sin embargo, más allá del lado por el que intentemos acercarnos a su comprensión, inevitablemente nos toparemos con algunas constantes: la muerte, el amor, el dolor y la necesidad de hacer algo con la pérdida.

Avancemos, entonces, hacia ellas. Y hagámoslo con cuidado, porque antes deberemos definir muy bien de qué estamos hablando en cada caso.

* * *

En mis años de adolescencia se impuso un libro de Carlos Castaneda: *Las enseñanzas de Don Juan*, que dio origen a toda una saga. Narrado en primera persona, su autor era a la vez el protagonista de la historia.

Interesado por los efectos medicinales de algunas hierbas que crecían en el desierto mexicano, Castaneda entra en contacto con un viejo indio tolteca que a partir del uso de sustancias alucinógenas comienza a adiestrarlo en el arte de la brujería. De esa manera, maestro y discípulo inician un camino plagado de experiencias extrañas, algunas por completo delirantes.

Cierta vez, mientras mantenían una de sus largas conversaciones, Don Juan le dijo a Castaneda que la muerte siempre camina a nuestro lado, y que si alguna vez él lograba voltearse con la suficiente rapidez podría sorprenderla muy cerca, a cinco centímetros de él, un poco atrás y a su izquierda.

La idea de que la muerte nos pisa los talones es inquietante. Aun así, es una bella metáfora que nos recuerda que, no importa dónde estemos ni lo que hagamos, la posibilidad de morir está siempre latente. Dada esta realidad inevitable, Don Juan le sugería a su aprendiz que, lejos de temerle, la tomara como una consejera.

¿Qué significa tomar a la muerte como consejera?

Recordar que somos mortales, que no tenemos todo el tiempo del mundo para jugarnos por nuestros sueños, que debemos hacernos cargo de nuestra vida y pelear por lo que deseamos.

Miguel de Unamuno nos golpea con su pensamiento.

> El hombre, por ser hombre, por tener conciencia, es ya, respecto al burro o a un cangrejo, un animal enfermo. La consciencia es una enfermedad... Ese pensamiento de que me tengo que morir y el enigma de lo que habrá después, es el latir mismo de mi consciencia.

La consciencia de la muerte es la enfermedad inevitable de todo ser humano, su condena, y al mismo tiempo su salvación. El origen de su angustia y la fuerza que empuja el latir de sus deseos.

Mirar de frente a la muerte es una invitación a salir de esa rueda de postergaciones permanentes con las que evitamos comprometernos con nuestros anhelos más profundos.

No es una tarea fácil. Por lo general, vivimos eludiendo el tema. Algunos ni siquiera se animan a hablar de ello. Viven distraídos y diluyen su tiempo en actividades vanas y, de esa manera, evitan iniciar el camino que podría conducirlos a la felicidad, o al menos a una existencia plena. Esquivan sus deseos y piensan que serán felices después, luego de recibirse, de casarse o tener hijos, y así dilatan sus deseos a la espera de una situación ideal que no llegará jamás. No importa cuál sea la excusa, lo cierto es que esa posible felicidad queda eclipsada tras la bruma del futuro.

Si fuera cierto que, como dice Don Juan, la muerte estuviera allí, a nuestra izquierda, apenas a cinco centímetros de nosotros y prestáramos atención, la escucharíamos susurrar aquella pregunta que ilumina la Torá: «Si no es ahora, ¿cuándo?».

* * *

Martin Heidegger fue un hombre extraño.

Dueño de una mente brillante, se transformó en uno de los filósofos más importantes del siglo XX. Creó el concepto de *Dassein*, término que surge de la combinación de las palabras *sein* («ser») y *da* («ahí»). Es decir, el ser ahí. Ahí, ¿dónde? En el mundo.

Esos somos nosotros, un ser aquí, arrojado a un mundo de posibilidades. Pero hay algo en su pensamiento que resulta inquietante. Según él, somos apenas un ser para la muerte. Porque no importa lo que hagamos con nuestra vida, si estudiamos o no, si convivimos con alguien o elegimos la soledad, si nos atrae un hombre, una mujer o ambos, de todos modos vamos a morir. Es la única posibilidad cierta de la que no podremos escapar.

Cada uno de nosotros es apenas un *muriente*.

Y esa muerte que está allí, o aquí, no importa, condiciona nuestra vida y nos convierte en seres en falta. ¿Por qué en falta? Porque, en principio, nos falta la eternidad. Podemos negarlo o asumirlo, pero algo en lo profundo de nosotros lo sabe. Más que saberlo, lo siente.

Nos faltan, además, las palabras que podrían calmar un poco esa angustia existencial de sabernos mortales. Y quedan apenas las preguntas.

¿Qué es esto de morirse?
¿Adónde van los que mueren?
¿Adónde iremos nosotros?
¿Qué significa «duelar»?

Preguntas sin respuestas que caen en el vacío, en una ausencia de saber que la cultura ha tratado de llenar como pudo. ¿Qué otra cosa son la mitología o las religiones más que el intento de hallar alguna respuesta que mitigue nuestra incertidumbre y nos defienda de la angustia que genera lo imposible de nombrar?

La palabra ausente

No es la muerte nuestra única falta.

Somos seres hablantes, y eso implica que vivimos en un estado de duelo permanente, porque para nosotros hay algo que está perdido para siempre.

He abordado el tema en *El desafío de amar*. Recorramos ahora esta idea a la luz del duelo.

Estamos condenados a comunicarnos, generalmente a través de las palabras. Pero nadie podrá transmitir exactamente lo que quiera porque siempre habrá algo del sentido que escape a la significación. Lo sabemos. Conocemos el malentendido, el «no es lo que quise decir», la impotencia que genera percibir que alguien ha tomado nuestros dichos de manera equivocada.

La teoría de la comunicación sostiene una utopía: la posibilidad de comunicar con exactitud. Según ella, existe un emisor, un receptor y un mensaje. De modo tal que el emisor genera el mensaje que el otro recibe. Siempre y cuando ambos compartan el mismo código, una lengua en común, por ejemplo, se supone que se establece la comunicación correcta de lo que quiso decirse.

Esto no es más que una ilusión. Por más amplio que parezca, el lenguaje no alcanza para transmitir lo que queremos. Siempre nos falta al menos una palabra para comunicar nuestras emociones o pensamientos. De todos modos lo intentamos, en vano, y eso que se pierde al hablar, eso que no puede articularse en las palabras genera una inquietud que nos mantiene en permanente movimiento. Ese resto incomunicable, esa falta, nos hace ser quienes somos. Allí nace el deseo, en la diferencia que hay entre lo que queremos decir y lo que decimos, entre aquello que buscamos y lo que en realidad encontramos. Que siempre será otra cosa.

Si fuéramos seres de la necesidad no tendríamos este maravilloso problema, pero no lo somos. Aunque como organismos biológicos tengamos algunas necesidades, nos define la condición de *sujetos deseantes*.

La distinción entre necesidad y deseo es fundamental.

La necesidad tiene algo que la satisface y supone una relación directa entre el organismo y el objeto, es decir que existe ese objeto que se adecua a esa necesidad. El aire, por ejemplo, satisface la necesidad de respirar. No ocurre lo mismo con el deseo. Todos sabemos lo difícil que es saber qué desea alguien.

La necesidad es directa y toma lo que requiere sin ningún tipo de rodeos. El deseo en cambio nos obliga a pedir lo que queremos, a poner en palabras lo que deseamos, a generar una demanda. Una demanda dirigida a un otro que deberá decodificarla, darle un sentido y responder a ella como pueda, aunque nunca con aquello que se le pidió. Porque, más allá de las apariencias, la demanda intenta obtener algo que calme la falta, que mitigue ese vacío que nos habita por ser seres hablantes y conscientes de la finitud. Y nadie, por mucho amor que nos tenga, podrá satisfacer ese grito desesperado.

Pero que no nos confunda la palabra. Porque en español, *demanda* remite a una exigencia. Para el Psicoanálisis, en cambio, esa demanda es un pedido, casi una súplica que se dirige al otro: «por favor, hágame sentir que no estoy tan solo, que no voy a morir».

Otra vez el amor. Ese afecto único, potente y engañoso que, al menos por un instante, puede calmar la soledad extrema que nos habita. No importa qué pidamos, en el fondo de cada uno de esos pedidos se esconde el deseo de ser amado. Por eso dijo Lacan que «toda demanda es demanda de amor».

Es lo que demanda el bebé a su madre con su llanto, lo que demanda la mirada suplicante del enamorado, es la demanda que todos, en nuestro desamparo más profundo, intentamos transmitir. Y es también la trampa que se oculta en el lenguaje. Porque el otro podrá dar lo que en apariencia le pedimos, un viaje, un hogar o un hijo, pero jamás podrá colmar el anhelo de completud que recorre nuestros deseos.

Así, el sujeto de la palabra ocupa el lugar del ser biológico, la necesidad da paso al deseo y de ese modo nos constituimos en seres condenados a vivir en falta y con un cierto grado de insatisfacción, porque todo no se puede.

Este es el primer duelo al que debemos enfrentarnos: somos seres incompletos que corren detrás de un objeto que, como dijimos, está perdido para siempre.

II
PROMESAS

El paraíso no existe, pero debemos esforzarnos por ser dignos de él.

JULES RENARD

El abismo

Pensar la muerte es asumir el desafío de abordar lo inabordable.

Si, como dijimos, hay una falta que recorre el lenguaje y nos condena a no poder decir exactamente lo que queremos, cuando nos acercamos a la muerte esa falta se hace más evidente porque no existe registro de la muerte en el Inconsciente, ya que nadie ha pasado antes por el trauma de morir. Ante un hecho tan significativo de la vida, todos, jóvenes, viejos, hombres y mujeres nos encontramos en la misma situación de ignorancia. Por eso la muerte es uno de los grandes temas de la humanidad. El otro es el amor.

La muerte y su negación, el amor.

Dijimos que nunca estamos tan en riesgo como cuando amamos. Digamos también que jamás nos sentimos tan lejos de la muerte. Es el ruego desesperado del personaje enamorado de Christopher Marlowe: «Hazme inmortal con un beso».

En ocasiones el amor nos engaña, nos ilusiona, y por un tiempo logra apaciguar la sensación de vacío, pero tarde o temprano la amenaza regresa, y la desazón también. Saciemos nuevamente nuestra sed de pensamiento con las aguas que nos ofrece Unamuno.

> Es el amor, lectores y hermanos míos, lo más trágico que en el mundo y en la vida hay; es el amor hijo del engaño y padre del desengaño; es el amor el consuelo en el desconsuelo, es la única medicina contra la muerte, siendo como es de ella hermana.

Otra vez la consciencia de la muerte invadiendo todo, incluso el amor.

Epicuro fue un filósofo que vivió en Grecia tres siglos antes de Cristo. Como no podía ser de otra manera, se ocupó de esta cuestión, y lo hizo con un planteo racionalista: mientras existimos la muerte no está presente, y cuando ella está presente ya no existimos. Entonces, se preguntó: ¿por qué habríamos de temerle a algo con lo que jamás nos encontraremos?

Epicuro no niega el carácter finito de la vida, pero sostiene que eso no implica que debamos vivir atormentados por la duda y el temor. Por el contrario, promueve la calma, la búsqueda de la felicidad y la pérdida del miedo a esa finitud inevitable.

Esta postura rima con la mirada de Schopenhauer, quien aborda el tema con simpleza. Según él, todo cuanto existe, desde el momento mismo de su nacimiento, está destinado a desaparecer. Por lo tanto, no tiene sentido amedrentarse frente a un hecho tan cotidiano como la muerte. Pero ¿es la muerte un hecho tan cotidiano?

Desde el punto de vista estadístico podríamos decir que sí, después de todo se trata de una circunstancia muy banal: todo el mundo muere. Es lo que el filósofo francés Vladimir Jankélévitch llama la muerte en tercera persona, la que no inquieta, esa que sale en los obituarios que nadie lee, la muerte anónima.

Sin embargo, ¿qué pasa cuando la muerte toma el nombre de alguien que amamos? Ese caso es diferente. La pérdida nos conmociona, surge la sensación de injusticia en toda su dimensión empujándonos al borde de la locura, y desata un dolor que por momentos resulta insoportable.

La muerte con nombre propio no tiene nada de banal. Nos hiere, nos deja solos y nos obliga a emprender un duelo, ¿una batalla de dos? Quizás. Pero ¿de qué «dos» se trata? Ya hablaremos de eso.

Nos resta nombrar la otra muerte, la imposible de imaginar, la muerte propia.

Freud dijo que «cada uno de nosotros tiene a todos como mortales, menos a sí mismo». Por eso aconsejaba que si queríamos vivir debíamos prepararnos para morir. Un consejo lúcido si pensamos, junto con Heidegger, que es la única posibilidad que no podremos evitar. Aun así, no es una tarea fácil.

Spinoza sostuvo que todo lo que es tiende a perseverar en su ser. Nos aterra la idea de dejar de ser, y ¿qué otra cosa es morir?

Todos, de algún modo, buscamos eludir la muerte y persistir. Como sentenció Don Miguel:

> El que os diga que escribe, pinta, esculpe o canta para propio recreo, si da al público lo que hace, miente; miente si firma su escrito, pintura, estatua o canto. Quiere, cuando menos, dejar una sombra de su espíritu, algo que le sobreviva…

Imaginar la inexistencia resulta tan intolerable que la cultura ha intentado paliativos para disminuir la angustia. Promesas que hablan de un después, de Cielos u otras vidas.

Creer en vidas pasadas es una tentación. Después de todo, si hubo encarnaciones anteriores, ¿por qué no pensar que habrá otras más adelante? En cuyo caso la muerte dejaría de ser una amenaza tan tremenda.

Adhiero a la postura de Baruch Spinoza: nada peor puede ocurrirnos que dejar de ser quienes somos. No interesa haber sido en el pasado o ser en el futuro alguien más. La existencia o no de la reencarnación no tiene ninguna importancia. Si el precio es el olvido, nada quedará de nosotros.

De modo que si alguien quisiera calmarnos apelando a la reencarnación, podríamos decirle que no nos interesa porque lo que en realidad queremos es seguir siendo quienes somos, con nuestro pasado, nuestros miedos y deseos, nuestros amores, nuestros muertos queridos y nuestros sueños más profundos, los que se han concretado y los que no, porque somos también aquello que perdimos. Y si nos quitan eso, lo que queda nada tiene que ver con nosotros.

Muchos sostienen la existencia del alma. Tampoco me consuela esa creencia. Después de todo, si en realidad existiera ese hálito intangible de vida, ¿en cuáles de sus partes están grabados mis recuerdos, mis dolores y todo lo que hace que no dé igual ser o no ser uno mismo?

Karl Marx señaló que «la religión es el opio de los pueblos». Un opio que, en este asunto, muchas veces logra calmar la angustia.

En el texto *El porvenir de una ilusión* Freud afirma que la religión, a pesar de tantos siglos de existencia, no pudo conquistar la felicidad del sujeto humano. Sin embargo, dado que no existe cultura que no haya generado alguna forma de la religión, deducimos que se trata de una necesidad intrínseca de la especie.

Todo ser humano nace solo, desprotegido y debe enfrentarse al mundo de ese modo. Por suerte, en la mayoría de los casos hay Otro que lo está esperando para infundirle seguridad. Por lo general este rol es ejercido por los padres. Aunque más tarde esos padres irán mostrando sus grietas y su imposibilidad de cuidarlo de los dolores y las amenazas de la vida. No es extraño, entonces, que haya sido necesario construir un Padre Todopoderoso, sin fallas y omnipresente que cuide de nosotros.

Dios es producto de la necesidad imperiosa de unos pobres seres aterrados ante la certeza de su finitud.

No tan solos

En la Antigüedad casi nadie dudaba de la existencia de un mundo después de la muerte. Morir apenas ponía fin a la vida en la Tierra, pero no a nuestro ser.

Quizás la primera de las promesas que intentaron garantizarnos fue que no estaríamos solos a la hora del final. Así surgen las figuras de los llamados *psicopompos*, personajes cuya función consistía en acompañar a los muertos hasta su última morada.

El nombre proviene del griego *psyche* («alma») y *pompós* («el que conduce»). El psicopompo, entonces, se encargaba de custodiar a las almas en tránsito. No ejercía juicio ni castigo. Por el contrario, cuidaba de ellas.

Caronte, el barquero que conducía las almas de los muertos al Hades, el Infierno griego, sin duda es el más famoso de los psicopompos.

En aquellos tiempos se creía que al morir la persona se encontraba en estado de conmoción, desorientada y sin saber qué hacer. Los psicopompos, entonces, aparecían para calmar el miedo que generaba esa soledad confusa. Además, ayudaban a esas almas atrapadas entre dos mundos que, en su desconcierto, todavía se pensaban vivas.

En la mitología griega, Hermes, el mensajero del Olimpo, era también el dios de lo incierto y se encargaba de conducir las almas de los muertos al inframundo. Así cuidaba que tuvieran una marcha segura y llegaran a su destino.

Los aztecas, por su parte, creían que después de la muerte el alma debía soportar cuatro años de pruebas: vencer a una serpiente y a un cocodrilo, padecer vientos helados, cruzar ríos y desiertos.

Para ayudarlas a sortear estas dificultades, Mictlantecuhtli, dios de la muerte, les proveía un compañero de viaje: Xólotl, encarnado en el cuerpo de un perro carente de pelo. Ese animal era realmente el mejor amigo del hombre, hasta tal punto que estaba dispuesto a acompañarlo en su trayecto hacia el Mictlán, último nivel del mundo inferior, donde por fin podrían descansar para siempre. Por eso, parte del rito funerario era sacrificar al perro del fallecido y enterrarlo junto a él.

Desde mucho antes de la llegada de los españoles al continente americano, los mayas tenían la creencia de que los perros aúllan por las noches porque pueden ver cómo las almas abandonan los cuerpos durante el sueño.

En las leyendas nórdicas se habla de un caballo esquelético de tres patas que emana un olor nauseabundo. Es Helhest, el corcel infernal. Se dice que pertenecía a Hel, diosa del Infierno, aunque otras versiones indican que era el encargado de conducir las almas de los muertos hacia su destino de ultratumba.

En el mundo de los vikingos era mucho más deseable el destino de los guerreros. Como Odín, el más importante de sus dioses, los necesitaría para enfrentar a los gigantes en la batalla final por el dominio del mundo, enviaba a las Valkirias, unas hermosas entidades femeninas, para que eligieran a los más valientes. Los seleccionados ya no irían a los reinos de Hel, sino a Valhalla, donde disfrutarían de los placeres del sexo, la bebida y la guerra hasta la llegada inevitable de esa batalla final, el Ragnarok.

Emanuel Swedenborg también fue un hombre de las tierras de Odín.

Según consta en sus diarios íntimos, este místico y científico nacido en el siglo XVII, cierto día fue abordado por un desconocido que lo seguía por la calle. El hombre manifestó ser Jesús. Le dijo que, dado el momento de decadencia que atravesaba su iglesia, era necesario renovarla, y le pidió que lo hiciera. Para que pudiera cumplir con la tarea le permitiría conocer el mundo de los espíritus, recorrer Cielos e Infiernos. Un viaje ciertamente dantesco. De eso también hablaremos más adelante.

Según Swedenborg, cuando alguien muere no se da cuenta de que ha fallecido y sigue su vida igual que antes. Va a trabajar, visita a sus amigos y continúa sus actividades cotidianas. Pero poco a poco comienza a notar algunas diferencias. Los colores, las formas, todo es más intenso que antes. En ese momento comprende que el mundo en que ha vivido no es más que la sombra del que ahora está «viviendo».

Una vieja creencia inglesa sostiene que alguien no se da cuenta de que ha muerto hasta que percibe que los espejos ya no lo reflejan. Algo parecido ocurre con el desamor, otra de las formas de la muerte.

El amor supone una lucha denodada por obtener el reconocimiento del otro. Una lucha para que su mirada me diga que no soy igual a los demás, que despierto deseos y emociones que ninguna otra persona puede generarle.

La mirada del amado es el espejo que nos refleja, nos ilumina, nos da un lugar de privilegio y nos hace sentir vivos. Nos excita y nos calma. Por momentos nos satisface y a veces nos frustra. De esa manera imparte un ritmo que sostiene nuestro deseo insatisfecho, pero no tanto. La persona que amamos no es la que nos completa sino la que nos permite tener una incompletud que no duele. No es quien cumple todos nuestros caprichos, sino quien nos insatisface hasta un punto soportable. Eso amamos. Y eso es lo que debemos duelar cuando muere alguien que con su presencia supo mantener el ritmo de nuestra insatisfacción en un punto soportable.

Cuando esa mirada se aparta de nosotros el espejo se opaca, el enamorado se desespera por reencontrar su imagen perdida y la insatisfacción se torna insoportable. Algunos no pueden tolerarlo y se quiebran. Otros, como las almas de Swedenborg, no comprenden que han muerto para el amado, no aceptan la pérdida y permanecen en un limbo indefinido habitado de esperanzas vanas.

* * *

En la mitad de su vida se encuentra perdido. Parado en medio de una selva oscura lo recorre una soledad que duele, y una certeza: se ha apartado del camino recto.

Quiere escapar, pero no sabe cómo. Adelante tiene una hermosa colina. Se dirige hacia allá, aunque no puede avanzar. Una pantera, un león y una loba se lo impiden.

Tiene que huir, pero no puede. No queda otra opción que volver a la selva. Y allí está de nuevo, solo, angustiado. De pronto, una presencia lo sorprende.

—Ten piedad de mí —le suplica—. Quien quiera que seas, sombra u hombre verdadero.

—No soy ya un hombre, pero lo he sido —responde en calma la sombra y continúa—: No podrás alcanzar la colina por ese camino.

—Las bestias —asiente.

—Sí. Pero no te confundas. La pantera, el león y la loba son en realidad tus pecados. Ellos no te dejan avanzar. —Ante la mirada interrogante del hombre, la voz continúa—: Esos animales representan la lujuria, la soberbia y la avaricia…

tus tres grandes pasiones y no podrás vencerlas porque, como ellas, luego de comer tienen más hambre que antes.

—¿Y qué puedo hacer?

—Te conviene seguir por otra ruta —responde la voz—. Yo seré tu guía y te llevaré a un lugar eterno donde escucharás aullidos desesperados y verás los espíritus dolientes de los antiguos condenados que llaman a gritos a la segunda muerte. El camino será largo y difícil. Juntos atravesaremos el Infierno y el Purgatorio hasta llegar a la cima.

El hombre lo mira a través de sus lágrimas.

—Acepto —dice por fin— y te pido por Dios que me hagas huir de este mal y de otro peor.

Al escucharlo, el espectro se pone en marcha y Dante lo sigue.

Con esa escena se inicia la *Divina comedia*, la maravillosa obra de Dante Alighieri.

Alguna vez he comparado al analista con Virgilio, el poeta que se le apareció a Dante, porque como a él, le toca acompañar al paciente en la travesía de su Infierno personal y ayudarlo a manejar esas pasiones enfermas que al satisfacerse generan más hambre todavía. Los analistas debemos sugerir a esa persona confundida y angustiada que le conviene seguir por otra ruta. Y para iniciar el nuevo recorrido, como Virgilio, necesitamos de su confianza, que crea que podemos ayudarlo, que sabemos cómo hacerlo. A eso le llamamos *transferencia*. Condición indispensable para ponernos en marcha.

A su modo, el poeta ha sido el psicopompo de Dante.

Muchas veces me ha tocado encarnar ese rol, contener al paciente en momentos de confusión y llevarlo a aceptar una muerte, sea la pérdida de un ser querido o de una persona que ya no lo ama, de ese espejo que ya no lo refleja.

Sentirá miedo y tendrá que desafiar sus pasiones. Será también un camino largo y difícil. Aumentarán sus dolores y, por momentos, sentirá que no puede... que no quiere.

Deberé enfrentar los mecanismos de defensa que intentarán mantener con vida lo ausente. Al principio, es posible que el análisis lo desestabilice aún más. Lo sé. Pero tendremos que seguir adelante a pesar de los gritos, de los aullidos que nos estremezcan al cruzar el Infierno. Es parte de ese trance complejo y delicado al que llamamos *duelo*, y quien no se anime a transitarlo correrá el peligro de quedar *ensombrecido*.

La negación

—Yo sé que Javier va a volver —dice convencida.

—Lucía, hace más de un año que se fue de tu casa.

—No es necesario que me lo digas —responde enojada—. Sé mirar el calendario.

—¿Seguro?

—¿Quieres que te diga la fecha de hoy?

—No hace falta. No es el tiempo del calendario el que me preocupa, sino el otro, el que parece haberse detenido para ti.

Aprieta sus manos.

—¿Puedes ser más claro?

—Sí. Pero antes quiero hacerte algunas preguntas. ¿Cuánto hace que Javier no entra a tu casa?

—No lo sé —duda.

—Sí, lo sabes. Desde el cumpleaños de tu hijo. Si mal no recuerdo, me contaste que subió un minuto a darle un beso porque ese fin de semana al niño le tocaba estar contigo, ¿te acuerdas? —asiente—. Ya que te llevas tan bien con el calendario, decime cuánto pasó desde ese día.

Suspira.

—Ocho meses.

—Ocho meses —remarco—. ¿Escuchas? Hace ocho meses que Javier evita todo contacto contigo y apenas se cruzan cuando busca o trae a Damián.

—Sí —me interrumpe—. Pero eso es porque la familia no me quiere.

—¿Estás segura? ¿Quién no te quiere, la familia o él? —Le molesta mi intervención, pero debo continuar—. O a lo mejor le molesta a la novia… ¿Cómo se llama?

—Brenda. Pero no es la novia.

—Ah, ¿no? ¿Qué es, entonces?

—Una mujer sin importancia.

—Claro, porque la única mujer importante en la vida de Javier eres tú, ¿no?

—Sí.

—Entonces, ¿por qué duerme con ella? ¿Por qué comparte vacaciones y viajes con Brenda y no contigo? Porque eso es lo que hace. Y ¿sabés cómo se llama eso?

—Traición —responde cortante.

—No. Se llama vivir. Algo a lo que tú renunciaste desde que te separaste. Mejor digámoslo como corresponde: desde que él te dejó. Eso te dolió y lo entiendo. ¿Cómo no iba a dolerte si lo amabas? Pero el problema es que un año después te sigue doliendo como si fuera el primer día. Y eso es porque nunca asumiste que tu matrimonio se había terminado. —La miro.

—Lucía, no se puede duelar lo que no se ha perdido. Por eso, vas a tener que aceptarlo de una vez, porque mientras sigas sosteniendo la idea de que Javier va a volver, no vas a poder superarlo. Y no es sano. Ese es el tiempo que en realidad me preocupa. No el del calendario, que manejas muy bien, sino el otro. El tiempo de tu espera interminable, de tus sueños detenidos, de tu vida congelada. Y para salir de este lugar vas a tener que hacer algo.

—¿Qué? —pregunta con la voz entrecortada.

—En principio, dejar de negar la realidad. Javier se fue, anda de novio, se le ve feliz y no parece que fuera a volver. Llora, angústiate, haz lo que quieras, pero acéptalo. Y tampoco proyectes tu rabia en los demás para dejarlo a salvo. La culpa no es de su familia ni de Brenda. Fue una decisión de él. Tienes derecho a enojarte, pero hazlo con quien corresponde.

Llora.

—Es que siento que sin él no voy a poder vivir ni un día.

—Te equivocas, Lucía. Hace más de un año que vives sin él. Y pudiste. Mal, pero pudiste. Ahora se trata de que puedas vivir bien. No te voy a mentir. Va a costar, va a doler... pero créeme que vale el intento.

—¿Y si no puedo? —me clava la mirada—. ¿Y si no quiero?

—Si no puedes, aquí estoy para ayudarte. En cambio, si no quieres, este tratamiento se termina ahora. No me voy a quedar a mirar cómo te engañas a ti misma, porque lo único que logras es prolongar tu sufrimiento. Y si se trata de eso, no cuentes conmigo.

—¿Qué? —me interrumpe—. ¿Tú también me vas a abandonar?

Hago silencio para que se escuche. Lo dijo. Después de tanto tiempo, por fin acaba de reconocer que Javier la abandonó, y sé que con ese acto ha dado el primer paso en el camino del duelo.

—No —le sonrío—. Yo no te voy a abandonar.

En el transcurso de un análisis, muchas veces debemos confrontar al paciente con verdades que se niega a asumir. Son momentos difíciles de manejar.

Los mecanismos de defensa no aparecen de manera caprichosa. Implican un esfuerzo y tienen un motivo. Surgen para prevenir el efecto traumático de un evento que nuestra psiquis teme no poder soportar. Entonces, para evitar un quiebre y sin que podamos percibirlo, se levantan como una barrera e impiden que la representación intolerable acceda a la consciencia. De ese modo pareciera que el hecho conflictivo pasa y la persona continúa su vida sin darse por enterada. Sin embargo, en lo profundo, en esa habitación oscura que llamamos Inconsciente, queda una huella, una cicatriz que de alguna manera intentará hacerse escuchar. Por eso, al igual que muchos tratamientos, esas defensas tienen su iatrogenia, es decir, sus efectos indeseados. Y en algunos casos, como reza el dicho popular, termina siendo más caro el remedio que la enfermedad.

En su desesperación, Lucía se defendía interpretando los acontecimientos de modo tal que le permitieran sostener la ilusión del retorno anhelado de Javier. Negaba y proyectaba. De esa manera se ahorraba el dolor que genera el reconocimiento de la pérdida, aunque al mismo tiempo se privaba de recuperar la libertad de su deseo.

Fueron meses muy duros, y Lucía tuvo que trabajar mucho para ponerse de pie. Porque, como dijimos, antes que nada, el duelo es un trabajo.

Otro mundo posible

Hace algunos años una amiga me contactó para hacerme una consulta.

Su madre había muerto de modo inesperado. Fue un golpe muy duro para ella. Sin embargo, el llamado no tenía que ver con el dolor que esta pérdida le causaba sino con la inquietud que sentía por su hija, Stefy. La niña tenía tres años y desde el día de su nacimiento había sido muy apegada a la mujer. Vivían en una hermosa ciudad del interior de la provincia de Buenos Aires, con distancias cortas y paisajes serranos y, mientras mi amiga y su esposo trabajaban, la niña y su abuela compartían cada día de la semana, por lo cual habían desarrollado una relación cotidiana, profunda y muy cercana.

No fue sencillo explicarle a Stefy que no podría volver a verla. No entendía el porqué, y se negaba a aceptarlo. Los padres, en un intento por calmarla, le dijeron que no debía preocuparse porque ahora su abuela estaría mucho más cerca de ella y que desde el Cielo la miraría todo el tiempo.

La explicación pareció calmarla un poco, pero una madrugada los padres se sobresaltaron al comprobar que no estaba en su cuarto. Recorrieron la casa asustados hasta que por fin la encontraron en el patio. Estaba hecha bolita en el piso y dormía al aire libre envuelta en una frazada.

El papá la alzó y la llevó a la cocina. La pequeña temblaba a causa del frío y del susto. Temía ser castigada por su conducta. La tranquilizaron y le dijeron que eso no iba a pasar. Una vez que se calmó le preguntaron acerca de su actitud, y respondió que se había despertado angustiada al darse cuenta de que, si permanecía en su cuarto, bajo techo, su abuela no podría verla cuando mirara hacia abajo desde el Cielo.

El Cielo.

Placebo que ofrece la cultura, promesa que intenta calmar la angustia que genera la inminencia de la muerte. Es muy difícil vivir sin fe. Hay quienes piensan que hay en el ateísmo una actitud irreverente, casi soberbia. Por el contrario, quienes transitamos la vida sin la ayuda de la fe carecemos de un arma fundamental para enfrentar las tragedias de la existencia. Así y todo, algunos se niegan a abrazar ideas en las que no creen y enfrentan en soledad cada una de esas tragedias. Esta actitud, lejos de ser irrespetuosa implica un ejercicio de la valentía.

Miguel de Unamuno dijo que «hay que creer en esa otra vida para poder vivir esta y soportarla y darle sentido y finalidad».

La posibilidad de dejar de existir resulta tan insoportable que hubo que encontrar otra existencia más allá de esta, en otro tiempo y en otro espacio. Sin embargo, no alcanza pensar que algo de nosotros seguirá viviendo. La idea de que nada se pierde y todo se transforma no satisface a nadie. Para contener los miedos es necesario que luego de la muerte, y aun en el Cielo, sigamos siendo nosotros.

Don Miguel también acepta esta necesidad.

> Hay que creer en la otra vida, en la vida de más allá de la tumba, y en una vida individual y personal, en una vida en que cada uno de nosotros sienta su consciencia y la sienta unirse, sin confundirse con las demás consciencias, todas en la Consciencia Suprema, en Dios… El Cielo ha de ser —para que sea Cielo— un lugar en el que tengan cabida tanto Dios como el individuo.

Me gusta esta idea. Para que el Cielo sea verdaderamente un Cielo ambos deberíamos tener un lugar, Dios y cada uno de nosotros, sujetos aterrados ante la posibilidad de desaparecer para siempre.

La creencia en la existencia del Cielo parece tan antigua como la humanidad. No es así. No siempre hubo un Cielo para los muertos, al menos no tal cual lo conocemos hoy. Fue largo el camino que llevó a la concepción de ese lugar celestial que tranquiliza a los mortales con la promesa de recibir sus almas y conservar su identidad.

George Berkeley, un ilustre filósofo irlandés, también conocido como «el obispo Berkeley», negó la realidad del mundo abstracto de las ideas que tanto amaba Platón y sostuvo que solo existe aquello que puede percibirse. Para él, ser es ser percibido.

Algo semejante parecen haber pensado quienes sostuvieron la existencia del Cielo. De allí la necesidad de viajeros célebres que fueran hasta él y nos contaran sus percepciones. Místicos como Santa Teresa o San Juan, aventureros renacentistas que poblaron el Cielo de cuestiones humanas, románticos que sostuvieron que la salvación iba de la mano de la persona amada y no de Dios, o intelectuales como Swedenborg que volvieron del Cielo para asegurarnos que la inteligencia era más importante que la nobleza. Es decir que un tonto jamás alcanzaría el paraíso por más bueno que fuera. Cada uno visitó el mundo celeste y trajo noticias que aún hoy son parte de firmes creencias religiosas, cuando no de emociones artísticas.

Alrededor del año 1200 un historiador islandés llamado Snorri Sturluson acometió la epopeya de organizar y dar una nueva forma al Edda mayor, una serie de poemas escritos en idioma antiguo que daban cuenta de la cosmogonía de los pueblos nórdicos. Para llevar adelante semejante desafío, Snorri creó un personaje de ficción, Gylfi, un viejo rey de Suecia, quien, al igual que el Dante, visita el Cielo. Así nació *La alucinación de Gylfi*, también llamada Edda menor, o Edda de Snorri, considerada una de las grandes obras de la literatura medieval. La obra no solo narra las proezas de los dioses, sino también la vida y las costumbres de los habitantes de entonces.

Apenas nos asomamos a esos mitos nos encontramos con uno de sus principales protagonistas: Yggdrasil, un árbol, un fresno gigante que simboliza el universo. Según Sturluson:

> El Fresno Yggdrasil es el más alto de los árboles y es el mejor. Sus ramas cubren el mundo entero y se dilatan sobre el cielo. Tres raíces lo sostienen y son muy anchas. Una llega hasta el Asgard, donde residen los dioses; otra a la Tierra de los Gigantes y la tercera al Reino de los Muertos o tierras de Hel. Bajo la

raíz que se alarga hacia la Tierra de los Gigantes está el pozo de Mimir, donde se guardan la sabiduría y el entendimiento.

Yggdrasil es un árbol sufriente que soporta dolores que los humanos ni siquiera pueden sospechar. Un dragón roe sus raíces y los ciervos muerden sus ramas cada día. Debajo de él viven las Nornas, entidades femeninas que determinan el tiempo de la vida de hombres y mujeres. Son tres. Urthr es una anciana que personifica el pasado, Verthandi una joven, encarnación del presente, y Skuld representa el futuro. No podemos saber cómo es porque la cubre un velo espeso y en sus manos lleva un pergamino que aún no se ha desenrollado.

Las Nornas son compañeras constantes en el trabajo analítico. Urthr es la presencia enigmática que recorre de modo permanente el discurso del paciente. Es el pasado donde yacen las causas ocultas de su sufrimiento, sus traumas infantiles y los momentos en apariencia olvidados.

No basta el tiempo para borrar un hecho doloroso. El olvido es un trabajo, un esfuerzo que la psiquis realiza para expulsar de la consciencia una representación que lastima, un recuerdo que duele. Pero lo que creemos olvidado acecha como una criatura de la noche a la espera del momento preciso. Y el momento siempre llega. Entonces, lo enterrado regresa y su sombra aparece en los lapsus y los sueños, en los síntomas y actos fallidos, en los chistes que dicen lo que de otro modo no podría decirse... y en los olvidos, porque quedarse sin palabras es una de las maneras más fuertes del decir.

Lo que ha caído en los dominios del Inconsciente no se olvida. Por el contrario, su voz murmura todo el tiempo. El Inconsciente no es olvido. Es una memoria inalterada que recuerda de modo diferente. No en palabras ni en imágenes. Recuerda en acto, dolor y repeticiones que no cesan.

Para poder hacer algo con ese dolor, el analista toma esos restos que asoman cuando algo de lo reprimido irrumpe en la consciencia y pone a trabajar ese lapsus, ese sueño o ese chiste intentando simbolizar el padecimiento silencioso. De este modo la memoria muda del Inconsciente y da lugar a la palabra. Solo así el paciente podrá desprenderse de las garras de Urthr, porque como señaló Freud: «Recordar es la mejor manera de olvidar».

También Verthandi visita el consultorio.

Existe un concepto muy importante en Psicoanálisis: Series Complementarias, que indican que no solo los factores internos determinan el sufrimiento psíquico. También los factores externos tienen una importancia fundamental. Muchos profesionales parecen no tener en cuenta esta idea en su práctica clínica. Seducidos por la potencia de lo histórico olvidan la importancia del presente, del aquí y ahora, de la sociedad y la cultura en la que el paciente transita sus días.

Más allá de las características universales de la estructura psíquica, pensar del mismo modo a un paciente argentino, inglés o chino es tan erróneo como lo sería abordar de igual manera a una persona de 1890 y otra de 2020. El tiempo y el lugar impactan sobre la psiquis y le imponen un trabajo que, de no resolverse de manera satisfactoria, genera dificultades en la vida.

Skuld es el futuro, territorio de sueños y enigmas, y hacia allí se proyecta gran parte de nuestro trabajo. Es el continente de los proyectos, los sueños y el temor. Tras su velo brumoso está la posibilidad de conseguir lo anhelado, pero además está la muerte. En ese pergamino que aún no se ha desenrollado se juega nuestro destino, y poder manejar la incertidumbre es imprescindible para el equilibrio emocional.

Pasado, presente y futuro. El tiempo y sus misterios.

Borges ha jugado con la idea: «Pienso en esa compañera que me esperaba, y que tal vez me espera».

Pienso (presente) en esa compañera que me esperaba (pasado) y que tal vez me espera (futuro).

También Paul Géraldy lo hizo: «Vas a entrar desde ahora por siempre en mi pasado».

Vas a entrar (Skuld) desde ahora (Verthandi) en mi pasado (Urthr)… Por siempre. La eternidad. La conjunción de todos los tiempos.

La mitología ha sido un modo de pensar el mundo y es antecedente tanto de la filosofía como de la religión y la psicología. Además tiene imágenes bellas y contundentes. Metáforas que de alguna manera intentan amortiguar el dolor de un después innominado con la promesa de lo que vendrá. Como si intentara calmarnos diciendo: «Es cierto, morirás, pero ese no será el fin de todo».

En *El precio de la pasión* hablamos del Helheim, el Infierno de los nórdicos. Recorramos ahora su Cielo. Aunque, como veremos, la palabra Cielo es demasiado grande para referirse al Valhalla.

Cielos breves

Los principales dioses nórdicos reciben el nombre de Ases. Viven en una región denominada Asgard, dentro de la cual se encuentra el Valhalla, morada de Odín, el más importante de ellos.

Gylfi, el personaje creado por Snorri Sturluson, visitó el Valhalla. Su derrotero no carece de atractivo.

Gylfi era el gobernante de la región que hoy conocemos como Suecia. Al parecer, el rey estaba muy asombrado de la sabiduría de los Ases. ¿Cómo podía ser que todas las cosas del mundo se acomodaran a sus propósitos? ¿Cómo era posible que decidieran sobre la vida, la muerte y el destino de todos los hombres y las mujeres?

Movido por la intriga decidió viajar al Asgard y quitarse las dudas. Para hacerlo, se disfrazó de mendigo y cambió su nombre por Gangleri (el que está cansado de marchar). Pero los dioses, que todo lo ven, se enteraron del viaje y resolvieron generarle una ilusión, un espejismo. De allí el nombre del libro: la alucinación de Gylfi.

Al llegar, el viajero se encontró con una enorme fortaleza cubierta de escudos dorados. Allí no solo vivían Odín y Freya, su esposa, también residían los einherjar, aquellos valientes guerreros muertos en combate que fueron seleccionados por las Valkirias. Recordemos que serán parte del ejército que enfrentará a los gigantes cuando llegue el momento del Ragnarok.

Mientras esperan la llegada de ese día, los valientes viven como reyes, alimentándose de un enorme jabalí que todas las mañanas recupera la vida y está listo para ser devorado en la noche. Tienen además la posibilidad de comer hidromiel. Allí guerrean, mueren y resucitan para volver a pelear.

Esa y no otra era la promesa. Evitar los dominios de Hel, la tierra de los muertos, ser hijos adoptivos de Odín y esperar el momento en que morirán para siempre, porque todos, incluidos los dioses, sabían que serían derrotados en la batalla final.

Como vemos, no se trata de una promesa ni demasiado atractiva ni permanente. Algo así como un Cielo pequeño, un paraíso por un rato. Parece que los nórdicos no creían en la salvación eterna.

Algo parecido ocurría con los antiguos griegos.

Tres entidades femeninas decidían los destinos humanos, las Moiras: Átropos, Cloto y Láquesis. Eran hijas de Zeus, príncipe del Olimpo, y regulaban desde el comienzo hasta el final la vida de hombres y mujeres.

El procedimiento era sencillo. Cuando alguien nacía, Átropos tomaba un hilo que Cloto enrollaba durante el transcurso de la vida de esa persona. La tercera de las hilanderas, Láquesis, era la encargada de cortarlo cuando la existencia llegaba a su término. Y eso era todo. A eso se remitía la existencia humana. En apariencia, para los dioses griegos de la Antigüedad la vida no tenía demasiada importancia.

Por dura que parezca esta mirada, debemos reconocer que no parece haber un plan divino que justifique tanto dolor. El mal ha sido siempre la piedra en el zapato para los hombres de fe. Si aceptáramos la existencia de un Dios omnipotente y omnipresente, ¿cómo explicar el mal, el dolor permanente al que está expuesto todo ser humano? Ese es el vacío que lastima a las religiones. Algunos intentan zanjar esa grieta alegando que existe un plan divino que solo Dios conoce. Reconozcamos que se trata de un argumento demasiado pobre.

La inexistencia de Dios no implica que nuestra vida carezca de sentido. Es más, debe tenerlo. Por eso es tan importante el deseo. Esa fuerza, ese impulso que en ausencia de un propósito más grande, nos mueve a encontrar sentidos propios que justifiquen nuestra existencia.

A pesar de todo, los griegos, al igual que Carlos Gardel, guardaban *escondida una esperanza humilde*: la Isla de los Afortunados, los Campos Elíseos.

En uno de sus diálogos, *Gorgias*, Platón nos cuenta que en la época del reinado del dios Cronos los mortales eran juzgados en vida y podían asistir vestidos al juicio, lo cual les permitía en ocasiones dar una mejor impresión y camuflarse. Así, un malvado podía parecer justo si cuidaba las apariencias.

Cronos había llegado al trono luego de castrar a su padre Urano, y temiendo que alguno de sus hijos lo matara para ocupar su lugar, cada vez que Rea, su esposa, daba a luz, devoraba de inmediato al recién nacido. Pero Rea no estaba dispuesta a permitir que esto ocurriera eternamente. Por eso, al tener a su cuarto hijo planeó una estrategia para engañar a su esposo y salvar al niño, Zeus, quien al alcanzar la edad necesaria y con ayuda de su madre encabezó la rebelión para derrocar a Cronos.

Durante diez años la balanza se negaba a inclinarse en favor de uno u otro contendiente, hasta que Zeus liberó del Tártaro a los Cíclopes que habían sido traicionados y puestos prisioneros por Cronos. Con su ayuda y la de sus hermanos, Hades y Poseidón, pudo derrotar a su padre.

Decidido a cambiar las cosas, compartió el mundo con ellos. Guardó para sí el trono celeste, dejó en manos de Poseidón el dominio de los mares y de Hades los reinos subterráneos.

Pero no se detuvo allí. También quiso tener un trato diferente con sus súbditos mortales. A partir de su reinado, hombres y mujeres serían iguales ante la ley, desconocerían el momento de su muerte para que no pudieran preparar ninguna impostura y tras su fallecimiento serían juzgados por Minos, Radamantis y Éaco, quienes esperarían a los muertos en la intersección de dos caminos. Uno de ellos llevaba a la Isla de los Bienaventurados y el otro al Tártaro, el peor lugar del Infierno.

Los Campos Elíseos fueron ese pedacito de Cielo que los griegos dejaron para transitar la vida con una mínima esperanza.

Se trataba de un lugar de praderas verdes y bosques amigables donde moraban las almas de los justos en medio de placeres moderados. Un poco de sol, algún río y la música de Orfeo que sonaba todo el tiempo.

Un detalle interesante es que los habitantes de los Campos Elíseos podían elegir renacer y volver a la Tierra si lo deseaban. Quienes tomaban esta decisión iban hasta un valle pequeño regado por las aguas del río Leto, el río del olvido, del cual debían beber para olvidar su pasado y reencarnar en una nueva vida.

Este dato nos hace sospechar que no se trataba de un paraíso tan maravilloso que nadie quisiera abandonar. El hecho de que estuvieran dispuestos a volver a esta existencia dolorosa denuncia la humildad de los placeres elíseos.

Borges señaló que la pobreza de una nación no se mide tanto por la enorme magnitud de sus dolores sino por la pequeñez de sus alegrías. Y así de pequeñas eran las alegrías de la Isla de los Bienaventurados. Tanto que era preferible tener una nueva oportunidad en este mundo tan difícil.

El hecho de que pudieran elegir volver a la vida demuestra que no solo tenían un Cielo muy humilde, sino que ni siquiera era eterno.

En *El precio de la pasión* contamos la cosmogonía poética de los het, pueblos nativos a los que los conquistadores denominaron *pampas*.

Según dijimos, los seres humanos eran producto de un juego que salió mal. Chachao, el indio viejo, para entretenerse armó con barro unas diminutas caricaturas de los dioses que dejó tiradas al aburrirse. Su hermano, Gualichu, les insufló vida. Enojado, Chachao volvió al Cielo y cortó con un cuchillo el puente que lo unía con la Tierra condenando a su hermano a permanecer entre nosotros, y a nosotros a no tener más relación con el Cielo. Así el dios bueno se desentendió del mundo y lo dejó en manos de Gualichu, una especie de Lucifer de las pampas que acecha nuestras vidas.

Tal vez enojado con los humanos, quizás buscando perdón, el diablo intenta destruirnos y arruinar nuestros sueños.

Dijimos que el mal era esa piedra en el zapato que las religiones no pueden quitarse. De algún modo, los het pudieron resolverlo dejando al demonio en la Tierra. En su cosmogonía el mal tenía una explicación clara. El costo es aceptar que al dios bueno no le importamos nada. Algo que no parece tan difícil de reconocer.

La desesperación de Gualichu por retornar al Cielo será eterna, al igual que la pelea con su hermano. En medio de esta guerra fratricida nuestros antepasados encontraron solo una manera de defenderse: estrechar sus vínculos. Así nacieron las tolderías y el fogón que alumbra la oscuridad y ahuyenta el espíritu maligno.

Consultado acerca de cuál era el rasgo característico de la argentinidad, Borges respondió que no existía tal rasgo a excepción del culto por la amistad. Si esto fuera cierto podríamos sospechar que ese culto nació en aquellas tolderías, en el compañerismo que permitió a los pampas enfrentar la vida ante la total indiferencia de Dios.

A pesar de esa abulia divina los het no renunciaban a la ilusión. Creían que quienes hubieran sido sensatos, buenos y valientes podrían ascender al Cielo una vez perdida su envoltura de barro, «pues el camino de las alturas solo es accesible a las almas». Una vez allí se convertirían en estrellas cuyo brillo dependería de la calidad de sus acciones.

En cuanto a los cobardes o egoístas el destino era muy simple: volverían al barro que les dio origen. Del polvo vienes y al polvo volverás.

Hace muchos años, cuando leí estas historias por primera vez, pensé que el único Cielo es el recuerdo y que no hay más Infierno que el olvido, que es quizás la más dura de las formas de la muerte.

Tal vez si hemos sido nobles, justos o valientes es posible que nos aguarde un gran destino: eludir el olvido. Habitar en la memoria de los demás como un recuerdo amado. Muertos o simplemente distantes.

No es necesario perder la vida para alcanzar el Cielo o condenarse al Infierno.

La primera palabra

El nombre propio deja una huella profunda que nos acompañará siempre. En esa palabra los padres han puesto en juego deseos, miedos y en ocasiones, un mandato oculto que nos recorre en silencio.

Salvador Dalí murió en el año 1903. Sus padres quedaron devastados por la pérdida y no pudieron superarla. Por eso cuando al año tuvieron otro hijo lo llamaron Salvador, como si de esa manera pudieran rescatar algo del niño muerto. Un intento fallido que marcó para siempre la personalidad del artista.

En relación con el tema, dijo: «Yo nací doble, con un hermano de más, que tuve que matar para ocupar mi propio lugar, para obtener mi propio derecho a la muerte».

De algún modo con esa frase desesperada, da cuenta de que le había sido negada la posibilidad heideggeriana de existir como un ser para la muerte. Porque al llegar al mundo, ya había muerto.

Cierta vez confesó que todas las excentricidades que había cometido, todas sus incoherentes exhibiciones, procedían de la trágica obsesión que atravesó su vida: probarse a sí mismo que existía y que no era su hermano muerto.

Cuenta Juan Forn que Mark Twain tenía un hermano gemelo en su infancia. Para diferenciarlos, la familia ató a la muñeca de cada uno una cinta de color diferente. Un día los dejaron solos en la bañadera y uno de ellos se ahogó. El chapoteo en el agua había desatado las cintas, de manera que nunca se supo cuál de los dos había muerto. «Desde entonces no sé si yo soy yo o mi hermano», remataba siempre la anécdota Twain. Una duda que lo angustiaría de por vida.

Los pueblos originarios de México también sabían de la importancia del nombre y por eso tomaban muy en serio su elección.

Al nacer fue llamado Acōlmiztli, «felino fuerte». Seguramente sus padres deseaban que estuviera a la altura de su destino de príncipe. Pero el azar jugó sus cartas e hizo que su padre, Ixtlilxóchitl, fuera traicionado y debiera huir de su tierra intentando escapar de sus enemigos. Sin embargo, estos lo encontraron cuando se ocultaba entre los montes.

Viendo que la muerte estaba cerca, ordenó a quienes lo acompañaban que escaparan y salvaran sus vidas. Él debía quedarse a morir hecho pedazos en manos de sus adversarios. Antes de despedirse llamó a su hijo.

> Hijo mío muy amado, brazo de león, Nezahualcóyotl… Aquí ha de ser el último día de mis desdichas, y me es fuerza el partir de esta vida; lo que te encargo y ruego es que no desampares a tus súbditos y vasallos, ni eches en olvido que eres chichimeca. Recobra tu imperio, que tan injustamente Tezozómoc te tiraniza, y venga la muerte de tu afligido padre.

Le ordenó que se escondiera entre los árboles y corrió a enfrentar a los tepanecas, que le dieron muerte de inmediato mientras el príncipe observaba con impotencia desde la copa de un árbol.

A partir de ese día, el hijo cambió su nombre por Nezahualcóyotl, que significa «coyote que ayuna», siendo considerado el ayuno como una forma de sacrificio.

Cuando oscureció, descendió de su escondite y caminó por senderos perdidos. Muy pronto se ofrecieron recompensas por su cabeza, pero el príncipe burlaba a sus perseguidores.

Disfrazado de campesino, recorría sus dominios y se informaba de los movimientos que realizaban sus enemigos. Más tarde se incorporó como soldado, pero fue descubierto, encerrado y condenado a muerte. Sin embargo, el hermano del gobernante se apiadó de él, cambió sus ropas y ocupó su lugar. Así, Nezahualcóyotl pudo escapar, mientras que su aliado fue ejecutado en su lugar acusado de traición.

Tiempo después Nezahualcóyotl encontró cobijo en casa de sus tías maternas, en la ciudad de Tenochtitlán, donde continuó su capacitación militar. Con el tiempo se convirtió en un guerrero feroz y también pudo adentrarse en el mundo de las ciencias y el arte.

Aunque su vida era tranquila y segura, jamás olvidó las últimas palabras de Ixtlilxóchitl, aquel mandato que lo instaba a recuperar su trono.

Tezozómoc, el antiguo enemigo de su padre, ya viejo y enfermo, sospechaba de sus intenciones y antes de morir ordenó a sus tres hijos que buscaran al príncipe destronado y lo asesinaran. Cuando un año después Tezozómoc murió, Maxtla, su heredero, envió a un grupo en busca de Nezahualcóyotl con el fin de ejecutarlo.

Otra vez la huida y el destierro. Otra vez las noches en escondites improvisados y el peligro. Mientras tanto, gracias a su habilidad diplomática, conseguía los favores de las ciudades que sufrían la tiranía de Maxtla. Así fue organizando un ejército que, luego de muchas victorias, logró recuperar la ciudad de Texcoco en el año 1429. Decidido a liberar y unificar México, libró las batallas finales hasta matar a Maxtla, y merced de acuerdos justos pacificó su patria inaugurando una época de esplendor en todo el valle.

Nezahualcóyotl murió a los setenta años, después de haber reinado durante cuarenta y tres. Cumplió el mandato de su padre, recuperó su reino y quizás su nombre, porque sin dudas fue un felino fuerte y justo. Además de ser poeta. Aún se conservan algunos de sus versos en manuscritos de cantares prehispánicos. En ellos, según señala Miguel León-Portilla, Nezahualcóyotl abordó sus obsesiones, los temas trascendentes de la humanidad.

> La fugacidad de cuanto existe, la muerte inevitable, la posibilidad de decir palabras verdaderas, el más allá y la región de los descarnados… el enigma del hombre frente al dador de la vida y la posibilidad de vislumbrar algo acerca del inventor de sí mismo.

Es decir, la existencia de Dios.

Me impacta su obsesión por la «posibilidad de decir palabras verdaderas», una obsesión psicoanalítica. Después de todo, es lo que buscamos en el consultorio, la irrupción de la Palabra Plena. Una palabra que se aleja del vacío decir cotidiano, una palabra que nos define, que lleva nuestra sangre y nos compromete, tal como Nezahualcóyotl se comprometió con su padre, su herencia y su nombre. Asomémonos al pensamiento de este monarca impresionante, con algunos fragmentos de su escritura.

> ¿Es verdad que se vive sobre la tierra?
> No para siempre en la tierra: solo un poco aquí.
> Aunque sea jade se quiebra,
> aunque sea oro se rompe,
> aunque sea plumaje de quetzal se desgarra.
> No para siempre en la tierra: solo un poco aquí.

* * *

Así somos, somos mortales,
de cuatro en cuatro nosotros los hombres,
todos habremos de irnos,
todos habremos de morir en la tierra.

[...] Como una pintura
nos iremos borrando.
Como una flor,
nos iremos secando
aquí sobre la tierra. [...]

[...] aunque fuerais de jade,
aunque fuerais de oro,
también allá iréis,
al lugar de los descarnados.
Tendremos que desaparecer,
nadie habrá de quedar.

Es la pluma de un hombre que enfrentó muchos duelos en su vida, la pérdida de su reino, su padre y hasta su nombre, sin renunciar jamás al deseo que le permitió erguirse y hacerse cargo de quien era. Nezahualcóyotl no fue un bárbaro ni un salvaje, como quiso hacernos creer la historia oficial. Lejos de eso, fue un pensador, un filósofo, un estadista y, sobre todo, un valiente. Pero no fue el único.

Cantares mexicanos es una colección de poemas líricos que originalmente fueron escritos en lengua náhuatl y se transmitían de generación en generación por tradición oral.

De allí surgen estos versos:

Lloro, me siento desolado:
recuerdo que hemos de dejar las bellas flores y cantos.

¡Deleitémonos entonces, cantemos ahora!,
pues que totalmente nos vamos y nos perdemos.

Lo efímero, la soledad, la tristeza, el sentimiento trágico de tener que vivir siendo conscientes de nuestra finitud, la angustia ante lo desconocido y la única certeza: nos vamos y nos perdemos… para siempre. La muerte.

Nezahualcóyotl nació en 1402 y murió a los setenta. Veinte años antes de la llegada de Colón, estas eran las obsesiones de nuestros antepasados. No nos dejemos engañar. Rescatemos el orgullo de ser quienes somos. Lejos de lo que muchos creen, ni éramos tan salvajes ni la poesía ni el pensamiento nos llegaron desde afuera.

Cielos fantasmales

Desde siempre la humanidad ha buscado cobijo ante la desazón de la inexistencia. Por eso todos los pueblos inventaron narrativas frente a la muerte.

En el Oriente antiguo convivieron una gran cantidad de pueblos. Fenicios, asirios, babilonios y hebreos dejaron sus huellas y jugaron allí sus destinos. No hace mucho, recién en el siglo XVIII, se acuñó el término *semita* para denominar a la diversidad de habitantes que, a pesar de sus diferencias, compartían una gran cantidad de rasgos culturales e idiomáticos.

Los semitas, como los aztecas, creían que el mundo estaba estructurado en tres planos. El superior (Cielo) era morada exclusiva de los dioses, en la tierra intermedia estaba el mundo humano, y la parte inferior (Seol) albergaba las divinidades de ultratumba y a todos los muertos sin distinción. Buenos, malos, nobles y crueles yacían ahí. No existía salvación ni castigo. Casi un destino discepoliano: «allá en el horno nos vamos a encontrar».

Subrayo que hablamos de dioses en plural. Es decir que aún no había aparecido el monoteísmo con la figura de Yahvé como Dios único y omnipotente.

En aquellos tiempos, hombres y mujeres se sentían a merced de la influencia de los habitantes del plano superior como del inferior, por lo tanto, les resultaba imprescindible tener una buena relación con ellos.

Para congraciarse con los habitantes del Cielo realizaban sacrificios, elevaban plegarias y construían templos que sostenían económicamente. Así, edificios, sacerdotes y coros eran mantenidos por un pueblo que creía que toda su suerte dependía de los dioses. Pero no eran los únicos beneficiarios de los ritos. Los semitas pensaban que también las divinidades subterráneas y los muertos podían dar ayuda o perjudicarlos, por eso honraban tanto a las deidades infernales como a los antepasados que moraban en el Seol. Los antepasados eran considerados una especie de «dioses» que seguían influenciando a los vivos aun después de haber abandonado este mundo.

Acuerdo con esa idea. Las personas importantes de nuestra historia siguen influyendo en la vida aun después de muertas, aunque no bajo la forma de almas ni entidades celestiales. Ahora son palabras. Palabras mudas que marcan senderos de placer o desdichas.

Soy analista.

Sé que las frases pronunciadas hace mucho tiempo yacen grabadas bajo la piel. Son marcas cuya existencia muchas veces se desconoce y sin embargo murmuran en la sangre mandatos que cuesta eludir.

«Recobra tu imperio y venga la muerte de tu afligido padre», ordenó Ixtlilxóchitl. Con ese acto marcó el camino de su hijo Nezahualcóyotl. Eso significa ser sujeto de la palabra.

Reconocer que hay en ella una potencia que se sostiene y existe más allá del tiempo, la vida y la muerte. Que nuestros sueños provienen de sueños ajenos y que nuestro deseo tiene raíces en otros deseos que muchas veces anteceden a nuestro nacimiento. Es ese nombre, Salvador, que condenó a Dalí a buscar una forma de ser, una manera de existir más allá del anhelo de sus padres por tapar la ausencia de su hermano.

Ser uno mismo. Quizás el desafío más potente que enfrentamos durante la vida. Para ello debemos viajar hacia adentro en busca de esos mandatos que nos condicionan desde las sombras. Porque ahí están nuestros muertos interviniendo en las decisiones presentes.

Los antiguos pueblos semitas no contaban con el Psicoanálisis, pero ya sabían que era necesario entrar en contacto con las voces de los muertos para enfrentar el destino. De allí sus ritos y las consultas que de modo habitual realizaban a los magos que, según decían, tenían contacto con el Seol y podían traer mensajes del más allá.

Esto era posible porque se creía que luego de la muerte se conservaban las características personales. El aspecto, la voz, la memoria, los recuerdos y por supuesto, el saber de lo que existía en el otro mundo.

De ser cierto, sería la mejor de las promesas: no dejar de existir. Seguir siendo nosotros a pesar de la muerte. Pero no pensemos que esta creencia es exclusiva de los antiguos.

En la actualidad muchos sostienen esta creencia. Una querida paciente, Amalia, que en *Escucha tu dolor* llamé «La dama de los duelos», suele decir: «Sé que mi padre me lleva siempre de las pestañas». De ese modo manifiesta que se siente cuidada y protegida por ese papá que murió cuando ella apenas tenía cinco años. Casi no tiene recuerdos de él y sin embargo no lo olvida. Cada día está presente con su mirada, con la sospecha de alguna caricia recibida hace más de setenta años, y con relatos que han forjado su carácter.

En ocasiones, la necesidad de creer en el favor de los muertos queridos ha sido tan grande que muchos fueron en búsqueda de la certeza. Así surgieron los médiums que, por un módico precio, garantizaban la permanencia de los amados e incluso traían sus opiniones y consejos sobre los hechos presentes.

Ver para creer

La obsesión por la existencia de una vida ulterior generó obras tan maravillosas como las de Homero y Dante, pero también episodios curiosos que nada tienen de nobles.

Alrededor del año 1850 ciertos fotógrafos comenzaron a trabajar sobre lo que hoy llamaríamos efectos especiales, en particular uno denominado «doble exposición». William Mumler fue uno de ellos y, sin escrúpulos, llegó a asegurar que tenía la capacidad de fotografiar a los espíritus de las personas fallecidas.

Mumler se llevó por delante el descubrimiento de manera casual cuando tenía veintinueve años. Reveló un autorretrato y descubrió en el negativo la forma difusa de una joven. Sorprendido, expuso ante sus amigos la fotografía y adujo que la muchacha de la imagen se parecía mucho a una prima que había muerto hacía tiempo. Los demás reconocieron la semejanza y aseveraron que se trataba de un milagro. Como es de esperar la noticia se difundió al instante. Sabemos que no hay nada más sencillo que convencer a un convencido. Así funciona la psiquis. Se aferra con desesperación a todo aquello que pueda garantizar que las cosas son como uno desea que sean.

Algunos años después, el contexto se volvió adecuado para fomentar ese tipo de creencias. Estados Unidos estaba inmerso en una feroz guerra civil y los muertos se multiplicaban a diario.

No es extraño que en su desesperación muchos necesitaran comprobar que sus hijos, esposos o padres muertos seguían viviendo en algún plano distinto de la existencia. Y estos expertos de la estafa jugaban y sacaban provecho de la esperanza.

Más de una vez me manifesté en contra de la esperanza, ese estado que nos impide comenzar el trabajo de duelo y nos mantiene en un anhelo constante de recuperar lo perdido.

En realidad, el supuesto espíritu de la prima muerta no era sino el residuo de una foto anterior que había quedado en la placa de revelación. Pero Mumler comprendió el tesoro que tenía en sus manos y con ayuda de su esposa Hanna abrió su primer estudio de fotografía espiritista.

La mujer recibía a los clientes con amabilidad y aprovechaba para recabar información que luego su esposo utilizaba. Mumler se definía como un puente capaz de canalizar las presencias celestes y dirigirlas hacia la cámara.

Los interesados aceptaban el acuerdo y posaban presos de la emoción y la expectativa. El resultado era una foto de ellos, sentados donde Mumler les había indicado. Muy cerca, quizás abrazándolos o tocando sus hombros, aparecía una imagen brumosa que todos se apuraban en certificar que pertenecía a un ser querido.

Mumler no garantizaba que las almas estuvieran siempre presentes, por lo que algunos interesados debían concurrir a muchas sesiones fotográficas y pagar por cada una de ellas la fortuna que se les pedía.

Sin embargo, al tiempo el negocio empezó a flaquear. En 1863 un fotógrafo llamado Oliver Wendell denunció el fraude, explicó el truco y concluyó que «con un fondo apropiado, fotografías así son un refugio para las mentes débiles».

No estaba equivocado. En mi práctica clínica he visto cómo en la mente de un *ensombrecido* desesperado cualquier hecho banal es tomado como una señal. Yo mismo puedo dar cuenta de ello.

En octubre de 1998 murió mi padre.

Fue un momento muy duro para nosotros. A los pocos días invité a cenar a mi mamá y a mi hermana. Necesitábamos estar juntos e intentar comprender lo que ocurría. A pesar de que hacía meses sabíamos cuál sería el desenlace, ninguno podía creerlo.

Esa noche conversamos mucho y lo recordamos. Cuando salimos a la vereda el clima era hermoso. Una primavera amable y un cielo estrellado acompañaban nuestros pasos. En un momento, mi hermana rompió el silencio.

—Papá —dijo mirando al cielo—. Si estás aquí, por favor, danos una señal.

En ese instante, de la nada apareció un viento que levantó unas hojas del suelo hacia nosotros. Diez segundos después la noche volvió a su calma.

Ellas me miraron con los ojos llenos de lágrimas y reconozco que, por un momento, yo también quise creer…

Jamás volvimos a hablar de lo sucedido. No lo necesito. Sé la respuesta. No hay señales que puedan venir de un mundo que no existe. Como dicen los *Cantares mexicanos*, al morir nos vamos, «totalmente nos vamos… y nos perdemos».

Mumler fue acusado por los clientes que habían sido estafados en su buena fe. Ante su caída en desgracia decidió mudarse a Nueva York, donde se convirtió en el fotógrafo espiritista más importante de la ciudad.

Finalmente un alguacil lo arrestó y lo llevó a juicio.

Desfilaron los testigos. Peritos, fotógrafos, el propio alguacil y algunos de sus clientes. Uno de ellos, que había logrado ver a su mujer, suplicó al juez que no le dijera que la foto era falsa.

Finalmente el juez manifestó que tenía sobrados motivos para creer que el acusado era un embaucador, pero igual lo dejó libre. El fotógrafo decidió regresar a Boston y continuar con su trabajo.

Sobre el final de su carrera, Mumler recibió una visita enigmática. Se trataba de una mujer que cubría su rostro con un velo y no estaba dispuesta a mostrarse. Dijo estar destrozada por el asesinato de su marido y la muerte de tres hijos, y le pidió sacarse una foto. Recién en ese momento descubrió su rostro, aunque el hombre no la reconoció.

Al revelar la fotografía, el espíritu del marido apareció apoyando sus manos en los hombros de la viuda. Ella era Mary Todd, la esposa de Abraham Lincoln. Se llevó agradecida la foto en la que aparecía junto a una sombra. Según ella era el fantasma de su esposo.

Mumler murió poco después, pobre y asegurando que siempre había sido «un mero instrumento para la revelación de la hermosa verdad». Algo que nadie pudo contradecir jamás, porque al verse cerca de la muerte, el hombre destruyó todos sus negativos.

¿Qué necesidad llevó a esa gente a querer ver en una foto la bruma de sus muertos? ¿Qué esperaban encontrar?

Sin dudas, la certeza de que «la promesa» eterna no es una mentira. Que hay algo más allá de esta existencia limitada, un lugar en el que todos estaremos alguna vez juntos para siempre. Si fuera cierto, podríamos relajarnos. Los dolores de la vida encontrarían un sentido y las ausencias se volverían más tolerables al ser ausencias por un rato.

Pensar que nuestros seres queridos no se han ido para siempre no solo brinda calma, sino también la idea de que alguna vez estaremos allí, que seguiremos existiendo, que no habrá un final definitivo para esto que hemos sido.

Es intolerable pensar que tanto amor, tanto miedo, tanta pasión y tantos sueños puedan desvanecerse en la nada.

La nada es el verdadero nombre del Infierno.

Mumler lo sabía y por eso ofreció el sustituto humilde de una imagen confusa, brumosa. Bastaba con eso para que alguien desesperado encontrara consuelo ante la pérdida.

El hombre fue una estafa. Sus fotos también. Sin embargo, de alguna manera, sus engaños permitieron que muchas personas transitaran la vida con mayor tranquilidad.

El Psicoanálisis no apuesta a la mentira, apunta a la verdad.

No brinda fotos trucadas que calmen la desolación. Por el contrario, invita al paciente a caminar por el territorio desolado de sus ausencias hasta que pueda asumir que somos más lo que hemos perdido que lo que hemos conseguido.

Solo alguien que nunca se analizó se reconoce por sus logros. Por sobre todas las cosas, el ser humano se define por las cosas que ha perdido.

No busquemos fotos milagrosas ni apostemos al engaño. Miremos de frente a la nada y llenemos el espacio con deseos. Esa y no otra es la batalla por la vida.

El nacimiento de Dios

En tiempos de la dominación asiria apareció en Palestina un movimiento profético que sostuvo la adoración de un solo Dios, Yahvé, y prohibió el culto a los demás dioses y a los muertos.

Los muertos se quedaron solos en la oscuridad del Seol y los vivos dejaron de contar con su protección. Fue un cambio potente que modificó la identidad del pueblo de Israel. De ahí en más, dejarían de definirse en relación con sus antepasados. A partir de ese momento su relación se limitó al vínculo con su Dios nacional. La reforma del rey Josías dejó al judaísmo sin promesas *post mortem* y convirtió a los fallecidos en pobres sombras innecesarias.

Cuando el ejército babilonio terminó con la monarquía judaica, Israel se convirtió en una provincia del imperio y Yahvé fue más necesario que nunca.

Una nación es mucho más que la suma de los individuos que la componen. Para sentirse parte de un mismo pueblo es necesario un sentimiento de pertenencia y unidad. En este caso, Dios fue el ente que aglutinó a ese grupo perseguido y maltratado. Solo Él podía contenerlos y garantizar que un día restablecerían su condición de Estado. Para lograrlo deberían contar con todos, sin excepción. Y así como Odín enviaba a las Valkirias a recolectar a los guerreros fallecidos en el campo de batalla para formar el ejército con el que enfrentaría el Ragnarok, el judaísmo necesitó a los muertos para sumarlos a sus filas. Ahí aparece la idea de la resurrección. Pero ¿podía Dios ser tan cruel como para dejar a sus fieles condenados a padecer eternamente en la oscuridad del Seol?

Muchos pensaron que no y surgieron los salmos que cantan que Dios recibe a los muertos en su seno. Ese Cielo que antes era la excepción de unos pocos se convirtió en el destino posible de todos, aunque los salmos no dan ninguna descripción de ese lugar, apenas refieren que una vez allí se podría gozar de la compañía permanente de Dios.

Cuando los judíos de la diáspora entraron en contacto con los griegos se instaló en ellos la idea de un alma inmortal. Entonces, a la hora de morir, los ángeles vendrían para recibirla y llevarla hasta su lejano destino donde disfrutaría de la compañía de otras almas, ángeles y quizás, de Dios.

El impacto de las ideas platónicas fue contundente y permitió rescatar a las sombras encerradas en el Seol para convertirlas en almas bendecidas por la bondad divina.

Comienza a bosquejarse el Cielo de los cristianos.

Por entonces, en el pueblo judío existían tres miradas diferentes acerca del más allá.

Los saduceos, miembros de la alta sociedad judía, señalaban que las Sagradas Escrituras no prometían nada, por lo cual creían que el alma perecía junto con el cuerpo. Según San Pablo, se apoyaban en el lema: «Comamos y bebamos porque mañana estaremos muertos».

Si consideramos esta idea, podemos deducir que no tenían ninguna expectativa respecto de una existencia futura. Si había alguna posibilidad de experimentar lo divino, esa posibilidad estaba en esta vida, porque Dios era un dios de los vivos. Un pensamiento dionisiaco estimulante.

Si el alma se desvanece con la muerte no queda otra opción que jugarse el destino aquí. Es la única alternativa para encontrar sentido a la vida. Apostar al deseo e ir por nuestros proyectos. Después de todo, es lo único que se impone entre la muerte y nosotros. Los proyectos nos dan la posibilidad de crear, de poner nuestra libido en juego para sostener un movimiento constante en busca de lo deseado.

El deseo es antes que nada un acto de responsabilidad. Un compromiso con uno mismo. Hacernos cargo de nuestro deseo es la única manera de saber quiénes somos. No es sencillo, porque cuanto más nos acercamos mayor es el riesgo. Lo sabemos, lo sentimos en el cuerpo. El corazón se acelera frente al deseo y entonces aparece el miedo. Miedo a fundirnos con lo que deseamos. Porque sabemos que todo nuestro mundo va a cambiar.

¿Usted qué quiere? ¿De qué tiene ganas?

Son preguntas habituales en un análisis y apuntan de modo preciso a develar el deseo del paciente más allá de lo que se espera de él. Más allá de la presencia de sus muertos que con sus voces allanan o complican el camino.

No debemos confundir el deseo con un simple anhelo.

El anhelo es apenas una caricatura del deseo. No tiene la potencia necesaria para resistir los embates de las fuerzas que se levantarán en su contra. Su horizonte es más modesto. El anhelo es un ave de vuelo rasante. En cambio el deseo, como el cóndor, vuela alto.

El anhelo es consciente, mientras que el deseo entierra sus raíces más allá de la consciencia, en ese espacio donde somos realmente nosotros, donde habita nuestro verdadero ser.

Quizás los saduceos no estaban tan errados. A lo mejor de eso se trata el Cielo. De aprovechar el tiempo, de afrontar la vida sin promesas ni esperanzas, sin Cielos o Infiernos que nos esperen, asumiendo que morir implica perderlo todo.

Los fariseos, en cambio, creían en la trascendencia y por eso buscaban la identidad hebrea en la observancia de la ley religiosa. Para ellos, existía el alma inmortal y la resurrección de los muertos. Recién después de la resurrección y el restablecimiento de la nación judía, el pueblo elegido podría gozar de su unión con Dios.

Eran épocas de dominio romano. Imaginemos ese horror. El imperio llega, invade, dispone impuestos, prohíbe y mata. En medio de semejante situación no es extraño que el Cielo se relacionara con el sueño de recuperar la nación perdida.

Por su parte, los esenios tomaban distancia tanto del escepticismo de los saduceos como de la apuesta a la resurrección de los fariseos. Afirmaban la existencia de un cuerpo corruptible y de un alma imperecedera. Según ellos, la muerte liberaba a esas almas de la prisión del cuerpo.

La promesa esenia es un más allá sin lluvia ni nieve, sin frío ni calor. Es decir que en el otro mundo todo sería más confortable, lejos de los dolores y las inclemencias del desierto. Una eternidad en una tierra semejante a las Islas de los Bienaventurados de los griegos.

Esta discusión se dio en el siglo I de nuestra era y propició un terreno fértil para el desarrollo de la idea del Cielo cristiano. Después de todo, como sospecha Édouard Schuré en su libro *Los grandes iniciados*, es muy probable que Jesús haya pertenecido a la comunidad de los esenios.

Como no podía ser de otra manera, el cristianismo incipiente abrevó de las ideas judías sobre la vida y la muerte.

A pesar de las disputas de sus líderes religiosos, tanto el pueblo de Israel como los paganos se negaban a aceptar que esto fuera todo, que la vida se desintegrara y volviera al polvo. Tampoco se conformaban con guardar en sus corazones a los antepasados queridos. Necesitaban creer que había un lugar desde el cual seguirían siendo parte del mundo.

El poeta John Berger dio sustancia a esta idea de modo conmovedor: «Los muertos, porque han vivido, no pueden permanecer inertes».

La frase conmueve todavía. Es un pensamiento difícil de eludir. Aun en la mente de quienes no creemos que haya algo después de esta vida, habita un resabio de esperanza que se niega a abandonarnos.

Recuerdo a un paciente que se recuperó de una situación muy grave de salud. Al volver al consultorio luego de unos meses de convalecencia, me contó que en el momento más dramático de su enfermedad había recibido la extremaunción. Sabiendo de su ateísmo militante le consulté por qué lo hizo. Su respuesta fue una pregunta que me hizo sonreír.

—¿Qué podía perder? Piénselo un instante, Gabriel. ¿Usted no hubiera hecho lo mismo? Mire si los equivocados somos nosotros.

Sus palabras me recordaron los versos de una hermosa baguala norteña llamada «Doña Ubenza».

> Me persigno por si acaso…
> No vaya que Dios exista.

Debemos reconocerlo: Dios es un compañero de viaje inevitable. Nos guste o no, todos lo llevamos en la mochila. Para adorarlo, para discutir con Él, para negarlo, o incluso para maldecirlo, quizás porque nuestra psiquis no parece estar preparada para existir sin algún tipo de relación con la divinidad. Es comprensible. Después de todo, la divinidad y la muerte caminan de la mano. Nuestra condición de mortales, conscientes de la finitud, nos obliga a aceptar el reto de ver qué hacemos con Dios, si aceptamos o no las promesas tranquilizadoras que las culturas nos ofrecen para aplacar la angustia por la incertidumbre de nuestro futuro.

Por aquellos tiempos, la esperanza estaba puesta en un reencuentro con la luz divina. El único destino no podía ser la oscuridad del Seol. No parecía justo que fuera así. De hecho no lo es. Pero ¿quién dijo que la vida es justa?

Vivir también implica aprender a soportar la injusticia cotidiana y la ausencia de merecimientos, sin doblegarnos. Para eso hay que poner los ojos en este mundo, en nosotros, y comprometernos con nuestros deseos.

Lejos de esto, los primeros cristianos desviaron la mirada de esta vida y la posaron en la existencia futura. Era la invitación del hombre de Nazaret, que aseguraba textualmente que su reino no era de este mundo.

> No acumuléis tesoros en la tierra, donde la polilla y la herrumbre destruyen, y donde ladrones penetran y roban…

Jesús aconsejaba la renuncia a lo mundano, pues:

> Nadie puede servir a dos señores; porque o aborrecerá a uno y amará al otro, o se apegará a uno y despreciará al otro. No podéis servir a Dios y a las riquezas.

Cristo despreciaba a quienes se apegaban demasiado a los bienes materiales porque sostenía que el peso de la avaricia no los dejaba emprender el camino de la salvación.

Se cuenta que cierta vez un hombre llegó corriendo, se postró delante de él y le preguntó qué debía hacer para conseguir la vida eterna. Jesús le aconsejó que siguiera los mandamientos: no mates, no cometas adulterio, no prestes falso testimonio, honra a tus padres.

El hombre lo interrumpió y le aseguró que ya había hecho todo eso desde siempre. Al escucharlo, Jesús le dijo que todavía le faltaba algo por hacer.

—Anda, vende todo lo que tienes y dáselo a los pobres, y tendrás tesoro en el Cielo. Luego ven y sígueme.

Ante esas palabras el joven bajó la cabeza, giró y se fue. Estaba triste, pero no podía obedecer porque tenía demasiadas riquezas y no estaba dispuesto a desprenderse de ellas.

Jesús miró a sus discípulos y dijo:

—Qué difícil es entrar en el reino de Dios. De cierto les digo que resulta más fácil pasar un camello por el ojo de una aguja que hacer entrar a un rico en el Reino de los Cielos.

Un discurso contundente, feroz. En una época cruel, un hombre se para frente a un pueblo desesperanzado y le dice que, a pesar de los padecimientos de la vida y las injusticias de los romanos, existe un después. Un después donde no habrá muerte ni dolor, pero tampoco habrá pasiones, porque la pasión pertenece a la carne. En muchos pasajes de los Evangelios comprobamos lo que Cristo pensaba acerca de la corrupción del cuerpo.

En el Apocalipsis, San Juan dice que quienes lleguen al Reino de los Cielos:

> Ya no tendrán hambre ni sed, ni el sol los abatirá, ni calor alguno, porque el Ángel, que está en medio del trono, será su Pastor y los conducirá a las fuentes de las aguas de la vida, y Dios enjugará todas las lágrimas de sus ojos.

¿Qué se promete? Otra vez no tener tristeza.

Al igual que el Valhalla o los Campos Elíseos, resulta una promesa demasiado pobre.

¿Ese es el destino que debemos anhelar?

Se entiende que para un pueblo sojuzgado, esclavizado, atormentado por el calor del desierto, el hambre y las pérdidas, pueda parecer suficiente. Pero ¿qué nos pasa aquí y ahora con esa idea? ¿Nos parece un paraíso deseable? ¿Dónde quedan nuestros sueños, las miradas queridas, los abrazos y el reencuentro con los que amamos?

Por ahora en ningún lugar. El amor humano, el sexo y el deseo aún no tenían lugar en aquel Cielo. Tal vez por eso no podía sostenerse.

Un poco más cerca

La Edad Media fue un periodo muy extenso. Nace Europa y se consolida el cristianismo. Diez siglos en los que se dieron algunos cambios, aunque no tantos como podríamos suponer. Y nuevamente el responsable de eso fue Dios. La excusa que justificó sostener injusticias y crueldades insospechadas.

Aunque hay varios hechos que señalan los mojones de la Edad Media, la caída del Imperio Romano de Occidente marca su comienzo y la conquista de América le pone fin. Es decir que la Edad Media se inicia con la caída de un imperio cruel, para dar paso a un genocidio tanto o más cruel que el anterior.

La humanidad no parece destinada a mejorar. El descuartizamiento de Tupac Amaru fue tan espantoso como los horrores que los romanos impartieron a sus súbditos.

Algunos sostienen que el poder corrompe. Lejos de eso, pienso que en realidad delata. Como dijo el expresidente uruguayo Pepe Mujica, «el poder revela quiénes somos».

Durante la Edad Media el sistema esclavista de producción dio paso al feudal, que se le parecía bastante. De hecho, los señores feudales se comportaban como si fueran amos de sus campesinos. Tenían incluso el derecho legal de pernada, de abusar sexualmente de las mujeres.

Sin embargo, la concepción del Cielo tuvo algunas modificaciones interesantes.

El anterior Cielo abstracto fue cediendo paso a uno nuevo, más cercano, al menos para la imaginación. A medida que las ciudades europeas crecían, los escritores se animaron a abandonar la idea de un jardín paradisiaco y describieron Cielos más urbanos. Y así como el invadido pueblo de Israel creó un Dios que lo unificara y le diera cobijo, los pobres campesinos que trabajaban de sol a sol construyeron una ciudad que pudiera contenerlos al final de los tiempos, cuando por fin Dios se dignara a perdonar el Pecado Original.

El paraíso medieval era antes que nada un lugar descansado, sin espinas y sin la obligación del esfuerzo y el dolor con que la humanidad había sido castigada luego de la desobediencia de Adán y Eva.

A los bienaventurados se les restituiría su estado inicial. Volverían a ser las simples criaturas originarias, a andar desnudas sin avergonzarse y sin sufrir calor, frío, ni padecer necesidades como el hambre o la sed.

Las descripciones de la ciudad santa, construida en oro con sus enormes puertas, tienen alguna semejanza con el castillo de Odín en Asgard. Aunque, digámoslo, tampoco era una promesa demasiado tentadora. La Jerusalén celestial quitaba a los campesinos el miedo a la oscuridad, el sacrificio y la hambruna que tenían que enfrentar en la Tierra, pero no mucho más. Seguridad. Esa era la verdadera promesa.

Es el Cielo que describe la *Divina comedia*.

Dante era un poeta místico. Según sus propias palabras, su obra debía leerse como un texto sagrado capaz de guiar el alma hasta el encuentro con la luz maravillosa de Dios, un encuentro destinado exclusivamente a los cristianos.

Por eso, el primero de los círculos del Infierno es el Limbo, un lugar lleno de almas que no han cometido ningún mal que las condene, excepto el pecado original de no haber sido bautizadas. Allí se encuentran los nacidos muertos, las personas que, aun siendo nobles en vida, llegaron al mundo antes que Jesús, y aquellos que no pudieron conocer su mensaje.

El Limbo también es un intento de Alighieri por salvar del tormento eterno a algunas personas que admiraba. Recordemos que Tomás de Aquino solo reservaba el Limbo para los niños fallecidos antes de ser bautizados. En el Limbo de Dante, en cambio, están los grandes poetas, Homero, Lucano, Horacio, Virgilio, su propio compañero de travesía, e incluso dos nobles musulmanes. Ellos saben que jamás podrán acceder a la luz divina y esa es su condena: vivir en un deseo constante de Dios que nunca será saciado.

Tampoco Virgilio puede acceder al premio celeste, por eso, a partir del Purgatorio será una mujer, Beatriz, quien llevará de la mano a Dante hasta finalizar el viaje.

Beatriz… La musa… La amada inmortal.

Se ha dicho que quizás Dante escribió su monumental obra solo para poder nombrarla algunas veces. Borges mismo escribió:

Infinitamente existió Beatriz para Dante.
Dante, muy poco, tal vez nada, para Beatriz.

Si esto fuera así, podríamos pensar que Alighieri conoció el verdadero Infierno. No hay peor Infierno que el amor no correspondido.

Algunos sostienen que la dama de la *Comedia* fue solo un personaje de ficción. Sin embargo, la mayoría opina que en realidad se trata de Beatriz Portinari, una noble florentina vecina de Dante.

El poeta la conoció cuando tenía nueve años, uno más que ella, y desde ese momento la amó con toda su alma. Casi no volvieron a verse hasta que mucho tiempo después se cruzaron por la calle. Beatriz caminaba junto a unas amigas y al cruzarse con Dante lo saludó. Solo eso. No hubo más. Apenas un saludo. Pero bastó para que él no la olvidara.

Podría pensarse que es imposible que una pasión eterna se generara en esos dos instantes. Un encuentro infantil y un saludo adolescente. Les aseguro que no.

El amor es un acto enigmático. Podemos pasar años con alguien sin llegar a amarlo jamás, y a veces basta un gesto para enamorarnos de por vida. Eso despierta un amor. Un gesto que de modo inconsciente penetra y se instala en un lugar profundo, donde habitan las huellas antiguas que marcan el ritmo de nuestro deseo, y nuestra forma de sufrir y de amar.

No amamos sino un rasgo que nos recorre desde siempre. ¿Por qué no existe el libre albedrío en el amor? ¿Por qué no alcanza con la voluntad para olvidar? Porque las emociones juegan su historia a espalda de nosotros. Por eso el Psicoanálisis apuesta al diván, a la búsqueda de la introspección, a esa manera particular de avanzar que, a diferencia del mundo, es hacia adentro y hacia atrás, en busca de los rastros de un pasado que se hace presente en cada elección. Y en esto del amor, basta ese gesto imperceptible para despertar lo que de otro modo no se hubiera despertado.

Alguna vez Dante confesó que al ver a Beatriz volvió a sentir *la señal de la antigua llama.*

¿Cuál era esa llama? ¿Qué vio en ella aquel día?

No lo sé. Dudo de que él mismo lo supiera. Así de confusos son los senderos inconscientes. Lo cierto es que Beatriz Portinari se convirtió en su obsesión.

—Beatriz, guíame hacia el Paraíso, ya que Virgilio ya cumplió su misión —le ruega en la *Comedia.*

Guíame hacia el Paraíso. ¿Qué otra cosa se espera de la persona amada? No fue casual la elección de ese personaje para acceder al Cielo. Dante supo que Beatriz era el camino, aunque jamás estuvo con ella.

Ajena por completo a la pasión que había generado, Beatriz Portinari se casó con Simone de Bardi, sin embargo, no tuvo tiempo de ser feliz. Murió en 1290, a los veinticuatro años.

Dante escribió algunos poemas en su honor, pero se prometió no volver a nombrarla hasta que no fuera capaz de escribir *lo que no se ha escrito antes de ninguna mujer.*

Promesa que cumplió al pie de la letra. La joven apareció en su pluma recién en la *Divina comedia*, como su compañera celeste...

El amor llega al Cielo

Prefiero el Quijote a Cervantes.

Me conmueve más el caballero a destiempo que el soldado de Lepanto.

De igual modo, me subyuga más Dante, el enamorado que descendió al Infierno tras la sombra de Beatriz, que Alighieri, el místico que fue en busca de Dios. Como dijimos, la *Divina comedia* fue concebida con la intención de ser un texto religioso y no romántico. Es comprensible. En aquel momento no había lugar para el amor en el Cielo. Tampoco en la Tierra.

El amor no fue demasiado importante a la hora de la unión matrimonial durante la Edad Media. Las uniones matrimoniales poco tenían que ver con las emociones. El casamiento era producto de acuerdos entre familias y perseguía fines económicos o de seguridad. Estos acuerdos variaban según la condición de cada pareja. En ocasiones la unión traía paz a dos pueblos enfrentados, en otras engrandecía reinos, aunque en general era un modo gregario de enfrentar la miseria.

Sin embargo, en medio de aquel mundo lleno de necesidades surgió una figura revolucionaria: el amor cortés. Un tema atractivo y enigmático, no en vano Don Alonso Quijano alucinó ser el loco de La Mancha.

En aquella época apareció una institución denominada *Frauendienst* que implicó el culto a la mujer y estableció una serie de normas extraordinarias, muy distintas a las que regían la vida cotidiana.

Eran momentos duros para los desposeídos, los campesinos y en especial las mujeres. Sin embargo, este movimiento vendría a elevarlas a un lugar de privilegio.

El amor cortés colocó a la amada por encima de Dios, algo que al poder religioso no le cayó bien. Movidos por su devoción a la mujer, los caballeros procuraron demostrar su valentía y su virilidad. En busca de acumular méritos ante ella, el noble enamorado se entregaba a aventuras riesgosas en las que ponía en juego su vida solo para demostrar que estaba a la altura de su dama. Una dama que siempre estaba casada con otro. Entonces, ¿qué pretendía este tipo de amor? Solo entablar un juego de seducción, un cortejo colmado de poesía, rituales platónicos y actos heroicos.

El procedimiento que ligaba al caballero y su dama estaba rigurosamente pautado. En primer lugar, él debía elegir a quien ofrecer sus servicios. No existía caballero que no tuviera una mujer a quien homenajear.

En el momento en que ofrecía sus servicios pasaba a la categoría de *pregaire*, «peticionante». Cuando ella lo aceptaba, se convertía en *entendeire*, lo cual implicaba que había sido aceptado por la dama. La mujer se tomaba un tiempo durante el cual tenía una actitud distante, casi despectiva. Terminado este lapso se realizaba una ceremonia pública a la cual asistía incluso su esposo.

Si la dama lo aceptaba, ambos se comprometían en un pacto de fidelidad. A partir de ese día, el caballero debía hacer todo en su honor: participar en un torneo, defender a los pobres, escribir versos y pelear en las cruzadas. Esos actos de valentía no solo lo hacían digno del respeto de la mujer sino del reconocimiento general.

Cuando fue armado caballero, Ulrich von Lichtenstein comprendió que ya era hora de ofrecer sus servicios a alguna dama. Eligió una que le pareció adecuada y le envió algunas canciones. La mujer se mostró agradecida, pero manifestó que no tenía necesidad de tener un caballero que la representara. Sin embargo, Ulrich no se dio por vencido.

Enterado de que a ella le disgustaba una protuberancia que él tenía en su labio superior, pagó una elevada suma a un cirujano para que corrigiera ese detalle. Como todavía no existían anestesias ni calmantes, el profesional manifestó que sería conveniente maniatar al paciente durante la operación. Pero Ulrich, ante la oportunidad de mostrarse valiente, se negó y sufrió la tortura sin emitir un quejido.

Enterada del suceso, la mujer aceptó el encuentro nada más que para comprobar cómo le había quedado el labio. Acordaron hacerlo durante una cabalgata, pero al verlo llegar la mujer huyó al galope sin cruzar palabra con él.

El caballero no estaba dispuesto a renunciar a su deseo. Escribió poemas, participó en nuevos torneos, enfrentó duros combatientes y casi pierde el meñique en un desafío. Por suerte, un médico logró coserlo.

Anoticiada de lo sucedido, la dama protestó porque Ulrich no hubiera aceptado vivir sin el meñique. Entonces, el caballero pidió a un amigo que le cortara el dedo con un hacha y se lo envió a su amada en una caja de oro. Ella se manifestó complacida y prometió mirar el dedo cada tanto, lo cual no implicaba que aceptara su pedido.

Ulrich, enloquecido como el Quijote, siguió adelante con sus actos heroicos. Su fama se hizo tan grande que algunas damas muy importantes se manifestaron deseosas de tomarlo como caballero, pero él seguía fiel a la mujer esquiva.

Luego de mucho tiempo ella pareció cambiar de opinión. Envió un anillo y una nota diciendo que aceptaba sus servicios, pero al enterarse de que Ulrich se había casado y tenía hijos, exigió que le fuera devuelto el anillo y retiró su aceptación.

En un último intento, el hombre envió más poemas hasta que por fin la mujer le concedió una entrevista. Conversaron, él le contó todo lo que había hecho en su honor y exigió su recompensa: el *beiliegen*.

El *beiliegen* permitía al caballero acostarse junto a su dama y pasar la noche a su lado. Por supuesto, sin tener ningún contacto sexual.

Como condición, la dama le exigió que bajara hasta el patio por una soga y volviera a subir. Ulrich aceptó. Pero cuando estaba descendiendo ella cortó la soga. Él cayó al suelo y quedó seriamente herido. Fue el último acto que realizó en su honor.

El relato termina afirmando que «solo un loco podía servir indefinidamente sin ninguna esperanza de recompensa».

El amor de Ulrich expresa el ideal de la incondicionalidad. Un ideal que todavía nos recorre. Cuántas veces hemos escuchado decir: «No podría vivir sin ella… Daría mi vida por él…».

En ocasiones, para realzar la magnitud de su amor, alguien manifiesta que se trata de un amor incondicional. En realidad, esa falta de condiciones solo resalta la patología del vínculo. No existe relación sana sin límites, sin territorios que no se deben atravesar.

Una de las tareas más difíciles que enfrento como analista es lograr que el paciente acepte que el amor no justifica todo. Que hay un momento en que se debe decir «hasta aquí».

A causa de la idealización que la cultura hace del amor, hemos llegado a pensar que cualquier renuncia está justificada. Después de todo, es por amor.

Recuerdo a Luciana, una paciente que llegó lastimada a mi consultorio. La hice pasar, la abracé, le di un vaso de agua y pregunté qué ocurrió. Me comentó que su pareja la había golpeado, algo que hacía desde mucho tiempo. Le pregunté por qué se quedaba a su lado y respondió: «Porque lo amo». ¿Y eso qué tiene que ver?, la enfrenté.

Me miró como si hubiera cometido una herejía.

La convicción de que el amor es algo maravilloso lleva a aceptar situaciones enfermizas y conductas patológicas. No es cierto que todos los amores valgan la pena. Ningún amor puede tener como precio la dignidad.

El amor cortés elevó al amor a la máxima categoría. Nada, ni Dios, ni la existencia eran más fuertes. La idea que subyace es clara: el amor es más importante que la vida.

En su obra *Lo que me costó el amor de Laura*, Alejandro Dolina recrea quizás el último episodio de amor cortés de la literatura.

El protagonista, Manuel, conoce a Laura y se enamora perdidamente de ella. Pero Laura, como la dama de Ulrich, es una persona cruel y para aceptarlo le impone un desafío casi imposible.

> Hay algo que usted tiene que saber:
> mi amor no se consigue así nomás.
> Tendrá que demostrar su determinación
> metiéndose en el barrio del dolor.
> Después tendrá, mi vida, que encontrar
> la calle de la desesperación.
> Allí conseguirá la llave del amor
> que dicen que abre cualquier corazón.
> De allí no se regresa nunca más…

Laura es precisa. Si desea su amor, Manuel deberá atravesar el barrio del dolor en busca de esa llave mágica que abre la puerta de todos los corazones.

Obsesionado por esa mujer, este caballero moderno acepta el desafío. Sabe que será difícil, pero está dispuesto a hacerlo. Así lo manifiesta:

> Hay que vencer el miedo y el horror
> Y si el precio es morir, tan caro no será.
> La vida vale menos que el amor.

En este derrotero infernal se cruzará con parroquianos extraños que le darán información acerca del lugar en que se encuentra la llave a cambio de un costo alto: por cada uno de esos datos deberá pagar con cinco años de su vida.

Manuel acepta y avanza hasta conseguir el objeto tan preciado, pero lo espera un nuevo golpe. Alcanzada la meta, La Muerte en persona le entrega la llave y le informa que de todos modos no le servirá, porque en el recorrido por el barrio, después de tantas consultas, se ha gastado la vida. Además, La Muerte le confiesa que todo ha sido un engaño, que tanto Laura como los vecinos eran sus vasallos.

Manuel perdió su vida persiguiendo una mentira. Sin embargo, mira a La Muerte a los ojos, y responde: «Mi mentira de amor vale más que este horror que usted llama verdad».

Mi mentira de amor. Extraordinaria frase para describir ese momento engañoso que muchas veces guía nuestra vida.

El amor es un engaño. Un momento ilusorio que por un instante nos hace olvidar que vamos a morir. Como escribió Mario Benedetti: «Una mujer querida o vislumbrada desbarata por una vez la muerte».

El amor es la mejor de las promesas. Una promesa tan grande que fue necesario darle un lugar en el Cielo. ¿Qué sentido tendría el más allá sin la persona amada? Sería el Infierno del duelo eterno. Apenas un Cielo melancólico.

En este sentido, Aucassin, héroe de una historia popular del medioevo francés, exclamó:

> Yo busco ganarme el Paraíso, pero el Cielo no parece ser una morada deseable, sino más bien un lugar aburrido. [...] Prefiero el infierno de los caballeros delicados. Con ellos iré yo, para tener conmigo a Nicolette, la más dulce de mis amigas.

El amor cortés revolucionó la manera de pensar el mundo de los amantes, y dejó una marca imborrable en la cultura. Entonces, si no quería perder a los caballeros más valientes, la religión debía dar un giro importante. Y lo dio. De esa manera la visión romántica puso un pie en el más allá.

A Francesco Petrarca, el famoso poeta italiano, le costó mucho liberarse del peso de la tradición. Recordemos que nació a principios del siglo XIV. Al igual que Manuel, había conocido el amor de la mano de una mujer llamada Laura que al morir lo dejó tan desolado que soñó con la posibilidad de reencontrarla en la otra vida.

Para el pensamiento de la época, la coexistencia entre lo humano y lo divino era imposible. Sin embargo, en medio de un duelo intransitable, Petrarca manifestó que su sueño era poder algún día ver a Cristo y a Laura (*veggia il mio Signore e la mia donna)*. El sueño de un verdadero enlutado. Un sueño que debería esperar muchos siglos para hacerse realidad.

De paraísos perdidos

Dos siglos antes de la llegada de «los románticos», en el año 1608, nació en Londres el poeta John Milton. Su peso literario fue tan grande para las letras inglesas que se le comparó con William Shakespeare.

Milton fue un hombre que supo de duelos.

Enfrentó la muerte de su esposa y de su hijo. Poco antes de estas pérdidas, un glaucoma lo dejó ciego en el año 1652. Quince años después publicó su obra más importante: *El paraíso perdido*. En ella nos propone la existencia de dos Cielos, el de Dios y el Paraíso creado para las primeras criaturas humanas: Adán y Eva.

A su manera, anticipa un lugar para el amor carnal en el Cielo, aunque estos dos espacios divinos estaban separados y distantes. Pero a diferencia del Cielo místico y teocéntrico de Dante, donde lo único importante es la grandeza divina, la mayor parte de la obra de Milton se desarrolla en el Jardín del Edén, un espacio humano donde hay lugar para los placeres, la danza y el canto «que el mismo Dios oye con deleite».

En aquel sitio Adán y Eva pasaban sus días rodeados de un paisaje hermoso en compañía de los ángeles y disfrutando de su sexualidad.

Según cuenta Milton, apenas llegaron al Edén, Eva se encargó de preparar el lecho nupcial cubriéndolo de flores y hierbas aromáticas. Poco después la pareja ingresó al lecho tomada de la mano. «Adán no se apartó de su bella mujer ni rehusó Eva los misteriosos ritos del amor conyugal».

La experiencia fue tan conmovedora que Adán le confesó a Rafael: «Aquí sentí por vez primera la pasión, conmoción extraña».

La pasión.

Otra vez la pasión deambulando entre lo sexual y lo divino. Con un pie en lo sublime y otro en lo carnal. La pasión habitando ese límite indescifrable donde las sensaciones se confunden y la razón se obnubila.

Comenzaba a pensarse un Cielo deseable, por lo tanto, la pasión no podía quedar excluida. Eso hace Milton: introduce en el Paraíso la sexualidad para que el Edén fuera realmente perfecto.

El ser humano solo puede pensarse en relación con la sexualidad. Transitamos la vida enredados en nuestras pulsiones, batallando y cediendo entre el placer y la angustia.

Hemos dicho que hay dos grandes enigmas para la humanidad: la sexualidad y la muerte. Compañeras inseparables tanto en la vida como en los Cielos e Infiernos.

En su poema «Buenos Aires», Borges señala:

Sé que los únicos paraísos no vedados al
hombre son los paraísos perdidos.

Los personajes de Milton perdieron el paraíso a causa de su amor. A diferencia de lo que dijimos, en este caso el amor no creó la ilusión de eternidad, sino que introdujo el castigo de la muerte.

Lejos de lo que enseña la historia oficial, la Eva de Milton no tuvo la necesidad de engañar a Adán para que comiera del fruto prohibido. Fue por su voluntad, por el profundo amor que sentía por ella que él decidió morderlo.

Adán comprendió al instante que la desobediencia de Eva la había condenado a morir y no dudó acerca de qué debía hacer.

Nuestro estado no puede seccionarse.
Nosotros somos una sola carne y perderte es lo mismo que perderme.

El pecado que Dios no le perdonó a Adán no fue su ingenuidad ni su desobediencia, sino haber puesto el amor por Eva por encima del amor por Él. Porque a Adán poco le importó el mandato divino a la hora de escuchar su deseo. Este y no otro fue el acto que dio origen a la humanidad.

Ser conscientes de que vamos a morir es el costo que debemos pagar por vivir en el mundo del deseo.

El amor de la pasión, del diente contra diente, del sudor y el gemido fue el nuevo sacramento de los enamorados. Unidos por el ardor se realizaron ofrendas que nada tenían que ver con Dios, y sin embargo marcaban destinos de Cielos o Infiernos.

El erotismo horada la carne y deja huella en la psiquis. Nada es más fuerte que la promesa del beso anhelado. Los ojos queridos opacaron el brillo de la luz divina y frente a esa pasión Dios pasó a ser un observador inerte que no entiende. Porque solo la piel comprende las razones de la piel. Y Él, el Todopoderoso, el Omnisciente, quedó perplejo ante la potencia de la unión de dos deseos que se desean con la fuerza de ese animal que Él creó. Y a la vez tan lejos.

Milton no se animó a pensar que el amor carnal podía restaurarse en el Cielo, pero su obra abrió el camino de quienes sí lo harían: los escritores románticos.

* * *

El siglo XIX fue el tiempo en que la vida, el pensamiento y el arte hicieron foco sobre el amor y la sexualidad.

Dijimos que hasta entonces el matrimonio tenía motivos alejados del compromiso emocional. Por ende, así como la pareja, tampoco la familia estaba ligada por lazos afectivos fuertes. Todo eso cambiaría. Con la llegada del romanticismo el casamiento dejó de estar atado al interés, la conveniencia o la necesidad, y se ligó a *las cosas del querer*.

El mundo en que vivimos condiciona nuestra manera de vincularnos. Así, el cambio de paradigma generó un acercamiento y una preocupación que no existía por los hijos, las parejas y los padres. Este interés fue creciendo con tal fuerza que hombres y mujeres comenzaron a sentir que en el Cielo debía haber lugar para la familia. El paraíso debía considerar la posibilidad del reencuentro con los muertos queridos. Padres y abuelos a los que debimos duelar hace tiempo tenían que estar esperándonos en las puertas del Cielo.

Si bien este anhelo se puso de manifiesto en el siglo XIX, es evidente que se trata de un sueño que recorrió a la humanidad desde mucho antes.

La mística Santa Teresa, la misma que dijo «solo Dios basta», aludiendo a que en la otra vida no había más premio que la divinidad, en su relato de la visión del Cielo escribió: «Las primeras personas que allí vi fue a mi padre y a mi madre».

Asombra cómo el Inconsciente de la santa pudo más que su fe. A pesar de rendirse ante el Creador no dejó de soñar con la posibilidad de volver a encontrarse con sus padres. Es apenas un detalle en su obra, una grieta pequeña, casi un lapsus, pero allí está. Luego se recompone y vuelve a Dios, su luz y omnipotencia. Sin embargo, como sombra entre las sombras, se deslizó su deseo inconsciente de recuperar lo perdido. A su manera, el deseo siempre se hace escuchar.

A diferencia de Santa Teresa, los cristianos del siglo XIX manifestaron esto a viva voz. Y fueron escuchados. Aunque eso no fue todo.

También los amantes reclamaron un espacio para sus amados en el Paraíso. A su auxilio vinieron los artistas románticos para describir Cielos donde esos amantes podrían estar juntos para siempre. Ya no importó el amor institucional, el del matrimonio, como en la obra de Milton, sino que el premio del reencuentro sería para quienes hubieran compartido el amor verdadero más allá de toda regla.

A los diecisiete años, Novalis, el poeta y filósofo alemán, se enamoró de una niña de trece. Su nombre era Sofía y aunque nadie lo supo, se juraron amor eterno. Pero el mundo es cruel y casi nunca respeta los deseos humanos. Sofía murió de tuberculosis tres años después.

El arte es una bendición para el alma en duelo.

Novalis dedicó a su amada una serie de *Himnos a la noche*. Su escritura dio cuenta de un dolor que no podía compartir con nadie.

No se pueden ver las heridas...
No hay lágrimas que llorar.

Especulando acerca de la vida después de la muerte imaginó una reunión en la que niños y gigantes, mujeres y maestros, confesaban:

Para nosotros amar significa vida.
Las briosas aguas de nuestro ser se entremezclan…
corazón con corazón.

El deseo de abrazarse al amado
siempre crece y florece…

El deseo de encontrarse con él en la intimidad
De ser uno con él,
para no moderar su sed
para consumirse uno a otro.
Para que el uno sea alimentado por el otro,
y por nada más.

Para los románticos el amor y el dolor son inseparables.

Si fuesen uno, Amor, no existiría
Ni llanto ni bajel ni lejanía,
Sino la beatitud de la azucena.

¡Oh amor sin remo, en la Unidad gozosa!
¡Oh círculo apretado de la rosa!
Con el número Dos nace la pena.

Así lo expresó Marechal: «con el número Dos nace la pena».
También son inseparables la muerte y el amor. Quizás por eso Georg Philipp Friedrich von Hardenberg, Novalis, murió sin olvidar jamás a Sofía a los veintinueve años… de tuberculosis.

Un duelo que no puede realizarse deja marcas. En ocasiones, una manera de no aceptar que hemos perdido a alguien es identificarnos con él. Ya que no podemos tenerlo, quizás podamos serlo. De ese modo tomamos alguno de sus rasgos y lo hacemos propio. Comenzamos a sonreír como el amado perdido, a utilizar alguna de sus palabras o gestos o, por qué no, morimos de tuberculosis como él.

Los caminos de la melancolía pueden ser muy oscuros.

En su obra *El juicio final*, William Blake despliega una idea conmovedora: la muerte no termina con la pasión.

Pensar en una pasión que sigue atormentando más allá de la vida genera una imagen poderosa. «Polvo serás, mas polvo enamorado», sentenció Quevedo. Ese fue el sueño de los románticos. Ni el tiempo, ni la muerte, ni el olvido pueden vencer al amor.

Blake imagina un paraíso erótico donde Adán y Eva se besan desnudos mientras Satán los contempla con envidia. El amor. Incomprensión de Dios y envidia del demonio. Emoción que solo pueden sentir quienes encarnan en piel, un hombre o una mujer. El precio de ese privilegio es la muerte. La soledad. El duelo.

Para muchas personas el sueño del reencuentro es fundamental a la hora de enfrentar el duelo. Creer que al pie del lecho mortuorio estará esperando el alma de los padres, la pareja o los abuelos, vuelve soportable la angustia del final. Pero de ello hablaremos después, cuando la luz no caiga sobre nuestra condición de murientes sino de *ensombrecidos*. Es decir, cuando el duelo no se refiera a la amenaza de morir, sino a la certeza de haber perdido a alguien amado y tener la obligación de seguir viviendo.

Si esos muertos queridos tienen la posibilidad de esperarnos, se lo debemos a los románticos. Ellos invadieron el Cielo de emociones humanas. Se centraron en la pareja y a su alrededor armaron un paraíso de erotismo en el que Dios era apenas un observador quieto.

Para ellos, el amado es más importante que ese Dios lejano. La salvación ya no tiene que ver con la Iglesia ni con el seguimiento de la ley divina, sino con la pasión. El verdadero Cielo es poder reencontrar la mirada de un amor perdido o de un hijo muerto. La luz celeste ya no interesa.

Uno de los más notables arqueólogos del siglo XX, Alberto Ruz Lhuillier, dijo que si los dioses habían sido creados a imagen de los hombres, los paraísos fueron soñados a imagen de sus sueños insatisfechos.

Si esto fuera cierto, y creo que lo es, podríamos conocer las angustias de un pueblo por los Cielos que crearon. Cielos de libertad, de ausencia de injusticias, de reencuentros posibles.

Esos distintos Cielos no han sido más que eufemismos para no hablar de la muerte dura, a secas. ¿Alcanzan para aminorar nuestra angustia de murientes?

En algunos casos puede ser. De cualquier modo, y a pesar de sus diferencias, todos sugieren la posibilidad de seguir «siendo» más allá de la vida acotada que nos toca en este oscuro cascote que gira alrededor del Sol.

Esa y no otra es la promesa del Cielo.

La inmortalidad. La existencia de un universo donde todos estaremos vivos para siempre.

III

AMENAZAS

No le temo a la muerte. He estado muerto durante miles de millones de años antes de nacer y no he sufrido el menor inconveniente.

MARK TWAIN

Senderos oscuros

En el intento de encontrar respuestas acerca de qué nos espera después de esta vida, la religión postuló la existencia del más allá, de Cielos y paraísos. La existencia de Dios obligó a sostener una justicia divina que diferenciara nobles de pecadores. No podía ser que diera lo mismo haber sido una persona buena que un canalla. ¿Cómo imaginar que Dios trataría de igual modo a un ser generoso que a un violador?

La creencia en una deidad que castigara el pecado, Yahvé destruyendo a Sodoma y Gomorra, o Zeus inundando la tierra frigia, marcó una forma de pensar y transitar la vida. El miedo a Dios fue más fuerte que el amor por Él. Si uno no quería sufrir la furia de los dioses, cualquiera que fuera, debía obedecer sus mandatos y comportarse según lo esperado.

Sin embargo, las palabras de Cristo, «no he venido a llamar a justos, sino a pecadores», resultan perturbadoras y parecen contradecir este pensamiento.

El Nuevo Testamento está lleno de episodios en los que Jesús arremete contra los fariseos, sacerdotes que seguían la ley, y en cambio abraza a una prostituta o a un hombre que recaudaba impuestos para los invasores romanos.

Uno de los pasajes más bellos del texto sagrado es el que refiere a la mujer adúltera. Como sabemos, la ley de Moisés indicaba que toda mujer que era descubierta en adulterio debía ser apedreada.

El Evangelio según san Juan cuenta que una mañana Jesús estaba sentado en la puerta del templo enseñando a la gente que concurría a escuchar su palabra. En un momento se le acercó un grupo integrado por escribas y fariseos. Traían a una mujer.

—Maestro, esta mujer ha sido sorprendida en el acto mismo de adulterio, y en la ley Moisés nos mandó apedrear a aquellas que cometieran esa falta. Tú, pues, ¿qué dices que debemos hacer?

No era una situación fácil para Jesús. Incitarlos a cumplir la ley era ser cómplice de un homicidio, y negarse a hacerlo implicaba una ruptura con la tradición judía. Una de esas paradojas que tantas veces enfrentamos en la vida cuando, no importa qué decisión tomemos, siempre vamos a perder.

Jesús no respondió de inmediato, pero los hombres insistieron en conocer su opinión. Entonces, mirando hacia abajo, mientras escribía en el suelo con el dedo, expresó:

—El que de ustedes esté libre de pecado que arroje la primera piedra contra ella —y continuó escribiendo sobre la tierra.

Al escucharlo, los hombres se miraron sorprendidos, soltaron las piedras que llevaban en la mano y se retiraron. Al cabo de unos minutos solo quedó la mujer, que todavía estaba temblando.

Jesús levantó la cabeza y mirándola a los ojos le dijo:

—Mujer, ¿dónde están los que te acusaban? ¿Ninguno te condenó?

Ella respondió en voz baja:
—Ninguno, Señor.
Entonces, el maestro concluyó:
—Ni yo te condeno. Vete, y no peques más.

No siento una cercanía con la religión. Sin embargo, no puedo resistir la emoción que siempre me genera leer los Evangelios. Los descubrí cuando tenía dieciocho años. En aquel tiempo, para tener un ingreso extra al sueldo como profesor que recibía en el colegio, comencé a trabajar en la biblioteca de la Torre Ader, en Munro. Era una construcción antigua semejante a un faro. Para acceder al mirador había que subir por una angosta y oscura escalera de caracol. El peligro que implicaba, unido a mi especial disgusto por las alturas, me disuadieron de intentarlo. Renuncié a ver el paisaje desde la cima y jamás me moví de la sala de libros que estaba en la planta baja, donde tenía mi pequeño escritorio.

En los meses que estuve ahí nadie entró a pedir un libro. Pasé los días en un lugar solitario rodeado de obras maravillosas. Leí muchos de los textos que hoy son parte de mi vida. Uno de ellos fue el Nuevo Testamento. Conmovedor y estimulante.

Allí, entre otras cosas, se narra todo lo relacionado a la vida de Cristo. Yo no había comulgado y las historias que rodeaban su figura me habían llegado de modo imperfecto y dudoso. Por eso decidí arremeter aquella lectura y ya no pude soltarla. Se trata de uno de esos libros que releo al menos una vez al año.

Desde el primer momento me sorprendió la potencia de aquel hombre que desafió tanto a los romanos como a los judíos de su propio credo, y planteó una mirada diferente de «la ley». Una mirada humana, comprensiva y valiente. Una postura que ubicaba el perdón por encima del castigo, que renegaba de la ley del Talión, el ojo por ojo y diente por diente, e invitaba a la generosidad incluso con los enemigos.

> Al que te hiera en una mejilla, preséntale también la otra; y al que te quite la capa, ni aun la túnica le niegues.

No se trata de una actitud ingenua e idealista. Lejos de eso, Jesús es provocador, incisivo, sus palabras y sus actos conmueven e inquietan. Es antes que nada, un hombre pasional.

Se cuenta que cierta vez, en vísperas de las Pascuas, echó a todos los que compraban y vendían alrededor del templo. Con furia dio vuelta a las mesas de los que cambiaban dinero y destrozó los puestos de los que vendían palomas.

—Escrito está —les dijo—. Mi casa será llamada casa de oración; pero ustedes la están convirtiendo en cueva de ladrones.

Así, el hombre que se proponía a sí mismo como el Mesías, el hijo encarnado del Dios único, abrazó a prostitutas y agredió a sacerdotes acusándolos de ser como sepulcros de ricos, hermosos por fuera y podridos por dentro.

¿Qué era esto de absolver y llevar al Cielo a los que pecaban y amenazar con Infiernos a quienes seguían las enseñanzas divinas?

Cristo es tal vez la personalidad más trascendente de la historia de la humanidad. Fue calmo y agresivo, habló de perdones y condenas. Sostuvo la existencia de un Cielo donde él estaría sentado a la derecha del Padre y de Infiernos donde arderían las almas de los injustos: «Allí será el llanto y el crujir de dientes».

Instó a hacerse cargo del destino de ultratumba.

> Y si tu mano o tu pie te es ocasión de pecar, córtatelo y échalo de ti; te es mejor entrar en la vida manco o cojo que, teniendo dos manos y dos pies, ser echado en el fuego eterno.

El fuego eterno. La gran amenaza de la humanidad. El lugar sin retorno, la prisión sin salida. Y en ese tiempo que no acaba radica la verdadera magnitud de la condena. Tal vez lo insoportable no sea la desmesura de los castigos sino la certeza de que no acabarán jamás.

No obstante, en la lógica maniquea que rige el pensamiento religioso, el Infierno es un lugar necesario, y así como la idea de Dios requirió la presencia del demonio, la posibilidad del Cielo implicó la creación del Infierno.

El inicio de la pesadilla

Si el Cielo pudo amortiguar la angustia de sabernos mortales, el Infierno sembró el terror. La posibilidad de que el destino final fuera un sitio oscuro y tormentoso ha perseguido a hombres y mujeres desde el comienzo de los tiempos.

Así lo expresa Shakespeare:

> Miedo de algo después de la muerte, región misteriosa de la que nadie volvió jamás. He aquí el enigma que nos empuja a soportar los males presentes más bien que a lanzarnos hacia esos otros de los que no sabemos nada.

Miedo de algo después de la muerte.

Ambivalencia que genera el abismo. Miedo a que esto sea todo, miedo a que haya un después que sea todavía peor.

A su manera, el Infierno es otra de las formas de la promesa. Quizás resulte más soportable la idea de sufrir durante toda la eternidad que la posibilidad de dejar de existir.

De muy diversas maneras la creencia en el Infierno acompañó a la humanidad desde el comienzo de los tiempos. Por eso resulta más correcto hablar de los Infiernos. Infiernos descriptos en los versos de los poetas, en las visiones de los monjes, en las aventuras de quienes han descendido hasta allí en busca de respuestas o intentando rescatar algún amor. Orfeo o Dante, Gilgamesh o Swedenborg han traído imágenes de la región de los muertos y transmitieron los sufrimientos a los que están condenados.

Si algo demuestra la lectura de esos textos es que el Infierno se parece mucho a los temores de la época en que fue pensado. Allí se cumplen las peores pesadillas de hombres y mujeres de carne y hueso. Esos que caminan la tierra, que sufren, que anhelan en vano. Se trata de un lugar donde se da la posibilidad de sufrir el castigo que nuestra culpa nos impone. La idea del Infierno conlleva la de castigo. Para que exista un Infierno es necesario que exista la noción de moral, la consciencia de haber hecho algo malo o al menos haber violado alguna prohibición.

¿Quién determina lo que está bien o mal? ¿Quién impone la ley?

Alguien externo a nosotros. La religión, la cultura, los padres.

Las primeras nociones acerca de lugares oscuros donde moran las almas de los muertos no tenían que ver con el castigo, y por ende todavía no eran Infiernos. Se trataba solo de depósitos donde iban a parar todos, buenos y malos sin distinción. Allí no existían los tormentos, tampoco la alegría ni el deseo que da sentido a la vida. Sin embargo, la oscuridad, el vacío eran tan opresivos que resultaban el peor de los castigos. Se trata, como en «El tango de La Muerte» de Dolina, de habitar…

En una ausencia tan brutal
que es uno mismo el que no está.
Y no sentir ningún dolor
es lo que duele más.

Ya dijimos que el dolor da cuenta de la vida, de la lucha. En ese sentido, la ausencia eterna de dolor no implica la felicidad sino la nada. El mayor de los miedos es dejar de ser. El que le sigue, es sufrir por toda la eternidad.

Poco tiempo después de la muerte de mi padre soñé con él. Estábamos sentados frente a frente. En el sueño, yo sabía que él había muerto y no quería hablar por temor a que su imagen se diluyera. Pero al rato me animé y le pregunté cómo estaba. Necesitaba saberlo. Era una de las cosas que me habían atormentado durante aquellas semanas. Él me devolvió una respuesta muy breve: *La muerte duele.*

¡No!, quise responder. Eso no era posible. Si duele no es muerte. No todavía. La vida duele. Pero no pude emitir sonido.

Aún me angustia el recuerdo de esa pesadilla. Tal vez fue mi manera de viajar al Infierno y conocer qué me espera. Aunque reconozco que hubo viajeros mucho más interesantes que yo.

* * *

Los mitos babilónicos cuentan que los habitantes de la ciudad de Uruk imploraron a los dioses para que enviaran a un guerrero capaz de vencer a su rey, Gilgamesh. Así fue que Enkidu apareció para dar esa batalla. Sin embargo, durante la lucha ambos comenzaron a respetarse hasta decidir terminar con el enfrentamiento, declararse amigos e iniciar juntos un viaje rumbo a la aventura.

En ausencia del rey, la diosa Ishtar se hizo cargo del cuidado de su pueblo. En realidad, la deidad estaba enamorada de Gilgamesh y se lo hizo saber, pero el hombre la rechazó. Enfurecida, Ishtar envió a un toro para que le diera muerte. Pero entre ambos, los amigos asesinaron al animal. Enojados, los dioses decidieron matar a Enkidu.

La pérdida devastó al rey, quien desesperado cavó un agujero en la tierra para que el espíritu de su compañero pudiera subir hasta la superficie. Gilgamesh le rogó que le contara lo que había visto en la tierra de ultratumba. Pero Enkidu se negó a darle información: «Si te digo cómo son los infiernos que he visto, siéntate y llora».

Enkidu intentó protegerlo de una verdad insoportable, pero Gilgamesh insistió hasta que obtuvo la respuesta.

> Mi cuerpo, aquel que tú tocabas con alegría, está roído por la polilla como un viejo vestido. Mi cuerpo, aquel que tú tocabas con alegría, [...] está lleno de polvo...

Enkidu le habla de espíritus que no descansan, de un destino indeseable donde quienes sufrieron en vida sufrirán todavía más, hasta que cansados de su destino se vuelvan malvados y se dediquen a atormentar a sus compañeros de morada y a los vivos, a quienes visitarán para arruinar sus vidas. En este lugar no son necesarios los demonios. El rencor de los condenados los transforma en sus propios verdugos.

Los babilónicos pensaban que los males que alguien sufría en la Tierra, enfermedades, accidentes o pobreza, ya eran parte del castigo que luego seguiría después de la muerte. Para ellos todo se decidía en esta vida. El Infierno comenzaba aquí y cada uno con sus actitudes, sus amores y sus miedos, podía anticipar el destino que le esperaba.

Se cuenta que Moctezuma, frente al peligro que significaba la llegada de los españoles, pensó en la posibilidad de esconderse en el Infierno. Entonces envió algunos mensajeros para que trajeran información del lugar. Cuando los hombres regresaron lo convencieron de que ni siquiera considerara esa opción. «Lo que en el mundo es goce, allí es tormento. Si Moctezuma viera ese lugar, quedaría helado de terror».

Volvamos a Martin Heidegger: somos seres para la muerte.

Pensemos en Nietzsche: Dios ha muerto.

De estas ideas se desliza una conclusión: la vida es ahora y es aquí. Lo importante es el presente, porque no hay más Cielo ni Infierno que la propia existencia. Por lo general ponemos el presente al servicio del pasado o del futuro, ya sea arrastrando culpas y nostalgias o temiendo el porvenir, sin comprender que todo se dirime ahora. Esto no quiere decir que haya que entregarse al gozo inmediato. Por el contrario, el presente se experimenta de un modo más intenso cuando logramos dilatar el placer.

Caminamos por el mundo rodeados de personas, de emociones, sueños y miedos. Ese es el material que construye nuestro Paraíso o nuestro Averno. Es necesario apropiarse del deseo e intentar edificar un Cielo personal en medio de este mundo infernal, porque el ser humano jamás construirá un Cielo para todos. Soñar con la bondad universal es una utopía.

No nacimos para hacer el bien.

Convertirse en una persona noble es un trabajo arduo y permanente. Todo el tiempo se nos presenta la tentación de caer en un acto de egoísmo, de herir a los demás o dejar salir lo peor de nosotros ante algo que no comprendemos.

Las situaciones límite nos exponen.

El desamor, la angustia, la frustración o el enojo sacan a la luz de qué estamos hechos. No hace falta morir para comprender si nos espera el premio o el castigo.

El poeta romano Lucrecio acusó a las religiones de fomentar la angustia con la amenaza del Infierno, cuando en realidad no hay otro Infierno que la angustia que sufrimos en esta vida, ya sea por miedos imaginarios o dolores reales, ya se trate de la muerte, la soledad o el cansancio de vivir.

En ese vacío existencial, en ese hastío, se abren las puertas del peor de los Infiernos: el odio por uno mismo.

Imagino que Lucrecio lo sintió en carne propia. Tal vez por eso se suicidó. Era el año 55 antes de Cristo y tenía apenas cuarenta y cinco.

Abrazo conmovido la potencia de sus palabras: «Es aquí, en este mundo, donde la vida de los necios se convierte en un verdadero infierno».

* * *

Me acuerdo de Raúl, un paciente que toda su vida había sido una persona amable y coherente. Sin embargo, cuando Roxana, su mujer, le dijo que quería que se divorciaran, algo se quebró en él. Perdió el equilibrio emocional, dejó de razonar y escapó de su control.

Al principio, en su desesperación, se humilló, suplicó y prometió lo imposible con tal de recuperarla, pero ella le explicó que ya no deseaba estar a su lado. Cuando comprendió que no podía torcer esa decisión, el enojo lo cegó y se dedicó a lastimarla.

Primero intentó quitarle la patria potestad de su hijo, Diego, alegando causas inexistentes. Pero fracasó. Entonces comenzó a trabar el acuerdo de divorcio. Se negaba a aceptar el tema económico, los días de visitas a Diego, con quien el hijo debía pasar las fiestas y vacaciones. En su encono, utilizaba cualquier excusa para complicar la vida de Roxana.

Meses después, al ver que no estaba dispuesto a irse de ese lugar le pedí que abandonara el diván y se sentara frente a mí. Tenía que realizar una intervención límite. No fue una decisión fácil.

—Raúl, está ante un problema muy serio. Hace demasiado tiempo que se olvidó de vivir. No tiene sueños, proyectos ni deseos. No le interesa su trabajo y ya ni siquiera le importa su hijo.

—Eso no es cierto —protestó.

—Sí, es cierto. Luchó por él solo para dañar a Roxana. Usted está lleno de rencor y sin darse cuenta se está transformando en una persona espantosa.

Me clavó una mirada sorprendida. La sostuve.

—No me parece ético que me agreda —dijo intentando contener su furia.

—Y a mí no me parece ético seguir compartiendo su mundo de odio. Además, no lo estoy agrediendo. Simplemente estoy mostrándole una realidad que no alcanza a ver. Comprendo que le duela que su exmujer ya no lo quiera. Pero ella tiene derecho a eso. ¿O en verdad pensó que el «hasta que la muerte los separe» era cierto? Porque si es así, se equivocó mucho. Ninguna relación tiene garantía de eternidad. Tiene que aceptarlo. No todos los amores son para siempre. ¿Y sabe qué? Una persona puede dejar de querer a otra y no por eso transformarse en un monstruo. Sin embargo, eso es lo que usted hizo.

—¿Está queriendo decir que transformé a mi exmujer en un monstruo?

—No. Estoy diciendo que se transformó usted mismo en un monstruo.

Al escucharme se puso de pie.

—No tengo por qué soportar esto.

—Es cierto, no tiene por qué hacerlo —respondí sin moverme de mi asiento—. Y entiendo que le moleste lo que digo. Es horrible ser maltratado, ¿no? Pero al menos mis palabras son fundadas, en cambio el maltrato que usted le brinda a Roxana no tiene ninguna justificación.

—¿Cómo que no? —gritó—. Me dejó. Me hizo a un lado como si yo fuera un perro, y no lo soy. Soy el padre de su hijo.

—Un lugar que ella nunca le negó. ¿Alguna vez hizo algo para impedir que viera a Diego? Que yo sepa, jamás. ¿En alguna ocasión intentó sacar ventajas o pidió algo que no le correspondiera? Nunca. Entonces, ¿por qué la odia tanto?

—Porque no tenía derecho a dejar de quererme y transformar mi vida en un infierno.

—Se equivoca, Raúl. Como le dije, Roxana sí tenía derecho a dejar de quererlo… y quien transformó su vida en un infierno no fue ella sino usted. —Pausa—. Desde que se separó intento tirarle una soga para ayudarlo a salir del pozo, pero no quiere agarrarla. Sigue empecinado en regodearse en su rabia, entregado a su dolor, y ha dejado de trabajar en este espacio. Solo se acuesta en el diván para insultar y quejarse.

—¿Y cuál es su problema? —me enfrentó—. Le pago para que me escuche.

—Se equivoca. Me paga para que lo ayude a simbolizar su angustia, para que le señale las cosas que hace para lastimarse y no percibe, no para que sea testigo de cómo usted arruina su vida e intenta arruinar la de su ex —le dije, y suavicé el tono—. Raúl, tiene la oportunidad de salir de este lugar horrible en que se ha colocado. Hágalo. Siéntese y comencemos a trabajar para lograrlo juntos. No agreda más a Roxana. Hábleme de su dolor y busquemos la manera de resolver el tema. No lo voy a engañar. Va a ser un camino largo y difícil, pero estoy dispuesto a acompañarlo… por supuesto, si usted quiere.

Me observó en silencio. No dudó ni un instante.

—Lo único que quiero es que ella sufra tanto como sufro yo.

Me puse de pie.

—Entonces, le voy a pedir que ya no vuelva.

—Me deja solo.

—No. Usted no quiere atravesar su infierno sino quedarse en él. ¿Y sabe qué? Quien se aferra al infierno, aunque no lo sepa, está tomando la decisión de quedarse solo.

Raúl no volvió al consultorio y no supe más de él.

Se fue muy enojado. Era la idea. Si no podía moverlo de su ira, que al menos proyectara algo de ese enojo en mí. Quizás de esa forma tendría menos pasión destructiva para agredir a Roxana. Aunque se tratara de un suicidio analítico, tal vez mejoraría un poco la manera de vincularse con su entorno.

Nunca supe si mi intervención dio resultado. Pero sé que si no logré conmoverlo, Raúl debe ser ahora una más de las sombras que transitan una vida infernal.

Un mundo de horror

Así como el Cielo promete la superación de los sufrimientos de la vida cotidiana, la amenaza del Infierno consiste en seguir sufriéndolos, pero de un modo mucho más intenso.

Los griegos imaginaron un Infierno atroz, con un río pestilente, un guardián sanguinario, un barquero cruel que cruzaba las almas y un dios oscuro que mandaba sobre las criaturas que habitaban ese reino perversamente humano.

El rey del Infierno no es otro que Hades, aquel que junto a sus hermanos Zeus y Poseidón derrotó a su padre Cronos para iniciar la dinastía de «los olímpicos».

En esa rebelión su papel fue decisivo.

Los Cíclopes le habían obsequiado un casco que tenía la facultad de volverlo invisible. Gracias a eso, Hades logró acercarse sin ser visto y desarmar a su padre y el resto de los Titanes, al mismo tiempo que Zeus los atacaba con sus rayos y Poseidón los sujetaba con su tridente.

En su origen, la palabra *Hades* fue asociada a ese casco, de allí se desplazó a su poseedor y de él, al lugar donde reinaba. Por ende, Hades era tanto el nombre del dios como del Infierno.

Los antiguos evitaban pronunciar esa palabra porque creían que atraía a la desgracia. Por eso utilizaban eufemismos para nombrar al Señor de los muertos. Dado que de la tierra provenían las riquezas y los nutrientes vitales, se lo llamó «el rico» o «el nutridor», aunque era más común que se le nombrara como «el invisible».

A pesar de su importancia en el derrocamiento de Cronos, Hades no tuvo suerte a la hora del reparto. Mientras que a Zeus le tocó gobernar el Cielo y a Poseidón los Mares, él tuvo que conformarse con reinar sobre el Inframundo. Un lugar tan espantoso que no pudo soportarlo solo.

No fue sencillo encontrar esposa. Vivir en el Hades no era un plan demasiado atractivo para ninguna diosa, por lo cual «el invisible» optó por conseguir una compañera por la fuerza y decidió secuestrar a Core.

Un día la joven recogía flores en la pradera y la tierra se abrió a sus pies. En ese momento apareció Hades, la tomó contra su voluntad y se la llevó a los Infiernos.

La madre de Core, Deméter, la buscó sin descanso. Durante nueve días y nueve noches recorrió el mundo llamándola, pero no obtuvo resultados.

Tiempo más tarde, unos jóvenes manifestaron que mientras cuidaban a sus cerdos observaron cómo la tierra se abrió tragándose a los animales. Al rato escucharon un ruido de cascos y vieron aparecer un carro tirado por caballos negros. El rostro del conductor era invisible. Antes de desaparecer, el desconocido tomó con su brazo a una muchacha que gritó y se resistió, aunque no logró escapar y se hundió junto a su raptor. Con ese dato en su poder, Deméter consultó a Helio (el Sol), que todo lo ve, y lo obligó a confesar la identidad del secuestrador.

Deméter, hermana de Zeus y Hades, era la diosa de la tierra cultivada. Furiosa por lo ocurrido con su hija se negó a volver al Olimpo y se dedicó a recorrer el mundo impidiendo que crecieran las hierbas y que los árboles dieran frutos. Su empecinamiento se sostuvo hasta que la raza humana estuvo en peligro de extinción.

Intentando revertir su postura, Zeus ordenó a Hermes, el mensajero de los dioses, que llevara un recado a Deméter. Como no tuvo respuesta satisfactoria envió toda una delegación de dioses olímpicos con regalos, pero aun así no pudo convencerla. Su hermana estaba decidida a dejar que la vida sobre la Tierra desapareciera si su hija no volvía.

Zeus no tenía opción. Llamó a Hermes y le encargó que llevara un mensaje a Hades: «Si no devuelves a Core estamos todos perdidos».

Y luego otro a Deméter: «Puedes tener de nuevo a tu hija con la única condición de que todavía no haya probado la comida de los muertos».

Como Core se había negado a ingerir algo desde su rapto, Hades se vio obligado a devolverla. Pero ocurrió que el jardinero del Infierno la había visto comer siete semillas de granada. Entusiasmado con la noticia, Hades tomó su carro y junto a la joven y el testigo abandonó su reino.

Deméter y su hija se reencontraron en Eleusis. Pero al enterarse del episodio de las semillas de granada, la diosa desconsolada manifestó que no volvería al Olimpo ni quitaría su maldición sobre la Tierra.

Sin otra opción, Zeus le pidió a su madre, Rea, que le hiciera cambiar de parecer. Al tiempo llegaron a un acuerdo. Core, ahora rebautizada Perséfone, pasaría tres meses al año en el Infierno como compañera de Hades, y los nueve restantes junto a Deméter en la superficie.

A partir de entonces, durante el lapso que la joven permanece en el Inframundo, la Tierra se seca y se vuelve estéril. Es el invierno, la estación más triste del año. Cuando recupera su libertad, las flores renacen y la vida se ilumina en esa etapa que llamamos primavera.

En un intento por congraciarse con Perséfone, Hades le ofreció compartir con ella su reino. Algunos mitógrafos sugieren que con el tiempo ella venció su odio y su asco, y hasta llegó a disfrutar de su condición como reina de los muertos.

Core cedió su nombre, su vida, su risa y su identidad. Lo mismo ocurre con quienes por alguna razón se quedan viviendo en un infierno. Comienzan aceptando el maltrato o la indiferencia, luego renuncian al placer, y por último anulan por completo su deseo.

Pongamos un ejemplo.

No son iguales los celos que la posesión. El celoso carece de amor propio, desconfía de sí mismo e idealiza al amado. Se siente inferior y se cree poca cosa para el otro. De este modo el mundo se transforma en un lugar amenazante. ¿Por qué alguien tan maravilloso como su objeto amado lo elegiría? ¿Por qué no habrá de engañarlo si los demás son mejores? ¿Por qué se quedaría a su lado?

Atormentado por estos pensamientos, inconscientes o no, el celoso proyecta su frustración y en ocasiones se torna agresivo, controlador e impone un suplicio a su pareja. Muchas veces esa pareja intenta sostener la relación, va cediendo cosas que no debería, como su voz, su libertad, sus deseos, sus placeres, y de a poco, al igual que Core, deja de ser quien era.

Freud lo señaló de esta manera: Se empieza por ceder en las palabras y se acaba a veces por ceder en las cosas.

En *Escucha tu dolor* relaté el caso de Darío, un joven de treinta años, culto y agradable. Era pianista y enseñaba música en una secundaria.

El motivo de consulta era la dificultad que tenía para relacionarse con su pareja, Silvina. Apenas empezó a hablar lo percibí molesto con ella. Cuando le pregunté qué le generaba ese enojo, me respondió que su novia era muy hermosa. Le señalé que eso no parecía un motivo para enojarse. Entonces acotó que todos morían por ella. Indagué si eso lo molestaba, y dijo que no podía manejarlo, que la situación lo volvía loco y que por eso discutían todo el tiempo. Quise saber quién empezaba las discusiones. Luego de un momento de duda, respondió: «Ella, cada vez que decide ponerse esos pantalones que le marcan todo, o esas minifaldas que son una provocación».

Hice una pregunta para que escuchara lo absurdo de su razonamiento: «¿Me estás diciendo que considerás que cada vez que ella se viste está iniciando una discusión?».

Sonrió. Era demasiado lúcido para sostener un juicio tan ridículo.

Reconoció que estaba convencido de que Silvina no tenía intención de provocar a nadie y que jamás lo engañaría. «Lo sé aquí, en mi cabeza, pero aquí —se tocó el pecho— no puedo evitar sentir lo contrario, que sí quiere provocar a los demás. No quisiera sentirlo, pero esto de los celos es incontrolable, se me escapa, no lo puedo evitar».

Agregué que comprendía lo que le pasaba y que, si lo deseaba, estaba dispuesto a ayudarlo.

Durante la primera etapa del análisis me dediqué a que se relajara, a que pudiera vencer la vergüenza y contar las cosas que hacía. Intenté que comprendiera que en realidad su temor era que Silvina pudiera darle a otro lo que Darío consideraba que solo debía darle a él. Y que eso no estaba mal si quedaba acotado al marco de un acuerdo de pareja. El problema era que él necesitaba controlar todo el mundo de Silvina. Su tiempo, su trabajo, su forma de vestir. Ella, como Core, cedía una y otra vez, y con cada demanda que aceptaba, iba convirtiendo la pareja en un infierno. Porque con esa actitud no le hacía bien a su novio, ni a ella, ni al vínculo.

Silvina creía que podía acallar la angustia de su novio renunciando a las cosas que a él le molestaban, sin comprender que el problema de Darío era con él mismo y por mucho que ella cediera nada lo calmaría hasta que pudiera solucionarlo.

Por supuesto, yo nada podía hacer por Silvina. Pero enfoqué el trabajo en descubrir de dónde venía la inseguridad y la falta de autoestima de mi paciente.

Tiempo después, a partir del análisis de un sueño, Darío desplegó una sintomatología que lo atormentaba. Me confesó que algunas noches tenía actitudes perversas de exhibicionismo.

Fue un giro en el análisis. A partir de ese momento sus celos pasaron a un segundo lugar. Seguían siendo el infierno de Silvina, pero no el de Darío.

Él ingresó en un mundo mucho más cruel. Recordó escenas traumáticas de su infancia, se angustió y luchó con todas sus fuerzas.

Comprendió que no podría construir un vínculo sano hasta que no resolviera el conflicto que lo llevaba a actuar de esa manera. Decidió terminar con Silvina. Ella durante un tiempo insistió en seguir con él. Al parecer, como Core, de algún modo había empezado a disfrutar del Infierno. Por suerte para ambos, Darío no cedió y estuvo solo un tiempo largo hasta que por fin tuvo algo distinto para ofrecer. Parado en un lugar nuevo, no solo dejó atrás sus actos compulsivos, sino que también superó las inseguridades que originaban sus celos.

Por motivos diferentes, la posesión también genera un marco infernal. Lejos de idealizar al otro, el posesivo lo denigra y lo trata como un objeto de su pertenencia. No lo mueve el amor sino el capricho, la pura pulsión de muerte. Aunque desde un lugar diferente, mucho más cruel, tiene actitudes similares a las del celoso y consigue resultados parecidos: convierte a una persona en una sombra.

Se trata de situaciones complicadas donde la víctima es la única que puede romper ese vínculo patológico. A veces necesitan ayuda, pero lo logran. Otras, como en el mito, hacen acuerdos que les permiten un periodo de descanso para volver después de un tiempo a su padecimiento. Algunos hombres y mujeres ni siquiera consiguen eso y se condenan a vivir un sufrimiento que no termina jamás.

Una excursión por el Hades

La influencia de la cultura griega fue trascendental. Gran parte del llamado pensamiento occidental y cristiano deviene de la filosofía helénica. Y esta ha abrevado profusamente de su mitología.

Muchas de las palabras que utilizamos, aun sin saberlo, tienen su origen en el idioma griego.

Psyche, por ejemplo, significa «aire frío», y alude al soplo de vida que se inhala al nacer. Se cree que este soplo nos acompaña hasta el momento de la muerte, y que nos abandona con la última exhalación. Así, el significado se deslizó a la noción de «alma» y, a diferencia del cuerpo, alude a aquellas cosas que nos recorren sin ser carne: emociones, pensamientos, es decir, a los fenómenos psicológicos.

En los mitos, Psyche fue esposa de Eros, otra palabra que conocemos muy bien. Eros fue el dios del amor y estaba al servicio de Afrodita, diosa del deseo. Interesante cómo para los griegos el deseo estaba por encima del amor. De Eros proviene el término «erotismo», y de Afrodita «afrodisiaco». Ambos conceptos ligados al sexo.

Según vemos, para los griegos, desde un comienzo la psicología estuvo ligada a la sexualidad, una idea que retomaría Sigmund Freud casi tres mil años después para dar origen al Psicoanálisis, término que también encuentra sus raíces en aquel idioma, como mucha de nuestra forma de expresarnos.

Por ejemplo, la sinécdoque es una figura retórica que implica tomar la parte por el todo o el todo por la parte. Haciendo uso de ella nos referimos al Infierno tomando como sinónimos Averno, Tártaro o Hades. A nuestro modo, como los poetas, también jugamos con la retórica.

El Infierno griego es un lugar con una geografía muy profusa.

Contiene cinco ríos. El Aqueronte, o río de la pena, el Cocito, río de los lamentos, el Flegetonte, río de fuego, el Lete o río del olvido y el Estigia, el mismo donde Tetis sumergió a su hijo Aquiles para hacerlo invulnerable a las armas. Recordemos que la madre sostuvo a su hijo del talón, por lo cual, las aguas del Estigia no mojaron esa parte del cuerpo del bebé convirtiéndolo en su único lugar desprotegido, el que le causaría la muerte, el conocido «talón de Aquiles».

El Hades estaba custodiado por el famoso perro Cerbero, cuyo aullido y fiereza asustaban a cualquiera que se acercara a los dominios infernales. Era el encargado de que no entrara nadie que estuviera vivo y que no escapara ninguno de los muertos.

Algunos dicen que tenía tres cabezas, otros, cincuenta. Como sea, era imposible burlar su vigilancia. De su torso salían serpientes que se arrastraban por todo su cuerpo, y su aliento era nauseabundo y venenoso.

El Hades tenía sectores diferentes. «Averno» fue el nombre que los antiguos romanos le dieron a la entrada del Inframundo. Es decir que al utilizar la palabra como sinónimo del Infierno estamos tomando una parte, la puerta de acceso, por el todo.

En épocas lejanas, la creencia en el Infierno era tan fuerte que muchos buscaron el sitio donde estaba esa entrada. Algunos dijeron que podría tratarse del lago del Averno, ubicado en el cráter de un volcán extinto cerca de la ciudad de Nápoles.

El término proviene de *a*, «sin», y *ornis*, «ave», es decir: «sin aves». Para eludir los gases tóxicos que emana el volcán los pájaros evitaban volar por encima de ese cráter. De allí su nombre.

Con la llegada de los filósofos, Platón o Pitágoras, por ejemplo, apareció la idea del juicio a los muertos. A partir de entonces las almas tenían tres destinos posibles. La mayoría, casi todos en realidad, iban al Hades, unos pocos bendecidos a los Campos Elíseos y los verdaderamente condenados eran recluidos en el peor de los lugares posibles: el Tártaro.

Por ende, Averno y Tártaro no son sinónimos. El Averno es la entrada del Hades, el Tártaro en cambio es su cárcel más profunda.

Me permito una metáfora: La tristeza es Averno. La melancolía es Tártaro.

Nadie pasa por la vida sin perder algo. Un sueño, la juventud, un ser querido, un amor. De la mano de esas pérdidas llegamos a la tristeza. Una tristeza casi siempre inevitable y a veces necesaria.

Allí se abre la puerta, no del Infierno sino del duelo, y comienza un camino tormentoso que debe transitarse evitando caer en la celda profunda de la melancolía. Porque a pesar del dolor, en la tristeza hay lugar para el deseo, mientras que en la melancolía solo habita el esplín, ese olor a muerte que invade a quien ya no siente interés por nada.

Angustia silenciosa. Pulsión de muerte.

Tártaro.

Foso y prisión en el sótano del Infierno.

Allí fueron encerrados los titanes luego de perder la guerra con los olímpicos, pero con el tiempo pasó a ser el calabozo de las almas que habían sido condenadas, de las cuales sobresalen dos cuyas historias se hicieron célebres.

Entre la torpeza y la astucia

El rey Tántalo era amigo de Zeus. Por ese motivo, el príncipe de los dioses lo dejaba participar de los banquetes del Olimpo. De esa manera, el invitado no solo podía disfrutar del néctar y la ambrosía sino escuchar las conversaciones divinas.

Esto lo ensoberbeció tanto que comenzó a alardear de su suerte e incluso reveló algunos de los secretos que había oído de boca de los dioses. Además, para demostrar la veracidad de sus dichos compartió con sus amigos mortales el alimento sagrado.

Pero eso no fue todo.

Un día, Tántalo invitó a los habitantes olímpicos a un banquete, y como creyó que el alimento no alcanzaría despedazó a su hijo Pélope y agregó su carne a la comida que había preparado. Al comprender qué tenían en el plato, los dioses lo rechazaron horrorizados, con excepción de Deméter, que por hambre llegó a morder el hombro izquierdo del joven.

Por todos estos delitos, Tántalo fue castigado. Su reino quedó devastado y al morir lo enviaron directo al Tártaro, donde debía soportar una condena eterna.

Fue colgado de la rama de un árbol frutal que pendía por encima de un pantano cuyas aguas le llegaban a la cintura, aunque a veces subían hasta el mentón. En esas ocasiones Tántalo pretendía calmar su sed, pero las aguas descendían hasta dejar a la vista el barro a sus pies. De vez en cuando podía humedecer apenas sus labios lastimados quedando todavía más sediento que antes. De igual manera, cuando quería tomar algún fruto del árbol, comenzaba a soplar un viento fuerte que los alejaba de su mano. Había sido condenado a sufrir un hambre permanente.

Como sabemos, el dios Zeus, príncipe del Olimpo, tenía debilidad por los placeres sexuales y solía raptar tanto a doncellas como a mancebos para satisfacer sus pasiones. Un día secuestró a Egina y al pasar por Corinto fue visto por Sísifo. Viendo la desesperación del dios río Asopo, el padre de la joven, Sísifo se ofreció a revelarle el nombre del secuestrador a cambio de que hiciera brotar una fuente en Corinto. El padre aceptó y Sísifo le confesó que el culpable era Zeus.

Enfurecido por ello, el príncipe del Olimpo envió a Tánatos, el genio de la muerte, para que lo matara. Pero Sísifo se anticipó y tomándolo por sorpresa lo encadenó. El hecho no fue sin consecuencias, porque con Tánatos atado de manos nadie murió por un largo tiempo. El propio Zeus tuvo que descender y forzar a Sísifo a liberarlo para que el genio pudiera continuar con su tarea.

Obviamente, la primera víctima de Tánatos fue el propio Sísifo. Pero él no iba a resignarse con tanta facilidad y antes de morir pidió a su esposa que no cumpliera con los ritos fúnebres. Cuando llegó al Infierno, Hades preguntó por qué se presentaba de manera tan poco adecuada. Sísifo se quejó del descuido de su mujer y convenció al dios de que le permitiera volver a la Tierra para vengarse de ella. De regreso a la vida, lejos de castigar a su mujer, vivió junto a ella hasta la vejez.

Cuando por fin murió, para evitar que escapara otra vez, Hades le encargó un trabajo que no le daría tiempo para pensar un nuevo engaño. Sísifo tenía que empujar una enorme roca hasta la cima de un monte. Al llegar a la cumbre la piedra volvía a caer por su propio peso y el condenado debía recomenzar una y otra vez con su interminable tarea.

En su ensayo *El mito de Sísifo*, Albert Camus toma la historia para intentar responder la más perturbadora de las preguntas: ¿tiene sentido la vida o no es más que un esfuerzo constante e inservible?

El filósofo se detiene en el momento en que Sísifo regresa a la base de la montaña para retomar su trabajo: «Sísifo me interesa durante ese regreso, esa pausa. Un rostro que sufre tan cerca de las piedras es ya él mismo piedra».

Es allí cuando Sísifo comprende lo inútil de su esfuerzo. Es allí cuando toma consciencia de lo miserable de su existencia.

Camus aprovecha la metáfora y hace una crítica social que conmueve.

> El obrero actual trabaja durante todos los días de su vida en las mismas tareas y ese destino no es menos absurdo. Pero no es trágico sino en los raros momentos en que se hace consciente.

Y continúa:

> Se ha comprendido ya que Sísifo es el héroe absurdo. Lo es tanto por sus pasiones como por su tormento. Su desprecio de los dioses, su odio a la muerte y su apasionamiento por la vida le valieron ese suplicio indecible en el que todo el ser se dedica a no acabar nada.

Camus imagina un momento de liberación posible que va de la mano del reconocimiento de lo absurdo de seguir empujando en una vida sin sentido. La condena radica en comprender que nunca logrará su objetivo. Sin embargo, desesperanzado y consciente de la imposibilidad de cumplir con la tarea, Sísifo entiende la crueldad de los dioses, resiste el engaño y con ese gesto se vuelve incluso más fuerte que la roca.

Más fuerte que Dios. Porque descubre la tragedia de la condición humana: la existencia no tiene sentido. Solo se trata de empujar todo el tiempo una roca destinada a caer.

> El hombre absurdo dice sí y su esfuerzo no terminará nunca. Si hay un destino personal, no hay un destino superior…

Si hay un destino personal, no hay un destino superior… Qué forma maravillosa de invitarnos a olvidar a los dioses, apropiarnos de nuestra vida y comprender que debemos respetar cada una de las rocas que empujamos a diario. Si no lo logramos, ya estaremos en el Infierno.

Me conmueve ese hombre que enfrenta al universo en su deseo de ser. Sísifo no quería morir y en su ansia de eternidad engañó a los dioses e incluso a la muerte. En su obstinación por negarse a aceptar lo que otros pretendían para él, quiso eludir el peso del destino y fue condenado a cargar un peso aún mayor por toda la eternidad.

A su vez, Tántalo cometió varias faltas a partir de su goce desmedido ligado a la comida: el néctar, la ambrosía y el guisado donde cocinó a su hijo. Y fue condenado con el hambre y la sed eternas.

El peso y la roca. La gula y el hambre.

Comenzaba a aparecer una relación entre la falta y el castigo. Se asomaba la idea del pecado. Algo que Dante se encargaría de plasmar de modo contundente.

Tras los pasos del pecado

No es lo mismo la responsabilidad que la culpa.

La primera es condición irrenunciable de quien pretenda ser digno. Cada acto tiene un costo. Comprender el precio de nuestras decisiones y aceptarlo es fundamental para transitar la vida con madurez y evitar enojos patológicos. Esos enojos tan comunes en aquellos que se niegan a hacerse cargo de las consecuencias de sus acciones.

Recuerdo a Analía, una paciente que fue descubierta por su pareja en una infidelidad. Luego de intentarlo un tiempo, el esposo decidió que no podía perdonarla y que era mejor separarse.

En los días previos a que el marido se fuera, tuvimos una sesión muy fuerte. Analía lloraba y maldecía.

—¿Por qué no puede perdonarme?

—Porque no puede. Probó durante un tiempo, pero no lo consiguió y ahora está decidiendo lo que le parece. Tal vez es lo mejor que puede hacer.

—No puedes decir eso.

—Sí, puedo. Piénsalo. ¿No sería mucho peor que se quedara y convirtiera su vida y la de toda tu familia en un tormento echándote en cara tu engaño cada día?

—Pero ¿tanto le cuesta entender que esa relación no significó nada para mí?

—Es posible que esa relación no significara nada para ti. Pero quizás tu infidelidad sí haya significado mucho para tu esposo.

—Fue nada más que un desliz. Tendría que entenderme. No puede tirar una familia a la basura por una tontería.

—Analía, me parece que estás proyectando. A lo mejor sientes que la que tiró una familia a la basura por una tontería fuiste tú. —Hago una pausa—. Cuando empezaste con esta historia te pregunté si eras consciente de que, si tu marido se enteraba, podía ser muy grave. ¿Te acuerdas? Me dijiste que eso no iba a pasar porque eras muy cuidadosa. Bueno, se ve que no pudiste ser tan cuidadosa como creías y ahora tienes adelante las consecuencias. No te enojes con él. Sería mejor que pudieras hacerte cargo del costo de tu decisión.

—Me estás juzgando.

—De ninguna manera. Yo no estoy diciendo que lo que hiciste estuvo mal. Pero rompiste un pacto y eso tiene un precio.

—No quiero... es un precio muy alto.

—Desgraciadamente no es un precio que pongas tú, y vas a tener que aceptarlo.

Parte del trabajo de análisis es comprometer al paciente tanto con sus deseos como con el costo de sus actos, porque todos somos responsables de lo que hacemos con nuestra vida.

La culpa, en cambio, es diferente.

Al comienzo, Freud sostuvo que la culpa aparece en el niño como una angustia frente al temor por perder el amor de los padres al ser sorprendido en un acto prohibido. Los padres establecen un acuerdo y establecen una ley: el hijo recibirá su amor a cambio de renunciar a ciertas satisfacciones pulsionales. De ese modo, el sujeto se debate entre la satisfacción de un deseo prohibido y el amor. La culpa genera un dolor psíquico que surge al traicionar ese acuerdo.

Más tarde, Freud dirá que esas prohibiciones se internalizan. Ya no será necesaria la presencia de los padres, porque existe una instancia psíquica —Superyó— que encarna los mandatos paternos y culturales. Ahora el sujeto rendirá cuenta de sus acciones al Superyó. Y cuando entre en conflicto con esa instancia, aparecerá la sensación de culpa. Así, la culpa actúa como dique para limitar la desmesura pulsional. El neurótico paga el precio de la culpa para vivir en la cultura. El perverso, en cambio, al carecer de culpa, se entrega sin límites a la satisfacción de sus pulsiones y por eso puede resultar peligroso para los demás.

Como dijimos, la culpa supone la ruptura de una ley, pero también la transgresión de un precepto religioso. Culpable se es de un delito o un pecado.

Pecado.

Una palabra que puede tener un efecto devastador para la psiquis.

No todos los pecados son iguales. La religión diferencia el pecado venial del pecado mortal. Se considera venial al pecado menor, el que fue cometido sin consciencia y cuyo resultado no es la ruptura del pecador con Dios.

Al contrario de la Iglesia, como analista presto más atención a esos deseos inconscientes que están en la raíz de muchas decisiones.

Por ejemplo, con Analía llegamos a la conclusión de que su infidelidad había sido la manera en la que ella buscó arruinar un momento feliz de su vida.

Por algunas situaciones de su historia, no consideraba que tenía derecho a la felicidad, y aquella aventura sin importancia le permitió cumplir su mandato de desdicha. Por desgracia no pudo comprenderlo antes y pagó con dolor.

A diferencia del pecado venial, el pecado mortal refiere a una falta grave que deja al alma sin la protección divina y requiere del sacramento de la confesión para ser perdonado.

Como sabemos, los pecados capitales son siete y aluden a los vicios o deseos de una persona que entran en conflicto con las enseñanzas religiosas. Conocemos la lista: la lujuria, la gula, la avaricia, la pereza, la ira, la envidia y la soberbia.

Pero ¿de dónde viene esta lista?

Evagrio Póntico, el solitario, fue un monje que vivió en el siglo IV. Nacido en una familia cristiana comenzó temprano su carrera religiosa.

Al parecer, Constantinopla y sus tentaciones lo perturbaban mucho y luego de un sueño premonitorio decidió marchar a Jerusalén. Después de un tiempo contrajo una enfermedad grave que tomó como una señal divina y partió rumbo al desierto de Egipto, donde vivió hasta el día de su muerte.

Divulgó el *hesicasmo*, cuyo propósito era conseguir la paz interior a partir de la unión con Dios. Las herramientas para lograrlo eran la soledad, el silencio y la quietud.

La soledad permitía que el practicante se alejara del mundo y sus tentaciones, el silencio revelaba el futuro y, por ende, la vida después de la muerte; la quietud ahuyentaba las preocupaciones a partir del control de los pensamientos.

Evagrio confeccionó la primera lista de «vicios malvados», antecedentes directos de los pecados capitales. Eran ocho: gula, lujuria, avaricia, tristeza, vanagloria, ira, orgullo y apatía.

A comienzos del siglo v, Juan Cassiano escribió *Las Istitutiones*, obra en la que expone las obligaciones del monje y enumera los vicios contra los que debe prevenirse.

Cassiano se ocupó especialmente de la sexualidad. Así, categorizó tres formas distintas del pecado de fornicación. La primera aludía a la unión de «los dos sexos». La segunda no requería la presencia de la mujer y remitía al «pecado de Onán». La tercera apuntaba al sexo que habitaba el pensamiento. De esta forma, Cassiano encarcelaba todas las maneras posibles del placer sexual.

Una pequeña digresión.

Onán es un personaje que aparece en el libro del Génesis, en La Biblia. La historia cuenta que al morir su hermano, como lo indicaba la ley judía, Onán debía casarse con la viuda, Tamar.

Según la misma legislación, en caso de tener un hijo no sería considerado un retoño de Onán sino un hijo tardío de su hermano. Entonces el niño heredero quitaría a Onán todos sus derechos. Por esta razón, cada vez que tenía relaciones con Tamar el hombre eyaculaba sobre la tierra para impedir que su mujer quedara embarazada. Esta actitud molestó a Dios, que decidió matarlo.

A partir de este episodio se prohibió tanto el *coitus interruptus* como la masturbación, porque se consideró pecaminoso desperdiciar la semilla (semen). El término *onanismo* quedó unido solo al acto de la masturbación.

Volviendo a Cassiano, digamos que la castidad fue el eje de su doctrina. Todo monje estaba condenado a velar de día y de noche, durante la vigilia y el sueño, para no ser asaltado por la tentación sexual. La búsqueda era «permanecer en el cuerpo escapando de la carne».

El sacerdote actualizó la lista de Evagrio. También fueron ocho. Gula y ebriedad, avaricia, lujuria, vanagloria, ira, pereza, soberbia y tristeza.

Algo más tarde, en el año 590, Gregorio Magno dio forma definitiva a los pecados capitales. Combinó la apatía y la tristeza bajo el nombre de pereza, la vanagloria y el orgullo dieron lugar a la soberbia, y añadió uno más: la envidia. Así quedaron establecidos los siete pecados capitales: lujuria, ira, soberbia, envidia, avaricia, pereza y gula.

Como sabemos, en la *Divina comedia*, los círculos del Infierno son nueve y exceden los pecados capitales. Sin embargo, estos tienen una importancia extrema en el segundo libro de la obra: El Purgatorio.

El Purgatorio es una zona de expiación dividida en siete gradas donde se lavan los siete pecados capitales.

Digamos que a diferencia de las almas que están en el Infierno, las que se encuentran en el Purgatorio ya están salvadas. Solo que antes de acceder al Paraíso deben expiar sus pecados. ¿Qué dictamina que el alma vaya a uno u otro lugar? El arrepentimiento. Los habitantes del Infierno no se han arrepentido y ese detalle alcanza para condenarlos.

No deja de asombrar la importancia del sacramento de la confesión.

Podría una persona haber sido la peor del mundo, un genocida o un torturador, aunque de haberse confesado habría evitado el castigo eterno. No parece justo. Pero al igual que el mundo, la religión también navega por un mar de injusticias.

* * *

El joven mira la ciudad con asombro. Hace pocas horas que el barco lo trajo de Hawái a San Francisco. Keawe necesitaba salir de su tierra y conocer el mundo. Una fuerza que no podía identificar lo empujó a realizar ese viaje.

Camina sin rumbo fijo, hasta que de pronto algo llama su atención. Se trata de una casa de gran belleza. ¡Cómo le gustaría conocerla! Lo piensa un instante y se decide a llamar a la puerta. ¿Qué puede perder?

Al rato le abre un anciano. Se le ve triste y quizás asustado. Así y todo, se muestra amable y le ofrece una recorrida por la mansión. Es realmente hermosa, casi perfecta. Antes de irse, Keawe se anima y pregunta al hombre el motivo de su tristeza. El propietario camina unos metros y regresa con una botella de vidrio blanco. Adentro, parece haber un líquido lechoso, por momentos coloreado por luces que generan un efecto extraño.

—¿Qué es esto? —pregunta el joven.

—Una botella mágica. Aquí vive un demonio. Las luces que ve son el reflejo del fuego del Infierno.

Keawe lo mira con asombro. El anciano continúa.

—Este diablo puede conceder cualquier deseo que se le pida.

—¿Cualquiera?

El hombre duda.

—Bueno, casi.

—No entiendo.

—En realidad hay algo que no puede realizar.

—¿Qué?

—Alargar la vida. El demonio no tiene potestad sobre ese tema. En cuanto a lo demás, nada escapa de su poder.

Keawe piensa que el viejo debe estar loco. Sin embargo, continúa conversando.

—Aun así, tener todo lo que se desea en la vida se parece a un milagro.

—No lo crea —lo mira con seriedad—. Todo tiene un precio, y esta no es la excepción.

—Cuénteme.

—No es un precio menor. Quien muera en poder de la botella arderá eternamente en el Infierno.

El joven piensa un instante.

—Solo es cuestión de deshacerse de la botella antes de morir, entonces.

—Exacto. Pero no se trata de algo sencillo. En primer lugar nadie sabe cuándo llegará su momento. Además, la botella no puede regalarse, debe ser vendida siempre a un costo menor al que se ha adquirido, y la operación solo puede hacerse utilizando monedas.

—Es una historia muy extraña —reconoce el joven—. ¿Por qué me la cuenta?

—Porque es obligación poner en aviso al nuevo propietario de todos los detalles.

—¿Qué le hace pensar que voy a comprarla? —pregunta sorprendido.

El anciano lo mira y sonríe.

—¿No va a comprarla? —Y al percibir su duda, insiste—. El precio es de solo cincuenta dólares.

Al salir, Keawe se pregunta por qué lo hizo. Sabe que debe tratarse de una estafa, sin embargo, ahí está, con la botella en su poder. ¿Qué hará ahora? Probar la falsedad del objeto y lamentar su torpeza. Debe pensar en un deseo, pero ¿cuál? Todavía impresionado por la casa que acaba de abandonar, recuerda otra en Kona, Hawái. Siempre la quiso. Ese es su deseo. Ser el dueño de aquella mansión.

Poco tiempo después se entera de que su tío ha fallecido y que su primo, único hijo del difunto, murió ahogado. Sin haberlo imaginado, Keawe se convierte en el heredero de una gran fortuna.

Con parte de ese dinero compra la propiedad y construye su nueva casa. ¿Habrá sido la botella? No lo sabe con certeza, pero ante la duda decide sacársela de encima. Convence a un amigo para que la compre y se retira a vivir feliz en la mansión que ha bautizado «la casa resplandeciente».

Tiempo después conoce a Kokua, una mujer hermosa. Se obsesiona y le confiesa su amor, pero ella no le corresponde.

Con esa pena a cuestas, recibe otra horrible noticia: ha enfermado de lepra y debe dejar su casa para retirarse a una colonia de leprosos.

Keawe se encuentra solo, sin amor y sin hogar. Se niega a aceptarlo. Algo tiene que hacer para escapar a ese destino. Y de golpe lo asalta una idea: debe recuperar la botella.

Comienza a buscarla con desesperación hasta que al fin la encuentra. Ahora solo cuesta un centavo. Eso quiere decir que no podrá venderla a un costo menor, o sea que morirá en poder de la botella y arderá en el Infierno para siempre. Pero no tiene opción. Su casa y la mujer amada valen ese precio.

De este modo recupera su salud, se casa con Kokua y es feliz. Sin embargo, un gesto triste, quizás el mismo que tenía el anciano de San Francisco, le marca el rostro.

Preocupada, su mujer lo interroga hasta que él le confiesa la verdad. Kokua permanece en silencio unos segundos antes de hablar.

—Creo que tengo la solución. —Le sonríe—. Viajemos. Conozco un lugar, una isla francesa, donde cuatro céntimos son menos que un centavo. Allí podremos vender la botella por un precio menor al que la has comprado. Debemos deshacernos de ella y ser felices para siempre.

Parece una idea maravillosa y ponen manos a la obra.

Sin embargo, al llegar al lugar nadie quiere realizar la transacción. Los tratan de brujos o mentirosos. Entonces Kokua comprende que, si quiere salvar a su marido, solo le queda un camino.

Sin que él lo sepa, la mujer se acerca a un viejo y lo convence de que compre el objeto mágico por cuatro céntimos ofreciéndose como garantía. «Le prometo que de inmediato se la compraré por tres. Solo debe mantener el secreto», le dice.

Así sucede. Pero Keawe descubre la trampa y decide sacrificarse por ella. «Aquí tienes dos céntimos —le ruega—. Tómalos. Debes venderme a mí la botella». Ella se niega.

Al igual que su esposa, el hombre convence a un marino para que adquiera la botella por dos céntimos, asegurándole que luego él se la compraría por uno. Eso significaba que ya no podría venderla nunca más.

El marino acepta la oferta y se la compra a la mujer. Decidido a cumplir con su parte del trato, Keawe llega a la taberna para realizar la última transacción.

La moneda de un céntimo tiembla en su mano. Al rato ve ingresar al marino que lleva la botella apretada contra su pecho. Apenas puede mantenerse en pie a causa de la borrachera.

—Ya veo que la has conseguido —dice Keawe.

—Sí, la he conseguido. Y como acerques tu mano a ella voy a matarte.

Keawe se sorprende.

—¿Qué significa eso?

—Que no voy a vendértela por un céntimo. Es el objeto más maravilloso del mundo y no pienso desprenderme de ella.

—¿Qué esperas conseguir?

—Más licor.

—Me parece que no entiendes. El hombre que tenga esa botella, al morir irá directo al Infierno.

El marino sonríe.

—No me preocupa eso. Después de todo lo que hice en mi vida estoy seguro de que ese será mi destino de cualquier modo.

—Por tu propio bien —insiste Keawe—. Te ruego que...

—Basta —interrumpe—. No me importa lo que digas. Si deseas puedo invitarte un trago de ron, y si no quieres puedes irte de mi vista.

Acto seguido, el hombre continuó camino a la ciudad. Y con él también la botella desaparece de la historia.

Robert Louis Stevenson, el mismo de *El extraño caso del Dr. Jekyll y Mr. Hyde* y *La isla del tesoro*, escribió este cuento llamado «El diablo y la botella».

Hay dignidad en ese marino. A diferencia de quienes corrían a confesarse luego de pecar, el hombre decide hacerse cargo de las consecuencias de los actos de su vida. Y si el destino es el Infierno habrá que aceptarlo.

La historia de la humanidad está plagada de cobardes. Hombres que compraron su salvación con dinero luego de haber violado, esclavizado y torturado. Muchas de las iglesias y catedrales que embellecen el mundo fueron hechas con el producto de la venta de indulgencias, el perdón de los pecados. Una práctica vil que llevó a la ruptura de la Iglesia.

Respeto a aquel borracho que al menos no escapó como un cobarde a la hora de pagar la cuenta.

Alighieri, el hombre

Dante fue un hombre que miró de frente al duelo. Perdió a su madre a los cinco años y a su padre a los doce.

¿Puede asombrarnos que alguien que tan pronto sufre la muerte de sus seres más queridos haya tenido la necesidad de saber qué hay más allá de esta vida?

Es necesario simbolizar el dolor para quitarlo de la carne. Eso hace el arte. Encuentra un lugar para desplazar el sufrimiento. Así, lo perdido abandona su aspecto cruel y adquiere una forma más bella.

Puedo imaginar el dolor del pequeño Dante.

Mi papá se crio solo. Con un padre que se negó a reconocerlo y una madre que no pudo, no supo, o no quiso tenerlo con ella. Pasó su infancia en un internado. Recuerdo que algunas noches se quedaba hasta muy tarde en la cocina. Yo sabía que debía levantarse a la madrugada para trabajar y necesitaba descanso. Entonces, ¿por qué permanecía despierto, fumando y tomando café? Esas noches no podía dormir.

Hasta que un día me levanté, fui hasta la cocina y me paré del otro lado de la mesa, que por entonces tenía casi mi misma altura.

Al rato, papá me miró.

—Te preguntarás: ¿qué está pensando el loco de mi padre, no?

No sé por qué lo hice. Pero fui hasta la silla que estaba a su lado, me senté con él.

—¿Y en qué estás pensando? —le dije.

Creo que esa fue la primera pregunta analítica que hice en mi vida. La primera vez que miré de frente al duelo. No tenía más de cinco años, pero de algún modo intuí que hablar calmaría la angustia de mi padre. Y me dispuse a escucharlo.

Después vinieron muchas noches más. Conversar con él se convirtió en un ritual que compartíamos al menos una vez por semana. A veces me ganaba el sueño y al otro día amanecía enojado por no haber podido estar sentado en aquella silla observando el dolor que habitaba en sus ojos.

Años más tarde, cuando trabajaba en un hogar de chicos de la calle, reencontré esa mirada. Es la mirada de alguien solo y con miedo. Alguien que enfrenta una pérdida para la que no está preparado. Es la mirada del *ensombrecido* por el duelo. Y sé que algo de aquel desamparo también se trasladó a mis ojos.

Somos nuestra historia. Nos duele lo que lastimó a nuestros padres. Lo saben los nietos que vieron en sus abuelos el sufrimiento por una familia o una patria perdida. Por eso puedo sospechar el vacío que recorrió a Dante desde su infancia.

Como si aquello fuera poco, sabemos que a los nueve años Dante se enamoró de Beatriz, que no solo se casó con otro, sino que murió pocos años después. Otro duelo. Y no sería el último.

Sin embargo, a pesar de perder a su madre y a su padre, de amar a una mujer que eligió a otro hombre y verla morir, intentó construir su destino. Hacia 1298 se casó con Gemma Donati, con quien tuvo cuatro hijos e incluso llegó a ocupar el cargo de prior en su Florencia natal. Pero le esperaban muchos dolores todavía.

Alighieri nació en épocas de contiendas religiosas. Participó en una facción que defendía a su ciudad en contra de la intervención de cualquier fuerza extranjera. Él fue parte de los güelfos blancos, contrarios a la presencia en Florencia del hermano de Felipe el Hermoso, Carlos de Valois. Pero perdió. Cuando Carlos entró a la ciudad reprimió sin piedad a los blancos, y el 27 de enero de 1302 desterró a Dante de su patria.

Allí empezó un derrotero que lo llevaría por Verona, Luca, Rávena, Mantua, Plasencia y nuevamente a Rávena, donde murió en el año 1321.

En 1315 Florencia había concedido una amnistía a los exiliados. Pero quienes quisieran volver no solo debían pagar una suma de dinero, sino aceptar que se los declarara delincuentes en una ceremonia religiosa. Dante rechazó esto por considerarlo indigno y prefirió seguir en el exilio. Un duelo más, porque para él el exilio implicaba la pérdida de su identidad, otra de las formas de la muerte.

En la Antigüedad, el vínculo de una persona con su tierra era tan fuerte que el destierro era el peor de los castigos. Obligado a caminar por un mundo lleno de desconocidos, el exiliado cargaba con la angustia de estar lejos de su paisaje, sus aromas y su hogar.

De pronto, cuando la *Divina comedia* comenzaba a destacarse como una obra sin par, a los florentinos se les pasó el enojo e invitaron a Dante a volver, pero él les respondió que a esa ciudad no regresaría ni muerto. Palabra que cumplió al pie de la letra.

La historia de su cuerpo es también significativa.

Años después de su muerte, cuando su figura se había agigantado, Florencia intentó repatriar sus restos. El papa León X en persona intercedió para lograrlo. Sin embargo, al abrir la tumba no encontraron el cadáver del poeta.

En el año 1865, mientras se realizaban unos trabajos en la capilla Braccioforte de Rávena, al derribar una pared, los obreros descubrieron un ataúd que contenía un esqueleto y una inscripción: «Huesos de Dante depositados aquí por mí, Fray Antoni Santi, 18 de octubre de 1677».

Se supone que monjes franciscanos de Rávena se encargaron de ocultar el cuerpo para impedir que fuera devuelto a Florencia.

Una leyenda cuenta que un monje que vivía en el lugar confesó que una figura fantasmal envuelta en un lienzo rojo solía deambular por las noches y que, cuando le preguntaba quién era, el espectro respondía: «Soy Dante».

En el año 1829, en la Basílica de Santa Cruz, en Florencia, se construyó una tumba en honor al escritor. En su frente puede leerse: «Honrad al más alto poeta». Sin embargo, esa tumba está vacía. Su cuerpo permanece en su sepulcro en Rávena.

Más allá de estas idas y vueltas, en la vida y en la muerte, lo cierto es que la *Divina comedia* es una obra hija del exilio y de la pérdida. Una creación fruto del duelo.

Paisajes dantescos

Hemos dicho que Alighieri escribió la *Divina comedia* con la intención de transformarla en un texto sagrado. De algún modo lo ha conseguido. No ante los ojos de la religión, pero sí de la humanidad.

La obra está dividida en tres libros: Infierno, Purgatorio y Paraíso.

Algunos sostienen que la verdadera poesía estalla en este último, porque mientras que el Infierno narra episodios de gritos y dolores, y el Purgatorio da cuenta de los pecados capitales, en el Paraíso no queda más que apelar a metáforas. ¿Cómo describir, si no, una luz resplandeciente?

Sin embargo, la potencia del Infierno fue tan grande que el término *dantesco* quedó ligado a situaciones infernales.

Hemos hablado del Cielo, y evitaremos el Purgatorio, esa excusa para perdonar a los cobardes que solo tuvieron la inteligencia de arrepentirse a tiempo.

Vayamos entonces a la región tenebrosa.

Acompañemos a Dante y miremos de cerca los horrores del Infierno.

La forma del Infierno recuerda un cono invertido con el vértice en la parte inferior. Es decir que cuanto más profundo, más estrecho. Esto tiene una lógica. Según Dante, los castigos son más duros a medida que nos alejamos de la superficie, de la luz, de Dios. Entonces, es necesario que en los últimos rincones del Infierno haya menos espacio para que los condenados atraviesen sus suplicios apretados unos a otros, y de ese modo el sufrimiento sea mayor.

Pero empecemos por el comienzo.

Dante no fue el primero en visitar las regiones infernales. Muchos lo hicieron antes que él. Odiseo, Orfeo o Gilgamesh, por ejemplo. Las descripciones que trajeron eran caóticas, desordenadas y no parecía haber un precepto que diera cuenta de las cosas que pasaban allí.

Dante, en cambio, encuentra una lógica perfecta, un porqué a la geografía del lugar y un sentido a las condenas. No fue el fruto de una inspiración del momento. La obra demandó más de veinte años de escritura. En la *Divina comedia* nada es azaroso. En el ingreso a cada lugar del Infierno hay un guardián, en el acceso a los distintos espacios del Purgatorio hay un ángel.

La obra está ordenada con precisión matemática. Como no podía ser de otra manera, se impone una insistencia del número tres. Dante la estructura en tres libros, se inicia con tres bestias, el Infierno tiene tres niveles distintos de castigos en nueve círculos, es decir, tres veces tres.

A diferencia de los anteriores, el Infierno de Dante es organizado y coherente. Tiene una entrada, un vestíbulo de recepción, salas de castigo, guardias e incluso una salida.

¿Para qué necesita el Infierno una salida si allí las almas están condenadas a perpetuidad? Así lo anuncia la inscripción de su puerta:

> Por mí se va a la ciudad doliente.
> Por mi se va al eterno dolor.
> Por mí se va con la perdida gente [...]
>
> Perded toda esperanza al atravesarme.

Tal vez Dante necesitó de aquella salida para escapar él mismo del lugar y pasar al Purgatorio.

El relato de Alighieri es preciso en extremo. Comienza la noche entre el 25 y el 26 de marzo, o quizás del 8 y 9 de abril del 1300, el día anterior al Viernes Santo.

Dante es a la vez relator y personaje. Dice estar en la mitad de su vida, es decir que tiene treinta y cinco años. Recordemos que la Biblia sugiere una duración de vida de setenta años.

Como hemos contado, en los primeros dos Cantos el poeta se encuentra perdido en medio de una selva oscura hasta que llega Virgilio, lo rescata de su confusión y lo incita a comenzar el camino.

En el Canto tercero aparece un detalle curioso y sublime.

Allí se describe el vestíbulo del Infierno. Mientras lo recorre, Dante escucha llantos, suspiros y gritos de dolor que lo conmueven de tal manera que comienza a llorar. Y pregunta a Virgilio:

> Maestro, ¿cuál es ese ruido?
> ¿Qué gente, qué dolor la ha golpeado?

Su guía responde:

> De las almas que han vivido
> de modo que ni el bien ni el mal hicieron
> brota este triste y mísero alarido [...]
>
> Ciérrenseles las puertas celestiales
> y el infierno...

Prestemos atención a este detalle.

En ese espacio yacen los «indolentes», los que no se jugaron por nada en la vida, los que no persiguieron ni el bien ni el mal. Nunca los movió el odio, tampoco la bondad. Estas almas sufren la peor de las condenas, porque ni siquiera tienen la esperanza de su muerte.

Es un comienzo impresionante.

Según Dante, existe algo mucho peor que el Infierno y es la nada a la que están destinados los que han sido indiferentes a la vida, los que no se permitieron ni el deseo ni la pasión. Pasaron por el mundo como si no hubieran existido y por eso son rechazados tanto por el Cielo como por el Infierno.

Dijimos que no es lo mismo el placer que el goce. El placer tiene un límite. Nos permite disfrutar de las cosas sin avasallar las fronteras de la psiquis. El placer toma su energía del deseo. El goce, en cambio, de la pulsión de muerte. El goce no es pensamiento ni proyecto, no es sueño ni abrazo, es carne lastimada, es cuerpo doliente. En su desmesura derriba las murallas que nos defienden y se hace trauma.

Deseo y goce.

En *El precio de la pasión* dijimos que la pasión es una energía que nos impulsa a ir en busca de algo que deseamos: un ideal, un amor, o una vocación. Pero también es posible que nos arrastre hacia la búsqueda desmedida del poder, la lujuria, o, como al Quijote, nos lleve a enfrentar desafíos delirantes. En esos casos, alentados por la pasión, arremetemos incluso contra las barreras que marcan los límites de la sanidad. Es decir que la pasión puede llevarnos tanto al ápice febril del encuentro amoroso, o a ese punto descontrolado de dolor al que denominamos *goce*.

Teniendo en cuenta esto, llamé *pasión* a aquellos momentos límites del placer y del dolor que nos ponen ante el desconocimiento de lo más profundo de nosotros. Situaciones en que la razón pierde el control, ya sea porque el dolor es tan fuerte que no se encuentra manera de ponerle coto, o porque la promesa del placer absoluto brilla de tal forma que ciega.

Cuando la pasión es empujada por el deseo se vislumbra el Cielo. Cuando la mueve la pulsión de muerte, vemos el Infierno.

Sin embargo, Dante sugiere que hay algo todavía peor para quienes hayan desconocido el fuego de la pasión: permanecer para siempre en ese vestíbulo horrendo sin obtener premio ni castigo.

Comienza a prefigurarse la lógica de la obra. Aquellos que no se jugaron por nada en la vida no pueden esperar nada en la muerte, ni siquiera la condena. Como esos amores que ni siquiera se convirtieron en historia, estas almas están condenadas al olvido, el peor de los destinos. Su tibieza fue tal que no le interesan a nadie, ni a Dios ni al Demonio.

Ahí están quienes evitaron enamorarse para no sufrir. También los que renunciaron a sus sueños por temor a fracasar. Los indolentes. Dante es impiadoso con ellos. No se toma ni siquiera el trabajo de juzgarlos.

A su manera, el poeta introduce un nuevo pecado capital, quizás el peor de todos: la cobardía.

Un detalle perturbador antes de continuar el descenso. Para Dante, la mayoría de las almas están allí.

* * *

Luego de atravesar el vestíbulo, Dante y su guía llegan al primero de los círculos del Infierno, el Limbo, que como ya indicamos no es un lugar de castigo. Allí están las almas de personas inocentes que por algún motivo no fueron bautizadas.

Sócrates, Platón, Aristóteles, Averroes, Homero y hasta el propio Virgilio permanecerán en el Limbo por toda la eternidad.

La religión es caprichosa. Como dijimos, basta una confesión para absolver a un cobarde y alcanza con la falta del bautismo para castigar a un alma bella.

No todos los círculos del Infierno dantesco tienen el mismo nivel de penas. Los pecadores que se encuentran en los primeros, próximos a la superficie, están más cerca de la luz. Son ubicados allí porque sus faltas no fueron causadas por maldad sino por incontinencia. En ese lugar están los lujuriosos, los glotones, los avaros y los que cedieron a la ira.

En una segunda categoría, peor tratados que los anteriores, están los violentos, quienes a pesar de haber sido cegados por la pasión tuvieron más conocimiento de sus actos. Por último, en el lugar más horrible del Infierno están los que hicieron el mal con toda consciencia, los traidores.

Me gusta esta idea. Siempre he pensado que no hay peor pecado que la ingratitud, que es uno de los modos de la traición.

Cruzando el Limbo se accede al segundo círculo del Infierno. Ahí comienzan los castigos verdaderos. La región está dedicada a la lujuria y ahí padecen los que pecaron a causa de sus pasiones sexuales.

Siguiendo la lógica del contrapeso, la pena está ligada a la causa que la origina. Estas almas son castigadas por un viento fuerte que las empuja contra las paredes y las arrastra por el suelo de la misma forma que los vientos de la pasión los arrastraron en la vida. Es el Infierno de los amantes. De Cleopatra, Helena, Tristán, Paolo, Francesca y el héroe Aquiles, entre otros.

Sí. Dante ubica en el Infierno nada menos que a Aquiles, el valiente, el guerrero más importante de la *Ilíada*, el héroe de la guerra de Troya.

Así lo cuenta la *Divina comedia*:

Ve a Aquiles esforzado,
que por amor, al cabo, combatió.

Es sabido que Dante se tenía en gran estima. Recordemos que al comienzo de la obra, cuando llega al Limbo, salen a recibirlo Homero, Horacio, Ovidio y Lucano, ni más ni menos que los poetas más grandes de la humanidad. Solo falta uno, Virgilio, que ya está a su lado. De esa manera Alighieri se ubica como el sexto gran poeta de la historia. Además se permite contradecir a Homero, quien había ubicado a Aquiles en los Campos Elíseos, la Isla de los Bienaventurados.

Lejos de eso, Dante lo coloca en el segundo de los círculos infernales. ¿Por qué? Intentemos comprenderlo.

> Canta, oh diosa, la cólera del Pelida Aquiles; cólera funesta que causó infinitos males a los aqueos y precipitó al Hades muchas almas valerosas.

Así comienza la *Ilíada*. Como vemos, la obra de Homero no se centra en la famosa guerra de Troya sino en la cólera de Aquiles. Esto es lo que le importa al poeta griego. Y ya que nos cuenta que el héroe causó infinitos males y muchas muertes, si Dante quería condenarlo, ¿por qué no lo envió al séptimo círculo, el de los violentos? ¿Qué vio en Aquiles que decidió alojarlo junto a quienes no pudieron refrenar la pasión sexual? Veamos.

Aquiles era hijo de la diosa Tetis y del humano Peleo, de allí que se lo nombrara como «el Pelida». Sabemos que fue educado por el centauro Quirón.

Intentando abolir el lado mortal que Peleo transmitía, Tetis sometió al fuego a seis de sus hijos, que murieron en el acto. Por eso con el séptimo, Aquiles, intentó algo distinto. Como ya contamos, lo sumergió en el río Estigia tomándolo del talón. De esa manera lo volvió invulnerable, excepto en ese lugar que no fue tocado por las aguas infernales.

Invitado por Odiseo (Ulises) y Patroclo, Aquiles aceptó ponerse al frente de cincuenta naves y sumarse al ejército que combatiría en Troya. Quizás hubiera desestimado la invitación de Odiseo, pero no la de Patroclo con quien se había criado, transformándose en su compañero inseparable.

Enterada de su intención de participar en la batalla, su madre, la diosa Tetis, le anticipó el destino que le aguardaba. Si decidía ir a Troya su vida sería breve, aunque su fama inmensa. En cambio, si se quedaba, tendría una existencia larga, pero sin gloria. Sin dudarlo, el héroe optó por una vida corta y gloriosa.

Aquiles se preparó para el combate. Su madre le dio una armadura hecha por el propio dios Hefesto, y unos caballos regalo de Poseidón.

Aunque la guerra duró diez años, durante los primeros nueve no pasó casi nada. Aquiles, enemistado con el comandante de la flota, Agamenón, permanecía en su tienda y se negaba a pelear, aunque la profecía anunciaba que la ciudad de Troya no caería sin la participación del héroe.

Tras varias derrotas, Agamenón envió una comitiva para que intentara convencer a Aquiles de cambiar su actitud. Le ofrecieron las veinte mujeres más hermosas de Troya, pero él persistió en su negativa y desde su nave miraba cómo los troyanos devastaban al ejército griego. Ante esta situación, Patroclo le pidió que lo dejara ocupar su lugar, ponerse al frente de sus tropas e ir al rescate de sus amigos. Aquiles accedió y le prestó su armadura.

Patroclo era un guerrero valiente y dio muerte a muchos enemigos, sin embargo sucumbió bajo los golpes del príncipe Héctor que, a causa de la armadura que llevaba el joven, creyó que había dado muerte a Aquiles.

De este modo relata Homero el momento en que el héroe se enteró de la noticia:

> ¡Ay de mí, hijo del aguerrido Peleo! Sabrás una infausta nueva, una cosa que no hubiera de haber ocurrido. Patroclo yace en el suelo, y troyanos y aqueos combaten en torno del cadáver desnudo, pues Héctor, el de tremolante casco, tiene la armadura.

Al enterarse, Aquiles enloqueció de rabia y de dolor. Echó cenizas sobre su cabeza, ensució su túnica, se revolcó por el piso y arrancó sus cabellos. Por fin, dio un grito y salió totalmente desarmado al campo de batalla, donde aqueos y troyanos se disputaban el cadáver desnudo de Patroclo. Bastaron su presencia y su voz para ahuyentar al ejército enemigo. Estaba dolido, estaba furioso. Por eso, olvidando su enemistad con Agamenón, se dispuso a participar de la guerra y vengar la muerte de Patroclo. Y el momento de la venganza llegó.

Las murallas de la ciudad se cerraron y en el campo solo quedaron ellos: Héctor y Aquiles. Uno invadido por el pánico, el otro por la furia. Sin poder contener su miedo, el troyano intentó huir, pero luego de correr tres vueltas alrededor de las murallas decidió enfrentarse a Aquiles. Antes de entablar la lucha pidió que el vencedor se comprometiera a honrar el cadáver del derrotado, pero el griego no aceptó el trato.

Finalmente Aquiles mató a Héctor, perforó sus tobillos y pasó por ellos una correa que ató a su carro. Recién entonces regresó al campamento para celebrar los funerales de Patroclo. Frente a la nave que contenía los restos de su amigo querido, Aquiles lloró. Y dijo:

> ... No le olvidaré mientras me halle entre los vivos y mis rodillas se muevan; y si en el Hades se olvida a los muertos, aun allí me acordaré del compañero amado.

Aquiles mató al asesino de Patroclo, pero su venganza aún no termina. Cada día, arrastra el cuerpo de Héctor frente a las murallas de la ciudad para que su familia y su pueblo puedan verlo.

Durante doce días persiste con esta actitud hasta que Príamo, rey de Troya, llega a su tienda y le ruega que devuelva el cuerpo sin vida de su hijo. El griego se apiada del dolor de ese padre, llora junto a él, accede a su pedido y recién entonces Troya puede rendir homenaje a su príncipe.

Tal vez la reacción de Aquiles ante la muerte de Patroclo pueda ayudarnos a comprender por qué Dante lo ubicó en el círculo del Infierno donde penan los amantes apasionados.

> En otro tiempo, tú, infeliz, el más amado de los compañeros, me servías en esta tienda, diligente y solícito, el agradable desayuno [...] Y ahora yaces, atravesado por el bronce.
>
> Nada peor me puede ocurrir; ni que supiera que ha muerto mi padre [...] ni que falleciera mi hijo...

Aquiles lo confiesa abiertamente. No le importaría perder a su padre o a su hijo. Nada podría causarle tanto dolor como la muerte de Patroclo.

Pierre Grimal, uno de los historiadores latinistas más importantes, escribió sobre esto: «La amistad de Patroclo y Aquiles es proverbial. Incluso se afirma que los lazos que los unían eran aún más estrechos».

Más estrechos que la amistad.

Por su parte, el famoso dramaturgo Esquilo, en su tragedia *Los Mirmidones*, presenta sin rodeos a un Aquiles que llora sobre el cuerpo de su amigo, alaba la belleza de sus caderas y confiesa añorar sus besos. Pero vayamos a la fuente.

La *Ilíada* cuenta cómo, después de un día agotador, cansado de darle pelea a Héctor, Aquiles se acuesta a descansar y en sueños se le aparece Patroclo y le reprocha:

> ¿Duermes, Aquiles, y me tienes olvidado? Te cuidabas de mí mientras vivía y ahora que he muerto me abandonas [...].
>
> Dame la mano, te lo pido llorando [...].
>
> Otra cosa te diré y encargaré; por si quieres complacerme. No dejes mandado, ¡oh Aquiles!, que pongan tus huesos separados de los míos: ya que juntos nos hemos criado en tu palacio [...] así también, una misma urna, la ánfora de oro que te dio tu veneranda madre, guarde nuestros huesos.

Aquiles responde:

> Te obedeceré y lo cumpliré todo como lo mandas. Pero acércate y abracémonos, aunque sea por breves instantes, para saciarnos de triste llanto.

Patroclo le suplica que unan sus cenizas para que puedan estar juntos por la eternidad, y luego de pedirle un abrazo más, Aquiles acepta. Por eso, después de que Paris le diera muerte con una flecha que el dios Apolo dirigió hacia su único punto vulnerable, el talón, las cenizas de ambos fueron mezcladas como lo habían deseado.

La otra gran obra de Homero, la *Odisea*, da cuenta de Aquiles en el reino de los muertos. Allí lo encontramos junto a sus camaradas de guerra, Áyax, Agamenón y por supuesto, Patroclo.

¿Qué llevó a Dante a tomar la decisión de contrariar a Homero y arrancar a Aquiles de ese humilde rincón celestial, los Campos Elíseos, para ubicarlo en el Infierno?

Estoy convencido de que fue su amor por Patroclo. Un amor que, como indica Grimal, era un lazo más estrecho que la amistad. Un amor erótico, sexual. Recordemos los versos:

Ve a Aquiles esforzado,
que por amor, al cabo, combatió.

Aquiles no peleó para recuperar a Helena, ni por el honor de su pueblo. Peleó por amor y por dolor. El dolor que siguió a la pérdida de su ser más amado. Allí, en ese campo de batalla, el héroe jugó su duelo por Patroclo. Y lo jugó hasta morir.

Resulta evidente que para Dante, un artista religioso del siglo XIII, la pasión homosexual de Aquiles bastó para condenarlo. Esto no debe asombrarnos. No hace tanto que la humanidad aprendió a respetar el vínculo entre dos personas del mismo género. El matrimonio igualitario tiene apenas una década entre nosotros y la religión, como en los tiempos de Alighieri, todavía se niega a aceptarlo.

En el tercer círculo de la obra, los golosos son batidos por una lluvia fuerte y desgarrados por las uñas y los dientes de Cerbero, el mismo perro de tres cabezas que custodiaba la entrada del Hades.

Como vemos, muchos de los protagonistas de las escenas dantescas proceden de la mitología griega. Se ha dicho también que Dante aprovechó para condenar a sus enemigos, aunque en su Infierno también aparecen algunas personas que el poeta quería.

El cuarto círculo está dedicado a la avaricia y la prodigalidad. Allí penan quienes trataron con desmesura sus posesiones materiales, ya sea porque dedicaron su vida a acumularlas o porque las dilapidaron.

En el quinto círculo habitan las almas de los que sucumbieron a la ira y los perezosos. Las primeras se golpean entre ellas mientras luchan por sostenerse entre el lodo de la laguna Estigia. Las almas de los perezosos, en cambio, yacen bajo el agua y permanecen hundidas en el barro.

Para seguir su camino Dante y Virgilio deben cruzar la muralla de Dite. De ahí en más pasarán a un nivel mucho más duro del Infierno, donde están los condenados por pecados activos.

Para poder entrar al lugar, los caminantes necesitan de un ángel que baje del Cielo y les brinde auxilio.

En el círculo sexto se encuentran quienes pecaron de herejía. Allí ocurre algo que inquieta. Ante una consulta de Dante, uno de los condenados le confiesa que en el Infierno el alma puede ver el futuro, pero no el presente.

Una idea impresionante. Es posible que perder la capacidad de ver el presente sea una condena.

Hemos dicho que muchas veces la culpa por los actos pasados o el temor por el futuro quitan la posibilidad de adueñarse del ahora, un verdadero castigo. Quien no hace pie en el presente no puede sostener su deseo, porque aunque el deseo refiere a algo que no se tiene e incita hacia la búsqueda de un encuentro que se concretaría en el futuro, ese devenir no es posible sin la fuerza que nos recorre hoy. Parafraseando a esa alma en pena, podríamos sospechar que perderse el presente puede transformar la vida en un infierno.

El séptimo círculo está dedicado a los violentos, y a partir de ahí las regiones comienzan a arborizarse. En este caso se distinguen tres anillos diferentes. En el exterior, hundidos en un río de sangre hirviendo, se encuentran quienes fueron violentos con los demás. Aquellos que proyectaron en otros sus impulsos destructivos.

Como todo ser vivo, el cachorro humano nace con una cuota de agresividad que se supone necesaria para sobrevivir. Es esperable que los cuidados paternos, los gestos de amor, los límites y la educación vayan domesticando ese impulso. Jamás desaparecerá del todo porque es constitutivo, pero es indispensable aprender a manejarlo, oponerle la razón y la tolerancia. Esto no siempre ocurre y hay quienes presentan una seria dificultad para controlar su violencia. Sujetos que se enojan por nada, tienen mal humor y reaccionan ante cualquier cosa. Solemos minimizar el daño que estas personas pueden causar, pero si algo ha descubierto el Psicoanálisis es que una serie de pequeñas agresiones constantes suelen generar microtraumas que se acumulan y lastiman tanto como un gran suceso.

Otros van más lejos y ejercen una violencia psicológica que hiere a quienes los rodean. Entregados a esa pulsión destructiva ofenden, desconfían, acusan y tiñen todo de malestar. De la mano de la desvalorización o el insulto agreden con un arma letal: la palabra.

Sería erróneo creer que estamos ante un nivel de violencia menor. La palabra puede producir efectos devastadores. Gran parte del tratamiento analítico se ocupa de encontrar esas marcas y ayudar al paciente a cicatrizar heridas producidas por dichos o gestos de personas significativas de su vida.

En el anillo medio del séptimo círculo, torturados por las Harpías están los suicidas, es decir aquellos que dirigieron la violencia hacia sí mismos.

Es un tema complejo.

Albert Camus sostuvo que el único asunto serio de la filosofía era el suicidio. Arthur Schopenhauer se oponía a verlo como algo pecaminoso y Heródoto planteó que «cuando la vida es tan pesada, la muerte se convierte para el hombre en un refugio codiciado».

Son muchas también las voces que se alzan en contra del suicidio.

Más de un paciente me ha manifestado que no se mataba porque no tenía el coraje para hacerlo. Es un pensamiento erróneo.

El suicidio no es una decisión que tenga que ver con el valor o la cobardía. El suicidio es el acto trágico al que llega quien rompe su relación con el lenguaje.

Somos humanos en tanto estamos ligados al deseo y la palabra, y cortar el vínculo con ellos es morir, ya se trate de la muerte lenta del melancólico o de la muerte drástica del suicida. Más allá de la postura moral sobre el tema, hay una postura ética que me recorre como psicoanalista.

El suicidio jamás es la opción de un sujeto deseante, sino la irrupción del vacío en alguien que se ha quedado sin la posibilidad de seguir hablando. No se trata del fruto de un pecado, sino del efecto de una patología.

En el anillo interior del séptimo círculo del Infierno sufren las almas de las personas que en vida agredieron a Dios.

Intuyo que una parte de cada uno de nosotros visitará ese espacio cada tanto. ¿Quién no ha maldecido a Dios alguna vez?

«¿Dónde estaba Dios cuando te fuiste?», pregunta Discépolo. Y detrás de esa pregunta intuimos su enojo, su odio por un Dios indiferente a su dolor.

Jules Renard sostuvo: «Desconozco si Dios existe, pero sería mejor para su reputación que no existiera».

Woody Allen argumentó que si existiera, cuando estuvieran frente a frente, Dios tendría que darle muchas explicaciones.

Freud también bromeó con el tema. Señaló que estaba convencido de que él tenía mucho más que reclamarle a Dios, que Dios a él.

Unas poéticas, otras filosóficas o humorísticas, todas estas frases son maneras inteligentes de agredir a Dios.

En mi formación matemática aprendí una técnica que se denomina «demostración por reducción al absurdo». Consiste en demostrar la veracidad de algo probando lo que ocurriría si esto no fuera cierto.

Demostrar la finitud humana por el absurdo implica suponer qué ocurriría si fuéramos inmortales. Existirían hombres y mujeres de miles de años, los cementerios estarían vacíos y nadie hubiera perdido a un ser querido.

Siguiendo este método pensemos qué ocurriría si hubiera un Dios justo, omnipotente y omnipresente. Qué cosas deberían pasar y cuáles no, y veremos que utilizando esta lógica la inexistencia de Dios queda demostrada con mucha facilidad. Por supuesto, este argumento podría ser considerado otra de las formas de agredirlo.

En el octavo círculo del Infierno, en diez espacios diferentes, Dante ubica a los fraudulentos, proxenetas, aduladores, astrólogos, brujos, ladrones, falsificadores, los que practicaron simonía, es decir que intentaron intercambiar logros espirituales por cosas materiales, y los hipócritas.

La palabra hipócrita deriva del griego *hipocrités*, que significa «actor o actriz». Sin embargo, Dante no condena a quienes ejercen el arte de la actuación, sino a aquellos que mienten al aparentar sentimientos que no tienen o fingen ser quienes en realidad no son.

En el noveno y último círculo, en cuatro rondas diferentes, Dante ubica a los traidores. Allí están quienes traicionaron a su familia, su patria, sus huéspedes, o a Dios. Esta ronda final se llama Judeca, en honor a Judas Iscariote que, como sabemos, traicionó al Cristo. Es el último lugar del Infierno, el peor de todos, el Tártaro de Dante.

Sin embargo, más cerca de los nórdicos que de la creencia general, ahí las almas no arden en el fuego eterno, sino que están sumergidas en el hielo.

Por debajo de este sitio se encuentra un gigante espantoso que traicionó ni más ni menos que a Dios: Satanás. Atrapado para siempre en ese lugar, llora e intenta escapar mientras cumple su misión de morder eternamente la cabeza de Judas.

Ya en el centro de la Tierra y trepando sobre Satanás, Dante y Virgilio cambian de dirección y pasan al Purgatorio. Región que, como advertimos, no formará parte de nuestro recorrido.

Antes de despedirnos de Dante retomemos otro episodio lateral que, curiosamente, también sucede cuando el poeta atraviesa el segundo de los círculos infernales.

Sospecho que algo le pasaba a Dante con la lujuria. Al leerlo compruebo que mientras recorre aquel círculo mira con piedad a los condenados. Una piedad que no tiene cuando divisa a las almas iracundas.

El episodio es el siguiente:

Dante camina junto a Virgilio y de pronto dos figuras llaman su atención. Son las almas de Francesca de Rímini y Paolo Malatesta. «Poeta —le ruega Dante a Virgilio—, quisiera hablar a esas dos almas que van juntas y parecen tan ligeras».

Virgilio le dice que espere a que el viento las acerque. Al verlas llegar, Dante les pide que conversen un momento con él. Las almas descienden a su lado y acceden a su pedido:

«Todo cuanto queráis oír o hablar por nosotros será hablado y oído».

Dante les pregunta por qué están en el Infierno, y el alma de ella responde: «No hay dolor mayor que acordarse del tiempo feliz en la desgracia».

Francesca desliza una idea brutal: el dolor es más fuerte que la dicha. Lord Byron sostuvo que el recuerdo de una dicha pasada es triste, pero que el recuerdo de un dolor sigue siendo doloroso.

Sospecho que intentando evitar esto, mi bisabuela aconsejaba no acostumbrarse a las cosas que no iban a durar. Si así fuera, no podríamos amar nada, porque todo lo que vemos algún día pasará. Como afirma el tango: «es la ley de la vida, devenir».

Francesca y Paolo no son personajes míticos. Al igual que muchos de los habitantes del Infierno dantesco se trata de un hombre y una mujer que jugaron su destino en este mundo.

Malatesta de Verruchio tenía cuatro hijos y en un momento decidió buscar esposa para el mayor de ellos, Giovanni, su heredero, un hombre inteligente y valiente, pero de aspecto desagradable. Lo llamaban Gianciotto. Era de baja estatura, jorobado y además tenía muy mal carácter.

El segundo de los hijos, en cambio, era hermoso y dulce. Su nombre era Paolo.

Un día, Gianciotto se presentó ante su padre y le dijo que había encontrado la mujer con la que quería casarse. Se trataba de Francesca, hija de Guido da Polenta, señor de Ravena.

Malatesta estuvo de acuerdo con la elección de su hijo, pero temió que al ver el desagradable aspecto de Gianciotto la joven rechazara el ofrecimiento, y se le ocurrió enviar a Paolo a pedir su mano. Por entonces Paolo estaba casado y tenía dos hijos. Decidido a ayudar a su hermano y a su padre, el joven aceptó el mandato y viajó hasta Ravena. Se reunió con el señor da Polenta para arreglar los asuntos del casamiento. Al verlo Francesca pensó que se trataba de su prometido y se sintió feliz por su suerte. De inmediato Paolo aclaró el error y le explicó que venía en nombre de su hermano, pero el destino ya había jugado sus cartas: él también se había enamorado de ella.

Juntos emprendieron el camino a Rímini, y el viaje compartido solo acrecentó el sentimiento que había nacido entre ambos. Cuando Francesca vio a Gianciotto se sintió desolada. No podía creer que debía casarse con ese hombre. Mientras tanto, su amor por Paolo crecía y cada vez le costaba más disimularlo.

No pasó mucho hasta que el señor Malatesta intuyó lo que estaba pasando. En un intento por detener un posible conflicto familiar, envió a Paolo junto a su esposa a custodiar una fortaleza lejana. La mujer se aburrió del lugar y quiso regresar a Rímini sin saber que, de esa manera, acercaba a su marido al fuego de una pasión prohibida. El tiempo que Francesca y Paolo estuvieron separados había intensificado el ardor que sentían. Aunque ninguno de los dos hablaba de amor, comenzaron las miradas y sonrisas cómplices.

El drama estalló un día que estaban en el jardín. Para entretenerse tomaron unas hojas al azar y comenzaron a leer. Se trataba de la historia de una pasión trágica, Lancelot y Ginebra. Llevados por la fuerza de aquel deseo indebido, Paolo y Francesca cedieron a su propio deseo y se besaron.

Gianciotto, que en ese momento caminaba por ahí, los sorprendió y los mató sin dudarlo.

Era el año 1285. Paolo tenía treinta y siete años y Francesca veinticinco cuando la espada de Gianciotto los envió directo al segundo círculo del Infierno. Entregados a aquel beso no vieron llegar la muerte y no tuvieron tiempo de arrepentirse. Bastó un solo beso para condenarlos. Pero al igual que el marino de la botella, Paolo y Francesca siguen fieles a su pecado. Como sugirió Borges, esto les da una grandeza heroica.

> Sería terrible que se arrepintiera, que se quejara de lo ocurrido. Francesca sabe que el castigo es justo, lo acepta y sigue amando a Paolo.

Es el alma de Francesca quien cuenta la historia a Dante. Paolo no habla, solo llora de modo tan desconsolado que el poeta se desmaya de dolor. Paolo calla, pero todo el tiempo Francesca habla de «nosotros». Así como en vida fue su amor, hoy, en el Infierno, es su voz.

Borges ha puesto la lupa sobre este episodio breve de la *Divina comedia* e intuye que hay algo que Dante se encarga de ocultar: su envidia.

Sí. Dante los envidia porque al menos pudieron darse un beso. Beso que él jamás compartió con Beatriz, y a pesar de que están condenados, Francesca y Paolo siguen juntos. Arrastrados por los vientos, alejados de la calma, pero juntos.

Es cierto, Dante se salvará mientras que Paolo y Francesca están sentenciados. Sin embargo, como Aquiles y Patroclo, *ellos se han querido*.

Los amantes no pueden hablarse y girarán eternamente en un remolino oscuro, pero al menos siguen teniéndose el uno al otro, e insisto: se han querido.

¡Cómo esto no iba a impactar al poeta! Si, como sugirió Borges: «Infinitamente existió Beatriz para Dante. Dante, muy poco, tal vez nada, para Beatriz».

Estoy seguro de que Dante hubiera pagado el precio de la condena a cambio de ser deseado por su amada.

Una última reflexión.

En su libro *El diario de Adán y Eva* Mark Twain, al igual que Milton, desliza la idea de que Adán no fue engañado para comer del fruto perdido. Lo mordió consciente del costo que tendría. Lo hizo por amor. Un amor tan grande que, cuando Eva murió, él escribió en su epitafio: «El paraíso estaba donde ella estaba».

Nos queda, entonces, una idea.

Si el paraíso está donde está lo que amamos, Dante se equivoca. No importa en qué círculo infernal quiera encerrarlos, Paolo y Francesca están salvados. Podrán arrastrarlos los vientos más fuertes del mundo, pero estarán juntos para siempre. Quizás no exista otro Cielo. Tal vez, para el que está con quien ama, no haya un Infierno posible.

IV
ENSOMBRECIDO: EL ENCADENADO

El 24 de marzo de 1874 no sería un día cualquiera en Budapest. Aunque nadie podía sospecharlo, en esa fecha nació un niño que dejaría su marca en el mundo. Erik Weisz.

Cuando tenía cuatro años, junto a su madre Cecilia y sus hermanos, migró rumbo a los Estados Unidos en un buque de origen alemán llamado Frisia. Su padre, Samuel, había conseguido empleo como rabino en Appleton. Pero el destino no sería fácil para ellos.

Al poco tiempo, el religioso perdió su puesto y Erik tuvo que trabajar desde muy chico para ayudar a la familia. Lustró zapatos, vendió diarios, hasta que descubrió el arte, la actuación, el circo y la magia. A partir de entonces el escenario se convirtió en una de sus grandes pasiones.

Movido por el deseo de triunfar abandonó su hogar para presentar sus actos en compañías ambulantes, aunque solo un año después retornó para colaborar con sus padres que por entonces vivían en Nueva York. Sin embargo, la llama que lo recorría no se apagaba, y dedicó todo su tiempo libre a estudiar los secretos de la magia.

Así descubrió las memorias de un famoso mago, Jean Eugéne Robert-Houdin. El libro lo cautivó de inmediato y ese ilusionista se convirtió en su ídolo, a tal punto que tomó de él su nombre artístico: Harry Houdini. Aunque tiempo después, decepcionado, escribió un texto llamado *Desenmascarando a Robert-Houdin*.

Erik soñaba con encontrar la magia verdadera, aquella que no necesitaba de trucos y engaños. Y en esa cruzada jugó su vida.

Si bien realizaba los actos habituales de los magos con cartas y palomas, se especializó en el mundo del escapismo. Cierta vez, en una gira por Europa, retó a la policía a que intentara mantenerlo encerrado. Desafío que por supuesto ganó.

En 1892, junto al lecho de muerte de su padre, Erik prometió cuidar siempre de su madre, y así lo hizo. A partir de ese momento Cecilia y él se volvieron tan inseparables que, a pesar de ser un artista exitoso, renunciaba a las giras que pudieran alejarlo demasiado de ella. Necesitaba sentir que, de ser necesario, podía llegar a tiempo a su lado. Pero en 1913 el azar le jugó una mala pasada.

Harry Houdini había aceptado realizar algunas actuaciones en Europa. Cuando se encontraba allí recibió la noticia de que su madre había fallecido a causa de un derrame cerebral.

El funeral de Cecilia Steiner fue retrasado para que el hijo pudiera despedirse de ella. Como último homenaje, él dejó sobre el féretro un par de zapatillas que su madre le había pedido antes de que partiera.

Erik nunca pudo superar la culpa, y el dolor lo acompañó toda su vida. A partir de ese momento la muerte se convirtió en su verdadera obsesión. Le preocupaba su propia muerte, pero sobre todo deseaba encontrar una manera de comunicarse con quienes habían partido de este mundo. En especial con su madre.

Como hemos dicho al hablar de William Mumler, el fotógrafo tramposo, eran épocas de apogeo para las artes espiritistas. Los miles de soldados que morían en la guerra y los avances de la ciencia generaban un clima que veía en los fenómenos inexplicables un motivo para creer en la vida de ultratumba. Los teatros se llenaban de gente que aplaudía cautivada a los médiums, que sobre el escenario se contactaban con las almas de los muertos y hacían su negocio a costa de la expectativa del público.

La muerte de Cecilia lo había devastado y Erik desesperaba por ponerse en contacto con ella. Quería encontrar a alguien que de verdad pudiera unirlos para volver a escuchar las palabras de su madre. Necesitaba imperiosamente saber que quien se va no lo hace para siempre, que en algún lugar seguimos existiendo.

Sin embargo, cada intento era un desengaño. Dada su destreza le bastaba un golpe de vista para comprender los trucos que generaban ilusión. Según sus palabras, los médiums eran «personas que se aprovechaban del sufrimiento ajeno para llenarse los bolsillos de oro ofreciendo falsas esperanzas a las almas atormentadas».

También él era un alma atormentada. Pero no estaba dispuesto a pagar por su sueño el precio de la ingenuidad. A partir de entonces el famoso mago que había salido ileso luego de ser atado cabeza abajo en el vacío desde la cima de un edificio, el mismo que escapara de las cadenas bajo el agua, se dedicó a desenmascarar a los falsos espiritistas.

Hasta que un día conoció a Arthur Conan Doyle, el creador del célebre investigador Sherlock Holmes. Desde el primer instante ambos tuvieron la sensación de ser parecidos, al menos en cuanto a su obsesión.

Conan Doyle deseaba difundir el espiritismo, pero, a diferencia de Houdini, estaba dispuesto a creer en todo lo que le dijeran y negaba toda evidencia que pusiera de manifiesto el fraude.

Según palabras del biógrafo Eduardo Caamaño: «Conan Doyle quiso creer y lo hizo, y Houdini quiso creer, pero no pudo».

El destino volvió a unirlos en los años veinte. En esa ocasión, el escritor confesó al mago que su esposa, Jean Elizabeth, era espiritista, una verdadera médium, y que tenía razones para creer que había entrado en contacto con la madre de Erik.

Houdini sintió una emoción profunda. Confiaba en el matrimonio y tuvo la esperanza de que la mujer fuera el puente que tanto había estado buscando. Ilusionado con la posibilidad de volver a contactarse con su madre, se reunieron en la habitación que los Doyle tenían en su hotel de Atlantic City.

El ambiente fue preparado para el evento. Bajaron persianas, apagaron las luces y pusieron velas. Todo se llenó de respeto y silencio, hasta que por fin la mujer entró en trance y comenzó a escribir sin parar. Al terminar había redactado una carta de quince hojas con las palabras que Cecilia le había dictado para su hijo.

Conan Doyle estaba conmovido. Su esposa había logrado cumplir el sueño de su amigo. Sin embargo, al leer la carta Houdini comprendió que solo se trataba de un engaño más.

No podía equivocarse. El texto iniciaba con una cruz cuando toda su familia era judía. Estaba escrito en inglés cuando su madre húngara ni siquiera había aprendido a hablarlo. Además, era una suma de lugares comunes, lo que cualquier madre diría a su hijo. No había una sola referencia que diera cuenta al mundo íntimo que Cecilia y Erik habían compartido durante la vida.

Tal vez por respeto, quizás por orgullo, el mago agradeció con amabilidad y se retiró. Una vez que el escritor y su esposa volvieron a Inglaterra, Houdini redactó un artículo en un importante periódico y arremetió con ferocidad contra los espiritistas, incluidos sus supuestos amigos. Conan Doyle respondió desde la prensa británica y comenzó una pelea pública que mantuvo entretenidos a los medios de la época.

En 1924, Harry Houdini publicó un libro que tituló *Un mago entre los espíritus*. Y plasmó una frase lapidaria: «Hasta el momento presente, todo cuanto he investigado ha sido el resultado de unas mentes ilusas».

En su cruzada antiespiritista llegó a presentar un proyecto de ley al Congreso que prohibía la actividad de astrólogos y videntes. Por supuesto, ese proyecto fue descartado.

A pesar de todo, Houdini dedicó gran parte de sus concurridas actuaciones a develar al público los trucos que empleaban los médiums para generar sus engaños.

Su última gira se llamó Tres en uno. En la primera parte el mago realizaba los trucos convencionales, en la segunda incluía algún acto de escapismo, y por último, daba una conferencia acerca de la falsedad del espiritismo. Incluso oficiaba de médium y mostraba a los presentes dónde estaba la trampa.

Jamás pudo encontrar la grieta que comunicaba la vida y la muerte. Una muerte que lo encontraría en circunstancias extrañas.

Al parecer, cuando estaba en Montreal, un grupo de jóvenes estudiantes quisieron probar si en verdad era un hombre tan fuerte como se decía y lo desafiaron a recibir algunos golpes en el abdomen. Houdini aceptó, pero antes de que pudiera prepararse, uno de ellos, boxeador, lo golpeó en reiteradas ocasiones. Aunque el artista ocultó su dolor, se supone que alguno de esos golpes podría haber desprendido su apéndice.

A pesar del sufrimiento y la fiebre que esto le causaba, Erik se negó a suspender las funciones que tenía previstas. Hasta que sufrió dos desmayos intentando un acto de escapismo. Fue internado y al cabo de varios días de lucha se dio por vencido. Mirando a los ojos a su hermano Hardeen, le confesó: «Estoy cansado de luchar. Creo que esta cosa me va a vencer».

En la madrugada del 31 de octubre de 1926, a los cincuenta y dos años, Erik Weisz, alias Harry Houdini, murió de una peritonitis, enfermedad que tal vez era anterior al episodio con los estudiantes. Pocos días después fue enterrado ante la presencia de más de dos mil espectadores.

Houdini siempre buscó resolver el misterio de la muerte. Probó con todos los trucos y golpeó todas las puertas, pero el Arcano lo eludió. El misterio sin nombre de la inexistencia pudo más.

Confiaba en que hubiera algo después de esta vida, y quiso comprobarlo. Fue demasiado creyente para renunciar a la idea y demasiado racional como para dejarse engañar.

Jamás encontró el portal por donde los vivos y los muertos pudieran entrar en contacto, pero no dejó de desearlo nunca.

En un último intento decidió utilizar su propia muerte para poner a prueba su creencia. Sabía que por tratarse de él y de su militancia antiespiritista serían muchos los médiums que afirmarían haberlo contactado. Por eso ideó un plan. Le dijo a Bess, su esposa, que si realmente existía el mundo de los espíritus, también escaparía de la muerte para volver a estar con ella. El sueño de un verdadero caballero romántico. Que la muerte pueda menos que el amor.

Para evitar que la engañaran le dejó un código secreto que fue llamado «el código Houdini». Consistía en mezclar letras y números. Además, el mago incluiría en la comunicación una serie de palabras acordadas, entre las que estaba «Rosabelle», el título de una canción que solían escuchar juntos. Una vez que ella identificara esa palabra debería estar atenta porque él deletrearía una sentencia: «*Believe*»... Cree.

Cada aniversario de su muerte, su esposa Bess realizaba una sesión de espiritismo, y tal como Erik había sospechado, decenas de médiums manifestaron haber estado en contacto con él. Pero ninguno pasaba la prueba.

Hasta que un día el conocido espiritista Arthur Ford se presentó con un mensaje que contenía el código Houdini. La noticia generó una conmoción. Pero lo cierto era que Bess, enferma y senil, había confesado a algunas amistades los signos secretos.

Diez años después de la muerte de su esposo, Bess abandonó las sesiones y renunció a la posibilidad de contactarse con él. Afirmó que diez años era un tiempo suficiente para esperar a un hombre. «Houdini no se ha manifestado. He perdido mi última esperanza. No creo que Houdini pueda volver a mí, ni a nadie más [...]. El altar de Houdini ha permanecido encendido durante diez años. Ahora, respetuosamente [...], apago su luz. Se acabó. ¡Buenas noches, Harry!».

Y no volvió a intentarlo más.

Houdini pudo escapar de todo, se animó a enfrentar muchos desafíos y los superó. Excepto dos. Jamás logró contactar en vida con el espíritu de su madre fallecida, y tampoco pudo hablar con su mujer tras ser llamado para actuar en el mundo de los muertos.

Houdini vivió y murió obsesionado por la finitud. Le dolía, lo angustiaba, y en su desesperación creyó en la promesa de una existencia futura. Pero creer es predecir un hecho incierto. Y esa incertidumbre lo quebró. No le bastó la fe, necesitó la constatación real de esa existencia. Y fracasó. No podía ser de otro modo. Después de todo, como dijo Wimpy, el conocido humorista uruguayo, «exigirle a un sueño que se haga realidad es confundir una ilusión con un pagaré».

NOTA DE PASO

Hasta aquí nos ocupamos del duelo que supone afrontar la certeza de la muerte personal. Una certeza siempre puesta en duda. Una certeza que angustia aunque no convenza a nadie. Imaginar un mundo donde no estemos es tan absurdo como negar que algún día seremos ausencia. Es la ambivalencia que nos recorre, el conflicto eterno entre la razón y el sentimiento. La tragedia de la vida.

En el intento de aliviar esa angustia la humanidad nos ha invitado a creer en la ilusión de un más allá. A veces celestial, otras infernal, pero al menos un lugar posible donde seguir existiendo. Cegados por la luz divina o flagelados por los castigos más crueles, pero no desvanecidos. Una muerte parcial resulta más tolerable que la idea de la desaparición plena.

Sin embargo, sospecho que el Seol o el Hades, el Paraíso o los Campos Elíseos, son metáforas de Cielos e Infiernos verdaderos. Cielos e Infiernos que habitamos aquí, en este mundo, en esta vida.

Acerca de la felicidad, Borges señaló que de joven creía que se trataba de algo tan arduo como la belleza. En cambio, ya viejo, pensaba que no era así: Después de todo, a lo largo de un día todos hemos estado tantas veces en el cielo y el infierno.

El Cielo y el Infierno son alegorías de estados de ánimo que atravesamos de modo constante en la vida. Pensar en la posibilidad de un Cielo permanente no es más que una ilusión. No es posible ser feliz todo el tiempo. La felicidad es un instante efímero e incompleto.

Por perfecto que parezca, todo momento aloja una ausencia. Y esa ausencia basta para empañar la felicidad. Como escribió el poeta Fernando Pessoa: «El tiempo en que festejaban mi cumpleaños yo era feliz y nadie estaba muerto».

Por eso era feliz. Porque todavía no había llegado la falta de lo amado. Una vez que esto ocurre la felicidad es una visita efímera que en cualquier momento decide retirarse.

Los únicos Cielos posibles son los Cielos breves. Cielos de abrazos, sonrisas o gemidos. Cielos de amistad o erotismo, de ternura y reconocimiento. Instantes fugaces que iluminan la existencia por un rato.

En su libro *Las ciudades invisibles*, Italo Calvino juega con este pensamiento.

> El infierno de los vivos no es algo que será; hay uno, es aquel que existe ya aquí, el infierno que habitamos todos los días, que formamos estando juntos. Dos maneras hay de no sufrirlo. La primera es fácil para muchos: aceptar el infierno y volverse parte de él hasta el punto de no verlo ya. La segunda es arriesgada y exige atención y aprendizaje continuos: buscar y saber reconocer quién y qué, en medio del infierno, no es infierno. Y hacerlo durar, y darle espacio.

Estos son los únicos Cielos que existen. Cielos que demandan inteligencia y cuidados. Cielos que debemos prolongar aun sabiendo que todo intento de eternizarlos es inútil. Tarde o temprano van a esfumarse porque el Infierno siempre será fuerte.

El Cielo requiere la conjunción de muchas cosas, en cambio basta un detalle para volverlo todo infernal. Una ausencia, un llamado que no llega, un ser querido que muere, un sueño que se escapa o un amor que se va.

En el juego de la vida las cartas están echadas y el infierno ya ha ganado. Sin embargo no debemos entregarnos.

Los dioses nórdicos se preparaban para dar batalla aun sabiendo que cuando llegara el Ragnarok, el combate final, serían derrotados y los gigantes asolarían el mundo. Metáfora que asume que todo Cielo está condenado a pasar. En cambio, es posible pensar en un Infierno eterno hecho de distancias dolorosas y silencios difíciles de soportar.

Nadie puede escapar a la desdicha, porque la adversidad es ineludible. Como señaló Alejandro Dolina, «el universo es una inmensa perversidad hecha de ausencias». Y en ese mundo plagado de pérdidas transitamos la vida.

Es aquí donde están el Cielo y el Infierno. Y es aquí donde debemos realizar el duelo por lo perdido.

Vayamos entonces hacia el único Infierno posible, el Infierno de quienes deben enterrar a sus muertos, a sus sueños, enfrentar el desamor o el olvido y seguir viviendo. Preguntémonos qué es el duelo, cómo se afronta y, sobre todo, qué perdemos en verdad al perder lo que amamos.

MARTINA (SIN PALABRAS)

La conocí un viernes de mañana.

La empresa para la que trabajaba me había contratado para dar una charla a su personal y Martina cumplió la función de moderadora. Se movió con soltura y coordinó las preguntas de la gente con inteligencia y humor. Recuerdo que pasé un momento agradable.

Al terminar la charla me pidió que la acompañara hasta su despacho y me invitó un café. Conversamos un poco acerca de lo que había ocurrido durante el encuentro y nos despedimos.

El martes siguiente me llamó y me preguntó si podía darle un turno para una consulta. Ese viernes, justo una semana después de nuestro encuentro inicial, la recibí en el consultorio por primera vez.

Se sienta frente a mí y sonríe.

—Esta vez la conversación será sin testigos ni café, supongo.

—Puedo invitarte uno si querés.

Me mira sorprendida.

—Pensé que los psicólogos no hacían esas cosas.

—¿Tomar café?

—No, invitar a sus pacientes.

Abro las manos en señal de pregunta.

—¿Quieres uno o no?

—No, gracias. Era un comentario tonto para romper el hielo.

Lo sabía, por eso respondí de esa manera. Es común que para la primera entrevista el paciente traiga pensada una forma de iniciar. Algunos intentan caer bien, otros creen que deben contar su historia desde chicos o, como Martina, buscan relajarse con una broma. Por lo general permito que sea así para que se sientan cómodos. En este caso, como nuestro vínculo había surgido en un ámbito tan distinto, preferí una intervención sorpresiva para marcar un quiebre con aquel encuentro anterior.

—Cuéntame. ¿Por qué querías verme?

—Te cuento. Tengo 31 años y dos hijos, Melanie de 12 y Fabio de 9. Mi marido se llama Joaquín y estamos juntos desde que tengo 23… o algo así.

—¿Algo así?

—Sí, porque hace dos años nos separamos, pero después de unos meses decidimos volver. Ahora estamos muy bien. Es más, está siendo un gran apoyo para mí.

El comentario de Martina abre dos caminos. Avanzar hacia el motivo que causó la separación o averiguar qué le está ocurriendo ahora para que requiera de apoyo.

Existe la creencia de que los psicoanalistas siempre elegimos poner el foco en el pasado. No es así. En lo personal, y sobre todo al comienzo de un tratamiento, priorizo qué trae al paciente al consultorio, cuál es su demanda de análisis y por qué consulta en este momento particular.

—Debe ser bueno para ti saber que puedes apoyarte en él. —Asiente—. Por lo general uno necesita apoyarse en algo cuando siente que se puede caer. Cuéntame qué te está pasando.

Se le humedecen los ojos.

—¿Recuerdas la empresa para la que te contraté?

—Sí.

—Es mía. En realidad era de mi papá. Yo me encargaba de la parte contable, pero él llevaba todo adelante. Pero desde hace seis meses quedé al frente.

—¿Por qué?

—Por culpa de un ACV. Fue un lunes, temprano. Por suerte yo había ido con mi familia a almorzar a su casa el día anterior. Nos preparó un asado riquísimo… el último asado que hará en su vida. A lo mejor te parece una estupidez, pero para mi papá era una de las cosas más importantes del mundo. Era su manera de demostrar amor. —Hace una pausa.

—¿Qué pasa?

—Me pregunto cómo es posible que un hecho tan banal de un día para el otro se convierta en algo tan trascendente. Te lo juro. Imagino que ya no voy a sentir nunca más el gusto de su asado y me angustia.

Suele ocurrir.

Muchas veces proyectamos sobre una situación, un olor o una imagen el peso de nuestros afectos. Martina sabía que nunca volvería a pasar por experiencias como aquellas. Su padre abriendo la puerta de la casa, recibiéndolos con el fuego, una copa de vino o un abrazo, y condensaba su angustia en el sabor de la comida.

Cuando se enfrenta una pérdida las emociones se refugian en lugares inesperados.

—Y ahora, ¿cómo está?

Niega con la cabeza.

—Ya no está.

—¿Murió?

—No, pero es un ente. Casi no habla, no puede caminar ni ir al baño solo. Todo hay que hacerlo por él.

—¿Se da cuenta de su situación?

—No lo sé. —Agacha la cabeza.

—¿Qué pasa?

—Me da vergüenza.

—¿Qué te da vergüenza?

—Que en todo este tiempo nunca fui a verlo. Por suerte está Joaquín que lo visita varias veces por semana.

Ahora entiendo por qué su esposo está siendo de gran apoyo.

—¿Por qué no lo acompañas?

—Ya sé que está mal…

—Espera —la interrumpo—. No dije que estaba mal, solo te pregunté por qué no vas con él.

—Porque no puedo. No tengo el coraje de pararme frente a mi papá y hacer como si no pasara nada.

—Y ¿por qué deberías hacer eso?

—No sé. Supongo que es lo que corresponde.

—También supones que correspondería que fueras a verlo y no vas porque no puedes… Martina, no siempre se hace lo que creemos que corresponde. A veces simplemente se hace lo que se puede.

—No sé… igual siento culpa.

—Entiendo. ¿Está en su casa?

—No. En *un hospital privado*. Necesita rehabilitación, kinesiología y cuidados permanentes.

—Debe ser un tratamiento caro.

—Muy caro —reafirma.

—¿Quién lo paga?

Me mira.

—Yo. Nico, mi hermano, no está en condiciones de ayudar con ese tema, pero sí está muy presente… y es mucho.

—Exacto —subrayo—. Nico está presente desde el lugar que puede… como tú.

—¿Yo?

—Sí. Por lo que cuentas deduzco que te pusiste la empresa al hombro y te hiciste cargo del trabajo, de pagar el hospital, seguramente del seguro y muchas cosas que desconozco, ¿o no?

—Sí, pero es nada más que dinero.

—Eso no es cierto, Martina. No sacas ese dinero de un pozo sin fondo. Lo generas cada día con tu esfuerzo, y gran parte de ese esfuerzo lo destinas a que tu padre reciba todos los cuidados que necesita. Eso es hacerse responsable. Y de eso se trata. No de culpa sino de responsabilidad. Y en ese aspecto no tienes nada que reprocharte. —Alza los hombros y se queda en silencio—. Dime qué piensas.

—Que me gustaría poder ir a ver a mi papá.

Hay algo de niña en su tono. Como si al decir «mi papá» estuviera imaginando una realidad perdida en un tiempo pasado.

—Bueno, trabajemos sobre eso, entonces. Y lo primero es aceptar que «tu papá», así como tú los recuerdas, ya no está más. A lo mejor por eso todavía no pudiste visitarlo. Porque el que está internado es otro papá. Un papá que aún no te diste la oportunidad de conocer, que tiene otras limitaciones, que ya no hace carnes. Sin embargo, ¿quién te dice? A lo mejor todavía hay cosas para compartir con él.

—Puede ser... pero duele tanto.

—Lo sé. Pero hay dolores de los que no conviene escapar porque te persiguen, te encuentran y te lastiman. Y así será hasta que los mires a los ojos, los enfrentes y hagas algo con ellos. Martina, recién me dijiste que tu papá no había muerto. Bueno, creo que te equivocas.

Se asombra.

—¿Quieres decir que mi papá se murió?

—El que vive en tu recuerdo, el que todo lo podía, sí... Ahora hay otro.

—Otro al que no voy a poder aceptar hasta que no haga el duelo por el que perdí.

—Así es.

Piensa.

—Gabriel, cuando llegué me preguntaste por qué quería verte. Creo que no lo sabía. A lo mejor se trata de esto. Quizás vengo para que me ayudes a hacer un duelo.

Martina tiene razón, pero en ese momento ni ella ni yo sospechamos la magnitud de esa frase.

Los dos encuentros siguientes los dedicó a hablar de trabajo. Si bien siempre se había sentido cómoda manejando la contabilidad de la empresa, ahora que era responsable de todas las decisiones se sentía abrumada. Me habló de su equipo de confianza y me puso al tanto de la actividad que desarrollaban. La primera sesión había sido demasiado intensa y supuse que necesitaba tiempo para reinstalar el tema.

Una de las mayores virtudes de un analista es la paciencia.

Las personas tienen sus tiempos y el Inconsciente también. Hay que saber esperar. Se trata de una espera atenta pero relajada. Es cuestión de confiar y saber que, si el tratamiento avanza, en algún momento lo importante aparecerá.

Aquella tarde era su primera vez en el diván.

—Es divertido.

—¿Qué cosa?

—Esto de estar acostada y hablar como si no hubiera nadie. Igual, imagino que estás ahí atrás, ¿no?

Martina llega siempre sonriendo y se encarga de robarme también una sonrisa.

Ese día contaba una complicación laboral que la retuvo en la oficina hasta muy tarde.

—Llegué a casa como a las diez. Pobre Joaquín, tuvo que ocuparse de todo.

—¿Y qué es todo?

—Todo es todo. Preparar la cena, darle de comer a los chicos, acomodar la casa. Esas cosas. Y además él también había tenido un día difícil.

—¿Por qué?

—Porque pasó a ver a mi papá por el hospital, y siempre es un momento complicado. —Pausa—. Mi marido es un santo. No sabría cómo vivir sin él.

Martina acaba de abrir la puerta que decidí mantener cerrada en nuestra primera sesión.

—Bueno, hace dos años supiste hacerlo, ¿por qué no vas a saber ahora?

Se produce un silencio.

—Tienes buena memoria. Quieres que te cuente sobre el tiempo que estuve separada.

—Solo si es importante para ti.

Piensa.

—¿Cómo no va a ser importante si cuando pasó creí que me moría? —recuerda—. Conocí a Joaquín a los veintitrés años, en una fiesta que se hizo en la quinta de un amigo de papá. Yo no tenía ganas de ir, casi no conocía a nadie y con los pocos a los que conocía no tenía ninguna confianza. Buena gente, pero distinta.

—¿En qué sentido?

—Nosotros siempre estuvimos muy bien económicamente, pero mi familia venía de abajo y eso se nota.

—¿En qué se nota?

—No sé. Es como si hubiera algo que te iguala o te aleja.

—Y a ti ese algo te alejaba de ellos. Aunque no de todos.

—Te refieres a Joaquín.

—Por ejemplo.

—Sí, con él fue diferente. Pero había un problema.

—¿Cuál?

—Estaba acompañado.

—De todos modos parece que pudieron hablar.

—Sí, y los dos sentimos que había algo. Sabes que esas cosas se perciben. Pero me considero una buena mujer, así que no pasó más que eso, una charla no demasiado larga.

—¿Y después?

—Pasó casi un mes y me llamó. Me dijo que le había pedido mi número a nuestros amigos comunes y me invitó a tomar un café.

—¿Aceptaste?

—En principio no. Yo no ando con muchas vueltas. Así que le dije que no me parecía bien salir con él si estaba en pareja, y me respondió que justamente había esperado esas semanas para llamarme porque antes quería resolver su situación. Así que nos encontramos y esa noche dormimos juntos por primera vez. Ya te dije que no soy de andar con vueltas.

—¿Y cómo siguió la historia?

—Muy bien. Desde el principio tuvimos esa sensación de estar con alguien que se quiere. Nos entendimos enseguida, nos reímos, compartimos gustos y sexualmente fue muy fuerte, al menos para mí. Yo no tenía mucha experiencia. Solo había estado con dos chicos antes y con Joaquín sentí cosas nuevas. Todo estaba bien... todo era hermoso... Cuando cumplí los 26 me fui a vivir con él. Dos años después quedé embarazada de Melanie y decidimos casarnos. Con el tiempo vino Fabio. Otra experiencia increíble.

—Dicho de esta manera parece un cuento de hadas.

—Es que así lo viví. Hasta que al cuento le llegó la parte fea.

—¿Me quieres contar?

Asiente.

—Con Joaquín siempre guardamos un espacio para nosotros. Una vez por semana íbamos al teatro, o a cenar. Y en una de esas cenas me confesó que había conocido a alguien… me quedé helada. Te juro que no lo creía. ¿Cómo podía ser que hubiera conocido a alguien? ¿Alguien para qué, si lo nuestro era perfecto? Ni una pelea, ni un maltrato, jamás nos distanciamos sexualmente… no entendía por dónde podía haberse filtrado otra persona.

Hace una pausa, como si todavía se estuviera preguntando aquellas cosas. Martina no entendía que el amor no detiene el deseo. Es posible que la percepción que tenía de su pareja fuera errónea, pero también que fuera cierta y a pesar de tener un vínculo tan estrecho con su esposo, esa cuota de vacío, esa falta inevitable que nadie puede llenar hubiera despertado en él un deseo por alguien más. Alguien que generó la ilusión de que podía completarlo.

Según dijo, Joaquín habló con sinceridad. Tal como había hecho al conocerla, no iba a dar un paso hasta no resolver el tema con ella. Pero al igual que entonces quería darse la posibilidad de intentarlo.

—¿Qué hiciste?

—¿Qué podía hacer? No era la primera vez que perdía algo importante en la vida, pero igual dolía como si lo fuera. Diecisiete años atrás le había tocado perder a otra, ahora me tocaba a mí. Tenía que aceptarlo… y lo hice.

La felicidad es un concepto difícil. No se trata de una situación de gozo universal, sino de una experiencia personal que cuesta comprender, porque muchas veces se asienta en un dolor. Lo mismo que a alguien le genera dicha, a otro lo lastima.

Hace años Martina era feliz en una cama por primera vez con Joaquín y en ese mismo instante, no demasiado lejos, otra mujer sufría por él. Hoy la situación era al revés, y ella lloró en la soledad de su cuarto mientras el hombre apostaba a un nuevo amor.

No es tan fácil darse el derecho a ser feliz cuando esa felicidad se construye sobre las ruinas de una ilusión ajena.

Silvio Rodríguez lo plasmó de un modo tan claro como cruel.

Soy feliz... soy un hombre feliz
y quiero que me perdonen por este día
los muertos de mi felicidad.

—Fue una etapa muy dura para mí —continuó—. Pero no iba a convertirme en una mujer que no quiero ser. No iba a insultar, a arrastrarme, a complicar su relación con los niños... ni siquiera con su nuevo amor.

—¿Cómo se llamaba?

—No sé. Jamás se lo pregunté y nunca permití que me lo dijera. ¿Acaso importa? No soy de las que creen que la culpa es de la otra... después de todo yo también fui la otra alguna vez. Gabriel, cuando alguien no te quiere el tema es de él contigo... los demás son anécdotas.

—De todos modos imagino que las cosas cambiaron entre ustedes.

—Por supuesto. Pero no dejamos de tratarnos con respeto. Él me respetó al ser sincero conmigo, y no merecía que yo actuara de otro modo. Además, no quería tenerme lástima, así que me apoyé en el trabajo, en mis hijos, mis amigos y mi familia. Estaba mal, pero dispuesta a mejorar.

—¿Y qué pasó después?

—Un día me dijo que necesitaba hablar conmigo. Esta vez fue un desayuno. Nos encontramos en el bar de una plaza. Pensé que iba a pedirme el divorcio y fui preparada a dárselo. Pero no. Me dijo que se había equivocado, que me amaba. Sabía que me había lastimado y no esperaba que le diera otra oportunidad, pero necesitaba decírmelo. No quería vivir torturado y preguntarse dentro de veinte años qué hubiera pasado si no se animaba a hablar conmigo.

—¿Qué hiciste?

—Me puse a llorar.

—¿Por qué? Hay muchos motivos para llorar.

—De emoción. Yo lo seguía amando, y me di cuenta de que a lo mejor sin saberlo, todo el tiempo había estado esperando que llegara ese momento… Le apreté las manos, lo miré y…

—¿Y qué?

—Y le dije que si de verdad me amaba era bienvenido otra vez a mi vida. Se levantó, nos abrazamos y nos pusimos a llorar… Te juro que nunca más vas a sufrir por mí, me dijo… Y cumplió.

Martina revive el momento, y como en aquel bar de una plaza, llora.

Con el tiempo aprendí a diferenciar sus llantos. Y supe que este era un llanto de felicidad. Un llanto pleno de vida, como si no hubieran quedado rabia ni reproches por lo pasado. Como si hubiera podido entregarse al amor sin presentimientos, sin la necesidad de nada más que un abrazo. ¿Sería así? No lo sabía, pero decidí que no era el momento de averiguarlo. Ya lo hablaríamos en otra ocasión.

En el encuentro siguiente tomé algo que ella había dicho en la última sesión para abordar un tema que hasta ahora se había encargado de eludir.

—Martina, me gustaría retomar algo que surgió en la charla anterior. Al hablar de lo que sentiste cuando Joaquín te confesó que había conocido a alguien y quería separarse, dijiste que no era la primera vez que habías perdido algo importante en la vida. ¿Puedo saber a qué te referías?

Se toma unos segundos antes de responder.

—Creo que lo sabes.

—De todos modos me gustaría que me lo dijeras.

—Uf… no dejas descansar.

Se equivoca. Ella con sus palabras impone el ritmo del análisis, y es claro que muchos de sus duelos pujan por salir.

—Mi mamá se llamaba Elisa. Creo que era muy linda y muy buena…

—¿Creo?

—Sí, creo, porque murió cuando yo tenía nueve años. Te imaginas que no me acuerdo demasiado, y lo poco que recuerdo está teñido por la emoción. Dicen que me parezco mucho a ella, así que no debe haber sido tan hermosa —bromea—. Era muy dulce, eso sí. Le encantaba estar con nosotros.

—¿Nosotros?

—Sí. Con mi papá, mi hermano y conmigo. Teníamos una familia hermosa. Nunca los escuché pelear. Supongo que tendrían sus discusiones como todo el mundo, pero podían hablar hasta de lo más difícil sin faltarse el respeto.

—Como tú y Joaquín. —Pausa—. De algún lado te viene esa capacidad de hablar temas dolorosos intentando comprender al otro y sin agredir.

—¿Sabes que tienes razón? No lo había pensado. Pero si mis padres me dejaron esa herencia, me doy por satisfecha.

—Me parece bien. No es una herencia menor.

—La verdad que no. Por lo menos me permitió estar feliz hoy junto a mi esposo. Nunca le eché nada en cara. Jamás le pregunté quién era esa mujer. Como te dije, ni siquiera sé su nombre, y no me importa. Si tuvimos que pasar por eso para estar como estamos, lo tomo. Y no tengo nada que reprocharle. Fue sincero, y después de todo seguir juntos también fue una decisión mía.

Es tentador continuar por esta línea, pero no quiero que vuelva a esconder el tema de su madre.

—Y ¿qué pasó con tu mamá?

—No sé. Nadie lo sabe.

—¿Cómo es eso?

—Fue inexplicable. Era una mujer sana, fuerte, alegre. Jamás había presentado ningún síntoma raro. Se hacía los estudios necesarios, llevaba una buena vida… y de repente ya no estuvo más. Muerte súbita. A los cuarenta años. —Se detiene.

—¿Qué pasa?

—Nada.

—¿Cómo nada?

—Es que me escuché y me impactó. Cuarenta años. Un año menos que los que yo tengo ahora.

Imaginarse mayor que los padres es un desafío. Una idea casi inconcebible para la psiquis. Ellos representan la imagen de la protección y el cariño. Son los que garantizan nuestra juventud, los adultos, los grandes. No en vano afectuosamente los llamamos «papás».

Es probable que la conjunción de estos hechos, superar la edad que tenía su mamá al morir, y la enfermedad del padre, hayan generado la angustia que la llevó a pedirme ayuda.

—Tenías nueve años cuando pasó esto —continúo—: Debe haber sido muy difícil para ti.

—Sí. Al principio no me di cuenta de la tragedia que había pasado. Como si pensara que en algún momento volvería a verla. Por supuesto que sabía que no, pero era como si una parte de mí desconociera la verdad. Con el tiempo entendí que eso no iba a ocurrir nunca. Creo que ese momento fue todavía más doloroso que su muerte. Entendí que mi mamá ya no iba a peinarme ni a jugar conmigo, que no me llevaría al colegio, que no podría abrazarme a ella antes de dormir o contarle del chico que me gustaba. Fue terrible. Por suerte estuvo mi papá, y después llegó Zulema.

—¿Quién es Zulema?

—Mi segunda mamá.

—Ah, tu padre volvió a casarse.

—No —se ríe—. Él no salió nunca más con nadie. Al menos nadie tan importante como para que nos la presentara. Papá nos dedicó su vida, pero igual no podía con todo. La empresa, mi hermano, yo, mis abuelos… era demasiado. Entonces buscó a alguien para que viniera a trabajar en casa. Ahí apareció Zulema. En ese momento la vi grande, pero en realidad me lleva menos de veinte años. Era muy joven y de todos modos se puso la familia al hombro. Nos llenó de amor, de compañía, de cuidados… Fue una bendición.

—Qué bueno que hayan encontrado a alguien así. ¿La sigues viendo?

—Todos los días, porque cuando nació Melanie la llevé a vivir a casa. Y así será siempre. No puedo darme el lujo de perder a otra mamá.

Es evidente que Martina se refugió en el amor de aquella mujer y de ese modo pudo enfrentar el drama de perder a su madre siendo tan chica. Zulema ha sido una figura muy importante. Tanto, que no imagina la posibilidad de vivir sin ella. Acaba de decir que no puede darse el lujo de perder a otra mamá. La entiendo. Pasar dos veces por una situación como esa sería lo peor que le podía ocurrir.

Se equivocaba. Había un Infierno mucho más terrible que perder por segunda vez a una madre.

Como no podía ser de otro modo, el nacimiento de Melanie produjo un cambio en la vida de Martina. Su relación con la maternidad se había interrumpido con la muerte repentina de su madre y ahora la vida le daba la oportunidad de retomarla desde un lugar distinto.

No fue consciente de esto, pero se dedicó a disfrutar del vínculo con su hija y reparar de alguna manera las heridas que llevaba. También su pareja atravesaba un gran momento. Joaquín era un padre amoroso, un compañero permanente, y Melanie fue todo lo que había soñado. Cuando tres años después llegó Fabio, la felicidad se instaló en su hogar.

Fueron tiempos de dicha. Criar a los hijos no resultó una carga. Ambos disfrutaban mucho de hacerlo y la presencia de Zulema era una ayuda invaluable. Cuidaba de los niños con el mismo amor que había volcado en ella y les daba espacio para que pudieran conservar sus momentos de intimidad.

La separación no solo tomó por sorpresa a Martina. También los niños sufrieron el impacto.

—No entendían nada. De golpe les cambió la vida. Pasaron de tener una familia hermosa, una mamá y un papá unidos, a ver al padre un ratito cada dos días y un de semana alternado. Fue un momento muy loco.

—¿Preguntaron algo?

—Sí, claro.

—¿Y qué les dijeron?

—La verdad… sin crueldades innecesarias.

—¿O sea?

—Que nos seguíamos queriendo mucho, pero de otra manera. Como amigos, como padres, pero ya no como pareja.

—Para ti debe haber sido difícil sostener esa postura. Después de todo no era cierto que tú sintieras eso. Tú todavía lo amabas.

—Lo sé —asiente—. Pero no iba a decirles que Joaquín se había enamorado de otra persona. ¿Para qué? Los hubiera lastimado sin necesidad. No me pareció sano que se enojaran con él ni que me tuvieran lástima.

—¿Lo entendieron?

—Cada uno a su manera. Fabio tenía ganas de estar todo el tiempo con su papá. Los dos queríamos lo mejor para ellos, así que no hubo problemas con eso. Incluso hubo un par de meses donde la que vio al niño un ratito, cada dos días, fui yo. Con Meli fue distinto... Ella se pegó mucho más a mí, como si intuyera mi dolor. Se quedaba conmigo, íbamos al cine, salíamos a caminar y conversábamos.

—¿Acerca de qué?

—De todo un poco. En aquel momento se había enamorado de un niño del colegio y hablamos mucho de eso. Me preguntó por mi primer amor... le dije que sentía vergüenza de que alguien se enterara y que me confundía mucho darme cuenta de que me estaba convirtiendo en una mujer. Ella parecía fascinada. Creo que se veía reflejada en mis palabras... «Claro —me dijo—. Tú no tenías una mamá para que te ayudara. Yo por suerte te tengo a ti».

—Qué hermoso que pueda decirte eso. No es fácil.

—Pero Meli es muy especial.

—Cuéntame.

—Es muy adulta para su edad. A veces te olvidas de que estás hablando con una niña. Da la impresión de entender todo. Aunque te parezca raro, fue una compañía invaluable para mí.

—Raro, ¿por qué?

—Y... porque soy yo quien debería protegerla a ella.

—Martina, pocas cosas pueden darnos tanta sensación de protección como abrazar a quien se ama. Como si en ese abrazo pudiéramos relajarnos y quitar al menos un poco del peso del dolor.

—Fue así, te lo juro. Yo estaba destrozada, y compartir mis anécdotas con ella, contarle de mi mamá, de cómo nos conocimos con Joaquín... no sé... era como si hablar con ella me aliviara.

Tiene razón. La palabra y la angustia se excluyen, por eso encontrar un lugar donde simbolizar las emociones permite alivianar el sufrimiento. Para que esto ocurra se requiere de una escucha especial, una escucha que aloje el dolor sin juzgarlo.

Por lo general este espacio aparece en un análisis. En el caso de Martina, su hija había tenido la capacidad de contenerla. Sin dudas se trataba de alguien especial.

—Cuando decidimos volver a convivir con Joaquín, nos sentamos con los chicos y se lo dijimos. En aquella conversación les abrimos la puerta para que hicieran todas las preguntas que quisieran. Yo tenía mucho miedo porque no quería mentirles, y él tampoco. Me acuerdo de que me apretaba la mano e intentaba calmarme.

—¿Cómo reaccionaron?

—Fabio protestó. Le encantaba tener a su papá solo para él algunos días, y lo entendí. La experiencia que compartieron fue muy linda y no había por qué interrumpirla. Así que acordamos que una vez por semana iban a tener su día de «salida de hombres», y eso lo dejó satisfecho.

—¿Y Melanie?

Mueve la cabeza.

—Meli dijo que se sentía muy feliz. Se levantó y le dio un beso a su papá. Después vino hasta mí y me abrazó con tanta fuerza que me puse a llorar. Me acarició la cabeza unos minutos hasta que me miró a los ojos y me dijo: «Ya está, mamá. Ya está todo bien». Y en ese instante me di cuenta de que ella me comprendía. Como si siempre hubiera sabido todo lo que sufrí.

—A lo mejor fue así.

Suspira.

—¿Te parece?

—¿Tú qué crees?

—Puede ser. —Se toma una pausa.

—¿Qué pasa?

—Que nosotras no nos dimos el día de «salida de mujeres». Me parece que tenemos que implementarlo. Me gustaría compartir muchas cosas más con mi hija. Tal vez hacer un viaje con ella, mirar el paisaje, reírnos y contarnos algunas infidencias antes de que sea demasiado tarde.

A partir de ese momento madre e hija se regalaron encuentros inolvidables. Martina deambulaba entre la felicidad de poder vivir esa experiencia y la sensación triste de comprobar cuánto se había perdido de vivir con su mamá.

Un día llegó eufórica. Su hija estaba con ella en la sala de espera del consultorio. Era una niña hermosa, con una mirada clara y profunda. Nos presentó, nos dimos un beso y le pedí que nos esperara allí. Antes de acostarse en el diván, Martina comenzó a hablar.

—Está decidido. Nos vamos con Meli… solas.

—¿En serio? Qué linda noticia. Y ¿adónde van?

—Al norte. No me digas nada. Ya sé que va a ser un viaje largo, pero estoy segura de que vamos a pasarla muy bien. Una semana, diez días como máximo. Va a ser inolvidable. Cuando se lo dije, Meli no lo podía creer; estaba tan feliz… Es raro.

—¿Por qué?

—Porque la mayoría de las adolescentes detestan compartir tiempo con su madre. En cambio, ella adora estar conmigo. ¿Sabes qué me dijo el otro día?

—No.

—«Ojalá hayas tenido una mamá como la que tengo yo». Eso me dijo.

Se conmueve.

—Es muy fuerte escucharlo… y muy lindo —asiente—. Y ¿fue así?

—¿Qué cosa?

—¿Tuviste una mamá tan buena como la que tiene Meli?

—No sé. Pasó tanto tiempo que no imagino cómo hubiera sido mi mamá conmigo en la adolescencia. Muchas veces me lo pregunté, pero no tengo manera de saberlo.

—Sí que tienes —la interrumpo—. Viviste nueve años con ella. En ese tiempo deben haber compartido un montón de cosas… y te aseguro que esa mamá vive en ti.

—¿Cómo lo sabés?

—Porque la percibo en tus gestos, en tus actitudes de madre. Es cierto, la tuviste poco tiempo, pero te marcó fuerte y te preparó para ser la mamá que eres. Martina, ¿puedo decirte algo?

—Sí.

—Estoy convencido de que también tuviste una mamá hermosa.

A partir de esa intervención desplegó una serie de recuerdos felices. Momentos que compartió con su madre y que tenía más presentes de lo que pensaba. Fue una sesión muy emotiva. Al salir me despedí de ella y de su hija. Antes de retirarse, Melanie me regaló una sonrisa y una única palabra.

—Gracias.

No hacía falta más. Ahora estaba convencido de que esa niña comprendía el dolor que había atravesado su mamá y por eso me agradecía que estuviera a su lado.

Martina tenía razón. Meli era una niña muy especial…

Era.

El llamado no dejó lugar a dudas. Fueron unas pocas palabras, pero alcanzaron para anunciar la llegada de una tragedia.

—Gabriel… necesito verte… ya. Por favor.

No dudé y a pesar del frío y la lluvia, salí hacia el consultorio.

Al momento de entrar, me quité el impermeable empapado y lo colgué en una silla. Busqué una toalla y me sequé el cabello. Pensé en servirme un café, pero desistí. No podía quitarme de encima la sensación de inquietud que antecede al espanto.

Ya son muchos años, y en todo este tiempo aprendí a identificar la angustia en la voz. No es tristeza, no es rabia… es angustia. Una emoción tan inconfundible que hasta puede olerse en el aire. De todos modos no imaginé que la realidad que iba a enfrentar podría ser tan cruel. Sin embargo, algo debo de haber intuido. Quizás por eso cuando sonó el timbre respiré profundo antes de abrir la puerta.

El rostro que tenía enfrente estaba desfigurado.

Martina entró, fue directo al consultorio, se sentó en el sillón y no dijo nada. Cuando su grito desgarró el lugar entendí lo que había pasado, incluso antes de que me lo dijera. Rogué estar equivocado, pero no lo estaba.

—La maté —dice de pronto—. Maté a mi hija.

Sus palabras me dolieron, me arañaron el cuerpo y no supe qué decir, por eso permanecí en silencio mientras ella se despedazaba ante mi mirada impotente. Sentí su angustia y me angustié con ella. Era como si todo mi cuerpo se abriera para recibir su conmoción.

El analista es el médium en quien Houdini no creía. Esa persona capaz de absorber plenamente un alma desgarrada.

Hace muchos años tuve que pasar un mes en una sala de terapia intensiva infantil. No hay nada más parecido al Infierno. Allí vi a médicos, enfermeras, padres, madres y bebés luchar por la vida, y hay algo de aquella experiencia que no se borrará jamás de mi memoria: los gritos de dolor de esos papás y esas mamás cuando les comunicaban que sus hijos habían muerto. Gritos que todavía visitan muchas de mis pesadillas. El mismo grito que en ese momento inundó mi consultorio.

—¿Qué pasó? —pregunto aturdido.

No sabía qué decir. Ya he aprendido que en algunas situaciones no hay nada que decir. De todos modos, Martina me había convocado y tenía que hacer algo con ese dolor inexplicable.

Me incliné hacia ella intentando empaparme de ese dolor, recibirlo para que Martina pudiera sacarlo del cuerpo. No tenía otra cosa por hacer. Ella no paraba de llorar, y ese grito no dejaba de salir de su garganta. No fue una decisión, ni lo pensé. Caminé hacia el sillón y la abracé. Al hacerlo tuve el sobresalto intransferible que genera el análisis cuando paciente y analista se confunden para compartir el sufrimiento, un sufrimiento que ya no es de uno ni de otro sino de ese espacio común al que llamamos transferencia.

No podría decir cuánto pasó. En esos casos el tiempo se hace bruma porque no se trata del tiempo del reloj sino de las emociones.

Al rato me senté a su lado y le tomé las manos. Me clavó la mirada y experimenté ese impacto que reconozco desde hace tanto. El que anuncia la aparición de la angustia en estado puro.

Muchas veces creemos estar angustiados y aun así podemos hablar de lo que nos pasa. Aunque fuerte, se trata de una angustia menor. Pero existe otra diferente que no da lugar a las palabras, que es puro cuerpo, desgarro silencioso. En esos momentos no puedo sino aceptar que debo ser parte de esa experiencia muda. Atraer hacia mí el sufrimiento y alojarlo hasta que surja una grieta por la cual se filtre la posibilidad de decir algo.

—Martina —insisto—, dime qué pasó.

Me mira y a duras penas dice:

—Está muerta, Gabriel. Mi hija está muerta.

No puede ser, pensé. ¿Melanie? ¿Esa criatura que hace unos días y en ese mismo lugar me había dado las gracias? No puede ser, dijo mi mente, y en esa incredulidad capté lo que ella estaba sintiendo: que no podía ser.

—¿Cómo fue? —pregunto intentando recuperarme.

—Yo la maté... fue mi culpa.

Sin saber qué decir permanecí callado y me hice eco de su pesar. A los segundos continuó.

—Habíamos pasado unos días hermosos. Tan cerca, tan juntas... Estábamos volviendo, ya a mitad de camino, y en un momento decidí parar en una cafetería para tomar un café. Meli me dijo que prefería quedarse en el auto porque hacía mucho frío. Cuando abrí la puerta para bajar me tocó el hombro y me sonrió. Le pregunté qué pasaba.

—¿Qué te respondió?

—Me dio las gracias por el viaje... «Mamá, soy muy feliz»... Eso dijo. Cuando regresé estaba durmiendo y decidí no despertarla. Volví a la carretera y manejé más de una hora hasta que en un cruce con un camino de tierra, de la nada apareció un auto sin luces. Cuando lo vi ya estaba encima de nosotras. Di un volantazo. El auto nos golpeó del lado de Melanie, pero pensé que no había sido grave.

Le costaba hablar. A tal punto que casi tuve que adivinar lo que estaba diciendo porque el llanto le quebraba la voz todo el tiempo.

—Paré a los pocos metros y le pregunté a Meli si estaba bien —se detiene.

—¿Y?

Agacha la cabeza.

—Y no me respondió... yo creí que seguía durmiendo. La moví para despertarla... pero no. No se despertaba... no iba a despertarse nunca más, Gabriel... ¿Entiendes? Mi hija no estaba dormida, estaba muerta.

—¿Cómo muerta? —interrogo sin poder todavía acomodar mi pensamiento.

—Sí. El auto nos había pegado justo en la puerta donde ella tenía apoyada la cabeza. La mató. Así, en un segundo... Meli ni se dio cuenta... y se fue, se fue para siempre.

Y otra vez ese grito infernal. El grito del sinsentido, de lo absurdo, de lo imposible. Nos quedamos en silencio. Martina lloraba y yo contenía su llanto.

En la tradición hebrea, cuando se experimenta una gran tristeza o una indignación profunda, se desgarran las vestiduras. Se le llama Keryah, y es una manera perfecta de simbolizar el desgarro emocional que se produce ante la aparición del abismo, de ese vacío innombrable que los analistas llamamos Lo Real. Eso que existe más allá de la lógica y es pura verdad sin comprensión.

De igual manera, Martina y yo nos desgarramos juntos una noche fría de invierno. La lluvia arreciaba y por un instante fuimos las únicas personas que habitaron un mundo de dolor.

Más tarde me ofrecí a llevarla hasta su casa. Aceptó. El viaje fue en silencio. No tenía interpretaciones, preguntas, ni palabras de consuelo, solo la certeza de que debía estar cerca para recibir las oscilaciones de su angustia. Al llegar nos quedamos unos minutos sin decir nada, hasta que sentí que era momento de despedirnos. Bajamos del auto, la cubrí con mi paraguas y la acompañé hasta el edificio donde vivía. Antes de que entrara y a modo de despedida, susurré:

—Tú no la mataste.

No sé por qué lo hice. Me surgió sin que pudiera evaluar lo que estaba por decir. Ella me agradeció con la mirada y abrió la puerta. Me quedé observándola. Recorrió un pasillo angosto. Antes de subir al elevador, giró la cabeza y me miró de nuevo. Nada más.

Durante el trayecto de regreso me inundaron varias imágenes. La más fuerte era la sonrisa de Meli y el recuerdo de la única palabra que le escuché decir: gracias.

Dejé el auto en el estacionamiento y caminé las dos cuadras hasta mi casa. Entré, me serví una copa de vino y me senté en una silla. Luego, mi perro, mi ovejero querido, se acercó y apoyó la cabeza sobre mis piernas. Siempre percibía mi dolor. Siempre sabía cuándo yo estaba triste. Miré sus ojos buenos, lo abracé… y por fin pude llorar.

El tiempo que siguió fue muy duro. Martina pasaba de la incredulidad a la rabia, de la culpa a la angustia. Su equilibrio emocional se había quebrado y su cuerpo se desmoronaba. Bajó de peso, sus ojos se vaciaron de expresión y perdió todo interés por la vida. Durante los primeros dos meses no fue a trabajar y dedicó sus pocas energías a sostener la imagen de su hija muerta, a tal punto que se distanció de su familia. En su desesperación por no dejarla ir, se aferraba a todo lo que pudiera contactarla con ella.

Por mi parte, me dedicaba a sostener el espacio para que pudiera volcar su dolor. No tenía palabras para calmarla y me limité a ser su compañía y sufrir con ella.

Desde siempre la humanidad intuyó que la presencia de otro que comparta el dolor es la primera forma de abrir un lugar donde el vacío pueda simbolizarse. Los ritos funerarios cumplen esa función. Los abrazos, las horas compartidas, el cortejo fúnebre, son modos de acompañar a esa persona que ha visto el rostro de la muerte para que pueda poco a poco retornar a la vida. Soy analista y muchas veces me ha tocado ser ese primer eslabón, esa mano que se tiende para invitar al ensombrecido a que retome el camino del deseo. No es sencillo. Se requiere de paciencia y respeto. Paciencia para no apurar intervenciones que podrían perderse en la nada y para que el paciente recupere la estabilidad psíquica. Y respeto por su dolor.

El dolor no es caprichoso, y en las situaciones de duelo no solo resulta inevitable sino también necesario. Como afirmó el doctor Juan David Nasio, «el dolor es la última barrera que nos defiende de caer en la muerte o la locura».

Cuatro meses después del accidente decidí que era momento de que Martina volviera al diván. Pensé que era posible que se resistiera, pero no. Lo aceptó con la misma apatía con que transitaba cada uno de sus días. No sé por qué lo hice, pero algo me empujó a jugar una intervención que fuera más allá de la compañía silenciosa y la proximidad afectiva. Fue una decisión impensada, pero he aprendido a fiarme de esas intuiciones. En este caso fue como si el Inconsciente me susurrara que ya podía intentar agrietar el infierno con palabras.

Martina se recuesta.

—Qué raro… —dice sin emoción alguna.

—¿Qué cosa?

—Esto. La última vez que me acosté en este diván estaba tan contenta y mi hija vivía.

Otra vez Pessoa: «El tiempo en que festejaban mi cumpleaños yo era feliz y nadie estaba muerto».

Martina decía lo mismo, y de modo brutal me señalaba que tanto en el diván como en el sillón no pensaba dejar de hablar de Melanie. Por primera vez desde el accidente decidí contrariarla.

—¿Cómo está Fabio?

Reacciona como si le molestara mi pregunta.

—Bien, supongo.

—¿Supongo?

—Sí. Al menos sigue con su vida.

—¿Y eso está mal?

—No. Tiene derecho. Después de todo no es él quien perdió una hija.

—Entiendo… ¿Y Joaquín? Porque él si perdió una hija.

Pausa.

—A veces pienso que no se dio cuenta.

—¿Por qué dices eso?

—Porque pareciera que soy la única que comprende que el mundo no volverá a ser el mismo. Él también sigue con su vida. Lleva a Fabio al colegio, lo acompaña al futbol, continúan con su «salida de hombres»… es como si no hubiera pasado nada.

Cuido mucho el tono de mi siguiente intervención. Contradecir a alguien en un momento de tanta sensibilidad supone un riesgo. Cualquier hecho que lastime la transferencia puede resultar peligroso para el tratamiento.

—A lo mejor te equivocas.

Hace un silencio.

—¿Me vas a decir a mí lo que yo siento?

—No. Solo señalo que quizás lo que sientes no es lo que está pasando. Martina, a veces hay una diferencia entro lo que percibimos y lo que de verdad ocurre, y en situaciones tan difíciles como la que atraviesas las percepciones no siempre son confiables.

Al reconocer lo complicado del momento que está pasando le devuelvo el protagonismo de la escena. Son sus sentimientos, su dolor y sus percepciones.

—Explícame bien qué quieres decir.

—Que tal vez tu marido y tú se estén debiendo una charla. Perdiste a tu hija, y si alguien en este mundo puede entender lo que sufres, me parece que es Joaquín. Siempre hablaste de su nobleza, su sensibilidad y su compromiso como padre. A alguien así no puede no importarle la muerte de un hijo.

—Pero soy yo la que llora, la que va todos los días al cementerio.

Era cierto. Desde que su hija había muerto, Martina la visitaba cada día. Le llevaba una flor y permanecía horas en silencio sentada junto a su tumba. No era lo único que hacía. Antes de dormir se recostaba en la cama de su hija y olía las sábanas y la ropa que permanecía intacta en su clóset. Mantenía impecable el uniforme escolar, como si Meli fuera a usarlo el día siguiente. Además, comenzaba cada mañana leyendo los mensajes de texto y mirando algunos videos que ella le había enviado. En ocasiones llegó incluso a responder alguno de esos mensajes.

Martina dedicaba gran parte de su día a comunicarse de esta manera con su hija. Una manera que la sostenía presente a pesar de la ausencia, una manera delirante. Y se enojaba porque Joaquín no compartía esos rituales con ella.

—¿Por qué no viene conmigo a visitarla si tanto la extraña? ¿Por qué no escucha sus mensajes?

—No lo sé. A lo mejor, porque cada persona vive sus dolores como puede y es posible que lo que a ti te hace bien, a él no. —Pausa—. Martina, deberías hablar con tu esposo.

Es un señalamiento preciso, casi una orden. Necesito moverla de lugar. Que hable, que se comunique con su familia, que ponga palabras y salga de este padecimiento solitario. Han pasado seis meses y no se ha movido ni un poco de esa posición sufriente. No intento que abandone el dolor. Pretender eso ahora sería una locura, pero sí que lo viva de modo distinto.

—No quiero hablar con él.

—¿Por qué?

—Porque me dice que no puedo hacer nada, que ya está, que tengo que estar bien, que ya va a pasar... y yo me pongo furiosa.

—¿Sabes qué creo? Que hasta ahora siempre que conversaron se centraron en ti. Sobre tus actitudes y emociones. Sabemos que a ti tampoco te gusta cómo está actuando él, pero ¿tienes idea de qué siente o por qué hace lo que hace? —Me pongo de pie y antes de terminar reafirmo mi intervención anterior—. Deberías hablar con Joaquín.

Es mi primera tentativa por conmover su estado. Sé que no le gusta mi propuesta, sin embargo ya es hora de probar, porque el horizonte que se vislumbra es todavía peor. Comienza a asomarse el horror. De esta orilla del río, silenciosa y fatal acecha la depresión.

Fue un periodo delicado de nuestro trabajo, y debía medir cada intervención de manera milimétrica. Trabajar con alguien que enfrenta un duelo tan complejo requiere del analista experiencia y sensibilidad. Experiencia para manejar ese momento casi psicótico cuando se confunden la realidad y el deseo, los pensamientos coherentes con alucinaciones y delirios, y sensibilidad para percibir los vaivenes del dolor del paciente.

En este caso, a medida que el sufrimiento de Martina se me hacía más soportable, yo sabía que podía avanzar. Un poco. Muy poco. Pero avanzar.

Un par de semanas después de aquella charla me contó que había conversado con su marido.

—Fue el domingo. Fabio estaba en casa de un amigo. Entonces aprovechamos y salimos a caminar. El día estaba lindo. Fuimos hasta el bosque y nos sentamos en los adoquines a orillas del lago. Yo estaba mal, como siempre, y en un momento me acordé de lo que dijiste.

—¿A qué te refieres?

—A que tenía que hablar con Joaquín sobre lo que él sentía por la muerte de Meli.

—¿Cómo lo hiciste?

—Le pregunté directamente qué le pasaba con el tema.

—¿Y?

—Se le llenaron los ojos de lágrimas y me dijo si de verdad me interesaba saber cómo estaba él. Le respondí que sí… Él se quedó callado y miró un rato el agua hasta que de golpe se puso a llorar.

Silencio.

—¿Qué pasó?

—No sabes. Lloraba como un niño. Hasta le costaba respirar. Se agarró la cabeza y se sacudía… no podía parar.

—¿Y tú qué hiciste?

—Lo abracé. No sabía qué hacer ni cómo consolarlo. —La entiendo. A su manera, Martina estaba experimentando lo mismo que yo en aquella trágica noche de lluvia—. Y cuando se calmó me desarmé. Fue como si de golpe me hubiera relajado… nos abrazamos y lloramos juntos un rato largo. —Sonríe. Luego de meses de tortura sonríe de nuevo.

—¿Qué pasó?

—Volvimos a casa y pedimos algo de comer… No sé por qué, pero necesitaba algo rico. Después nos metimos en la cama y tuvimos sexo… Creí que no iba a volver a hacerlo nunca más.

—¿Cómo la pasaste?

Pausa.

—Siento culpa.

—¿Por qué?

—Porque la pasé increíble.

—¿Y por qué sientes culpa?

—Porque mi hija está muerta.

—Tienes razón. Meli está muerta… pero tú no.

Aquella sesión marcó un quiebre. Martina se había vuelto a conectar con la vida. Habló con Joaquín, disfrutó una cena, una copa de vino y tuvo sexo.

Al terminar la acompañé a la salida. Mi próximo paciente había llegado, pero le pedí que me esperara. Necesitaba unos minutos. Me senté en la cocina y me relajé. Las nubes de la depresión parecían alejarse y al igual que ella, me sentí bien.

En esos meses Martina retomó su trabajo en la empresa y poco a poco fue recuperando su rutina habitual. Sin embargo, a pesar del esfuerzo no podía evitar sentirse invadida por una tristeza profunda que no la abandonaba.

—Es como saber que vas a tener que acostumbrarte a convivir con un dolor de muelas que no cede nunca.

Lo describió de esta manera.

La imagen de un nervio que todo el tiempo genera sufrimiento era muy fuerte, pero real. Así y todo, libraba su batalla cada día y por un tiempo sostuvo un equilibrio frágil, pero estable. Hasta que esa estabilidad desapareció al acercarse el mes de diciembre.

Fabio estaba terminando la escuela primaria y se preparaba para la ceremonia y el viaje de egresados. Esta situación reinstaló el conflicto en la familia.

—Anoche me peleé con Joaquín. Insiste en que vaya a la fiesta de fin de año de Fabio, y no pienso ir.

—¿Por qué?

—¿Cómo por qué? ¿No es suficiente que acepte que mi hijo vaya al viaje? ¿Sabes la gracia que me hace saber que va a estar en la carretera sin mí? Y sin embargo lo acepto porque no tengo derecho a que mis ideas le arruinen la vida. Pero la fiesta no… ya es demasiado.

—¿Qué te pasa con eso?

—¿A ti te parece que estoy para fiestas? —me mira—. No puedo creer que tú tampoco me entiendas.

—Ayudame a entenderte, entonces. Explícame por qué te niegas a participar de esa reunión.

—Porque no es una reunión, es una fiesta.

De pronto una asociación viene a mi mente.

—Martina, si no recuerdo mal, dos meses después del accidente estaba programada la fiesta de quince de Melanie, ¿no? —Silencio—. Algo que por supuesto no pudo hacerse. Pero, dime, ¿qué culpa tiene Fabio?

—¿Estás queriendo decir que yo culpo a mi hijo de la muerte de Meli? Porque si es así te equivocas. Yo soy la única culpable.

—Eso no es cierto. Ya lo hablamos. Tú no tuviste la culpa de que un auto viejo y sin luces saliera de un camino de tierra y te chocara.

—¿Entonces?

—No estoy hablando del accidente, sino de la fiesta. ¿Qué te pasa con eso?

—Nada.

—No te mientas. Sí, te pasa algo. Dime qué.

—Ya te lo dije. No estoy para fiestas… nunca voy a estar para fiestas porque ninguna va a reemplazar la que Meli no tuvo.

Lo dice con furia, pero también con angustia. Dejé que sus dichos quedaran unos segundos en el aire antes de hablar.

—Martina, me parece que la que se equivoca eres tú… Es cierto que ninguna fiesta va a reemplazar la que tu hija no tuvo. Pero ¿quién te dijo que se trata de eso? Esta fiesta no es reemplazo de ninguna otra. Es el festejo que le corresponde a Fabio. No viene a ocupar el lugar de ningún otro porque tiene un lugar propio. Como tu hijo.

—No entiendo.

—¿Te diste cuenta de que no volviste a contactarte afectivamente con él desde que su hermana murió? —Me mira con asombro—. Sí, porque Melanie no solo era tu hija. También era «su» hermana. Y así como al principio no percibiste que Joaquín había perdido una hija, ahora no estás entendiendo lo que Fabio perdió. ¿Se lo preguntaste?

—No.

—¿Volviste a salir a solas con él?

—No.

—¿Lo acompañaste a algún lado?

—Tampoco.

—¿Sabes por qué? —Niega—. Porque ustedes, casi como una broma, habían dividido entre «las salidas de hombres» y «las salidas de mujeres». Y es hora de que eso vuelva a ser nada más que una broma, porque hay muchas cosas que tú también puedes compartir con él. ¿Lo intentaste?

—Sí, pero no pude.

—Claro, porque tú salías, conversabas y viajabas con tu hija. Entonces, si ahora lo haces con él, como con la fiesta, inconscientemente sientes que la estás reemplazando. —Hago una pausa y le pido que se siente y me mire—. Escúchame bien. Nadie, nunca, y no importa lo que hagas, va a reemplazar a tu hija, porque es irreemplazable. Pero ¿sabes qué? Fabio también. No es el sustituto vivo de tu hija muerta… es él. Una persona única y maravillosa, como lo era Melanie, y en tu dolor te lo estás perdiendo. A lo mejor tienes miedo.

—¿Miedo de qué?

—De lastimarlo.

—No entiendo.

Hablo con cuidado.

—Martina, cuando te permitiste irte de viaje y disfrutar de Meli ocurrió el accidente, y sé que aunque no tengas razón, te culpas de eso. Quizás estás intentando proteger a tu hijo alejándolo de ti. Sería injusto, pero hay algo mucho peor.

—¿Qué?

—¿Te acuerdas cuando me contaste que Meli te dijo que ojalá hubieras tenido una mamá como la de ella?

—Sí.

—Bueno… creo que a Fabio también le gustaría tener una mamá como la que tuvo su hermana. Y no puede.

—¿Qué dices? —pregunta llorando.

—Que con él no eres esa mamá hermosa que Melanie amaba. Eres una mamá distante, triste y oscura que ni siquiera tiene ganas de compartir su fiesta de egresados.

Quiero seguir, pero me cuesta. Sé que la estoy hiriendo y no puedo evitarlo. La acompañé a tientas entre las sombras del infierno. Intenté de todas las maneras posibles aliviar su angustia, y ahora soy yo quien la lastima, pero debo continuar.

—Lo último que ella te dijo fue que era feliz, ¿no?

—Sí.

—¿Creés que Fabio diría lo mismo? —sigue con la mirada clavada en mis ojos. Pero ya no hay rabia… hay tristeza… y un poco de culpa—. Todavía estás a tiempo, Martina. Anímate a construir con él una relación tan linda como la que construiste con Meli. Va a ser diferente. Tiene que serlo. No son la misma persona. Y no tengas miedo, porque este vínculo por más fuerte que sea no va a sustituir al anterior. Nada va a hacerlo.

Nos quedamos un rato en silencio.

—¿Qué pensará mi hijo de mí?

—No lo sé. Pero por suerte está vivo y se lo puedes preguntar.

Ahora sí me levanto y doy por terminada la sesión.

Finalmente Martina habló con Fabio. Le pidió perdón y le dijo que le gustaría que pudieran compartir más tiempo. Él aceptó encantado. Estaba feliz. A partir de ese momento, madre e hijo tuvieron muchas conversaciones, y en una de ellas Fabio pudo expresar lo que sentía por la muerte de su hermana. Lejos de la indiferencia que Martina notaba, estaba desgarrado. La extrañaba y se culpaba por las peleas que habían tenido. Ella le explicó que ahora esas peleas debían transformarse en un lindo recuerdo. Eran parte de los momentos compartidos y serían la manera en que Meli viviría siempre en él.

Por supuesto, Martina fue a la fiesta de su hijo y a la semana lo despidió en la puerta del colegio cuando partió en su viaje de egresados.

—No puedo creer que estuve a punto de no ir a esa fiesta —confesó—. Gabriel, ¿me juras que no va a pasarle nada en la carretera?

Su pregunta busca una paz que no puedo darle.

—Ojalá pudiera, pero no tengo esa certeza. Aunque me gustaría felicitarte.

—¿Por qué?

—Porque en tu situación hubiera sido más fácil no dejar que Fabio viajara… y sin embargo lo hiciste. Porque lo quieres, lo animas a vivir su vida, y porque a pesar de todo no dejas que el miedo te obnubile. Y eso es mucho. —Hago una pausa—. ¿Puedo decirte algo?

—Sí, claro.

—Creo que en este momento Fabio también está siendo muy feliz… y gracias a ti, como su hermana, tiene una madre increíble.

Aunque estuvo preocupada, se encargó de manejar el temor que le generaba la ausencia de su hijo.

Ahora, en la familia había «salidas de hombres», «salidas inclusivas», como las llamaban Fabio y Martina, y salidas familiares. Poco a poco, y a pesar del dolor por la falta de Melanie, Martina recuperó la sonrisa y volvió a disfrutar de algunas cosas. Pero yo sabía que todavía teníamos un duelo pendiente.

Abordé el tema al comienzo de una sesión.

—¿Cómo está tu papá?

—No sé… bah… según Joaquín está mejor.

Me detengo un instante.

—¿Cómo tomó la muerte de Meli?

—¿Quién?

—Tu papá.

Se produce un silencio pesado.

—¿Por qué me preguntas eso?

—Porque me interesa saber cómo lleva un tema tan difícil.

—No lo lleva, porque no lo sabe.

—Y ¿por qué no lo sabe?

—Y ¿por qué debería saberlo?

—Porque tiene derecho.

—¿Me estás hablando en serio?

—Sí. —Suspira molesta—. Tú te apropiaste de esa muerte. Tu dolor fue tan grande que pensaste que era solo tuya. En medio de tanto sufrimiento no te diste cuenta de que también tu esposo había perdido a una hija y de que Fabio ya no tenía una hermana. Por suerte pudiste hablar con ellos y corregir ese error. Y debes reconocer que estuvo bien hacerlo, ¿o no? —Asiente—. Bueno, creo que es momento de darle a tu padre la posibilidad de llorar a su nieta. Después de todo, él también ha perdido algo muy importante... es su familia y es su historia.

—Y ¿tú piensas que va a entenderlo?

—No lo sé.

—Y si lo entendiera, ¿no crees que va a sufrir?

—Seguramente. También te dolió a ti y no creo que hubieras elegido no enterarte.

—Pero mi papá está mal —protesta.

—Tú también estabas mal.

—Es distinto... él ni siquiera entiende quién es.

—¿Cómo lo sabes si hace años que no vas a verlo?

Esta vez la que se levanta es ella. Se queda parada junto al diván, dándome la espalda unos segundos hasta que se sienta frente a mí. Da la impresión de que los momentos más difíciles vamos a enfrentarlos cara a cara.

—Mira, Gabriel... si mi papá no está conectado con la realidad, decírselo es una pérdida de tiempo, y si lo está es una crueldad innecesaria. ¿Por qué haríamos eso?

—Porque es la verdad.

—De todas maneras. ¿Cómo se te ocurre que voy a pedirle a Joaquín que pase por un momento como ese?

—Jamás se me ocurrió eso.

Me mira atónita.

—No entiendo.

—Sí que entiendes. Estoy diciendo que tú misma podrías decirle a tu padre que su nieta murió.

—¿Yo?

—Sí. ¿Quién te dijo a ti que tu mamá había muerto?

—Él.

—Entonces, si tuvo el coraje de comunicarte algo tan difícil, ¿no te parece que se ganó el derecho a que tú hagas lo mismo con él?

—No… —susurra—. No puedo.

—¿Qué no puedes, Martina… contarle acerca del accidente de Melanie o ir a conocer al papá que tienes vivo? Porque a lo mejor prefieres recordar al otro, al fuerte, al que te protegía y podía con todo. Pero ese ya no está más y tienes que duelarlo. Si lo haces, a lo mejor aún hay tiempo de disfrutar de este papá débil, viejo… pero todavía vivo.

Como si hubiera sido un viaje por el túnel del tiempo, a partir de ese momento Martina volvió a su gesto adusto y angustiado, y esta vez era mi responsabilidad… o mejor dicho, responsabilidad del análisis.

Reaparecieron la angustia y el miedo, y se desmoronó hasta tal punto que Joaquín me llamó una tarde.

—Gabriel, no entiendo qué es lo que pretende con esto —me dijo.

—Curarla —fue mi única respuesta.

Sí, curarla, porque cuando el duelo se eterniza se vuelve enfermedad y hacía años que ella arrastraba ese dolor. Es cierto, podía haberme detenido con la resolución del duelo por la muerte de su hija, pero ella seguía viniendo a verme, y eso me daba el respaldo de sentir que deseaba ir por más… y no iba a ser yo quien detuviera su deseo de verdad.

Trabajamos mucho sobre el tema. Martina no se animaba a visitar a su padre, tenía miedo. Por momentos parecía una niña atemorizada y la muerte de ese hombre ideal le dolía tanto como la muerte real de su hija.

Por fin, al tiempo se decidió y lo hizo.

—Estuve con mi padre.

Retuve el aliento.

—¿Y?

—Fue raro.

—¿Por qué?

—Porque no es ni la sombra del papá que recordaba, pero…

—Pero ¿qué?

—Pero está mucho mejor de lo que creí.

—¿Pudieron hablar?

—Sí. Le cuesta un poco, pero entiende todo.

—¿Se lo dijiste?

—Sí. Antes le pedí perdón por no haber ido a verlo en todo este tiempo. Le dije que lo quería, que lo extrañaba… le conté lo de Meli y…

—¿Y qué?

—Me miró… Se inclinó con esfuerzo y me abrazó. Con el único brazo que puede mover, con un abrazo partido, pero me abrazó… y ¿sabes qué?

—¿Qué?

—Me sentí protegida… como cuando era niña… como no me sentía desde hace mucho. No lo entiendo.

—Yo sí… después de todo es el abrazo de tu papá, ¿no?

Asiente y llora.

El Inconsciente es atemporal. A diferencia de la conciencia, que se rige por los tiempos convencionales, las vivencias inconscientes se sostienen como si estuvieran ocurriendo aquí, ahora y todo el tiempo. Por esa razón, un hecho traumático que pasó hace muchos años duele como si estuviera pasando ahora. También por eso el abrazo de un padre, aunque alguien sea un adulto, puede brindar la sensación de seguridad que se tuvo en la niñez, porque ese padre y ese niño siguen existiendo intactos en el universo Inconsciente.

—No puedo creer que me lo perdí todo este tiempo —continúa.

—Míralo de otra manera. Podrías habértelo perdido para siempre. Ahora depende de ti.

A partir de ese momento Martina llevó a su padre todos los fines de semana a su casa. A pesar de sus dificultades, él se encargaba de ser una presencia importante para ella, incluso para Fabio que hasta entonces casi no había tenido oportunidad de disfrutar de su abuelo.

Como suele ocurrir, el miedo agiganta las cosas. El estado del hombre no era tan extremo como Martina había imaginado, y con la cercanía de la familia y el afecto recuperó algunas facultades que parecían perdidas. No es extraño. El amor, como el análisis, cuando se ejerce sanamente es un acto curativo.

Una tarde llegó al consultorio y, como en aquella noche de tormenta, se sentó en el sillón.

—No te asustes —comienza—. Solo necesito hacerte una consulta.

—Por supuesto.

Siento su respiración agitada.

—No sé —duda—. A lo mejor es una locura, pero quiero…

—¿Qué quieres, Martina?

—Tuve una idea, o mejor dicho un impulso… tendría que consensuarlo con Joaquín, pero antes quería hablarlo contigo.

—Bueno, cuéntame de qué se trata.

Pausa.

—Quiero traer a mi papá a vivir a casa. El cuarto de Meli está libre. Podría acondicionarlo para él... no sé... sacar los pósteres, vaciar el clóset... Estuve haciendo cuentas y una enfermera que venga todos los días sale apenas un poco más caro que el hospital y...

—Y tienes ganas de tenerlo cerca —la interrumpo.

—Sí. ¿Te parece muy loco?

—No. Me parece una hermosa decisión.

Sonríe.

—Gracias... Gracias por estar siempre. —Se pone de pie, me abraza y luego de unos segundos me susurra—: ¿Vamos por el duelo de mi mamá?

Lo estaba esperando. Con ella siempre el tema ha sido el duelo.

—Vamos —respondo seguro.

Y ahí estamos. Otra vez en el consultorio. De nuevo abrazados y llorando. Pero esta vez de felicidad.

PARTE DOS

LA MUERTE DE LO QUE AMAMOS

I

LO PERDIDO

Su muerte nos separa. Mi muerte no nos unirá.
SIMONE DE BEAUVOIR
(A Sartre)

Ante la ausencia

Hasta ahora pensamos acerca del desafío que supone enfrentar la idea de la muerte propia y afirmamos que la sensación de dejar de ser resulta tan insoportable que fue necesario construir universos posteriores a la vida. Así aparecieron Cielos, Infiernos y algunos otros destinos posibles como la reencarnación, o esa creencia extraña que se conoce con el nombre de «recurrencia».

Los Cielos suponen premios y los Infiernos, castigos. En este sentido, la reencarnación es discutible. Los budistas, por ejemplo, sostienen que volver al mundo encarnación tras encarnación es de algún modo una condena. Para ellos, el estado deseable, el nirvana, supone que se ha aprendido todo de la existencia en la Tierra, se han roto las cadenas que ataban al sujeto a sus deseos y ya no necesita volver a la vida. Como vimos, otros pueblos consideraban la reencarnación como un premio: la posibilidad de reintentar la felicidad en este mundo. Pensado de esta manera, pareciera ser una recompensa.

La recurrencia plantea una mirada distinta. Se parece en algo a la budista, pero con una diferencia importante. Quien no ha desarrollado lo suficiente su espíritu volverá una y otra vez a la vida, pero tal cual fue vivida. Es decir que nacerá el mismo año, en el mismo hogar, con los mismos padres y atravesará el mismo camino hasta que algo modifique la condición de su alma.

Una concepción que rima con la idea del eterno retorno planteada por Friedrich Nietzsche, aunque esta última es más una provocación que una creencia.

Nietzsche nos impulsa a preguntarnos qué pasaría si estuviéramos destinados a vivir la misma vida por toda la eternidad. Repetir cada elección, cada historia de amor, cada acto de valor o cobardía. ¿Nos gustaría que fuera así? Si la respuesta es negativa, el filósofo nos incita a hacer algo para cambiar y evitar vivir a perpetuidad en una existencia indeseada.

Detrás de este postulado se intuye un cuestionamiento claro: ¿estamos felices con la vida que llevamos?

El tema es complejo. Por lo general se confunde la felicidad con la conveniencia, la comodidad, el bienestar o el placer. Pero ¿a qué costo? Según las palabras de Aristóteles, la felicidad no reside en la diversión. Divertirse, entretenerse implica desviar la vista de lo real. Entonces, habría que olvidar las cosas importantes para tener una vida divertida. Por ejemplo, olvidar que todo no se puede y que para ganar siempre algo hay que perder.

El filósofo André Comte-Sponville señaló que para ser feliz había que renunciar a la esperanza.

> La desesperanza da alas. El que lo ha perdido todo se vuelve ligero, no veáis en ello elogio alguno de la tristeza, al contrario. La tristeza es siempre una pesada carga. La desesperanza no es la infelicidad [...] y está muy cerca de la felicidad misma. Feliz es aquel al que nada le cabe espe-

rar. Tener esperanza es esperar; la felicidad comienza cuando ya no se espera.

La esperanza nos detiene. El deseo, en cambio, nos empuja a ir por lo que soñamos y sostenernos en quien queremos ser.

Siguiendo esta línea define la felicidad como la posibilidad de mirar hacia adentro sin sentir vergüenza de quienes somos. Sostuve también que la felicidad es la sensación que aparece en los escasos momentos en que la vida parece un poco menos injusta.

¿Por qué injusta? En principio porque existe la muerte, la amenaza siempre presente de dejar de ser en cualquier momento. La vida no es más que un breve espacio de existencia que navega entre dos grandes inexistencias. Nada éramos antes de nacer y nada seremos después de morir. Dijimos que ese era el primero de los duelos que debíamos enfrentar.

Es momento ahora de pegar un giro y encarar otra de las formas del duelo. Ya no el que nos impone la angustia de saber que vamos a morir sino el que aparece ante la pérdida de algo que amamos. Cuando esto ocurre, lo Real se presentifica con toda su crueldad y nos lastima. Según André Comte-Sponville, «el duelo es la afrenta de la realidad al deseo», una frase tan bella como cierta. El duelo se hace necesario en las situaciones en que la realidad y el deseo entran en conflicto. Ante una pérdida, desearíamos que la realidad fuera distinta, que el ser querido no hubiera muerto o que siguiera amándonos. Sin embargo, contrariando nuestros deseos, aparece la ausencia y nos impone el trabajo de renunciar a esos deseos para adecuarnos a la realidad. El costo de no hacerlo es la locura.

Es un momento donde el equilibrio se pierde y la razón tambalea. Perder lo que se ama nos empuja a vivir en un espacio desconocido.

Sus ojos se cerraron y el mundo sigue andando
Su boca que era mía ya no me besa más
Se apagaron los ecos de su reír sonoro
Y es cruel este silencio que me hace tanto mal.

Los versos del tango de Alfredo Le Pera dan cuenta del impacto que recibe quien es atropellado por el duelo. ¿Cómo es posible que el mundo siga andando sin esa boca que era nuestra, sin esa risa que iluminaba nuestra vida? Una vida que ahora deambula en medio de un silencio cruel.

Nos gustaría eternizar los momentos de felicidad, pero eso no es más que una ilusión, y el duelo desnuda el fracaso de esa ilusión. Si como dijo el escritor francés Michel Tournier «es adulto aquel que, cualquiera que sea su edad, ha perdido a alguien», podemos sostener que el duelo marca la entrada a la adultez. No se es adulto sino al costo de perder. No se es hombre o mujer sino al precio de sobreponerse al dolor de esas pérdidas. Algo que requiere mucho trabajo, porque como señaló Freud, «no sabemos renunciar a nada».

¿Qué quiere decir Freud? Que nadie renuncia a lo que ama con facilidad. Por el contrario, es necesario tiempo y esfuerzo. Cuando algo se pierde, la psiquis se niega a admitirlo y la primera reacción es resistirse. Mientras lo hagamos estaremos en medio del duelo. De modo tal que podemos afirmar que no se está en duelo por haber perdido algo importante sino por la dificultad de aceptar esa pérdida.

Ya no estamos hablando de la angustia existencial ante la posibilidad de desaparecer en la nada, sino de algo muy distinto, aunque igualmente doloroso.

Todos los analistas del mundo nos hemos acercado a esta cuestión a partir de un texto que Sigmund Freud expuso por primera vez en enero de 1914. Si bien el borrador final estuvo listo el 4 de mayo de 1915, fue publicado recién dos años después. Su título es *Duelo y melancolía.*

Sé que muchos de los que leerán este libro no son psicólogos, pero eso no los inhabilita a comprender cómo funciona este proceso por el que todos pasamos más tarde o más temprano. Por eso, los invito a recorrer los puntos más sobresalientes de este escrito maravilloso.

Comencemos por el principio.

Todo autor que encara la escritura de un ensayo tiene el deseo de abordar alguna cuestión teórica. En este caso el interés de Freud es cotejar un fenómeno que considera normal, el duelo, con una enfermedad, la melancolía. Para que una comparación entre dos elementos sea posible, ambos deben tener semejanzas que permitan asociarlos y aspectos distintos que habiliten el señalamiento de sus diferencias. La primera de ellas es que, según Freud, el duelo no implica una enfermedad. La melancolía en cambio es una dolencia grave. Muy grave.

Como muchos términos clínicos, la palabra melancolía ha pasado al lenguaje cotidiano y encontró allí un lugar que enmascara la tragedia que representa. Alguien suele decir que «anda un poco melancólico» para dar cuenta de un estado de nostalgia o tristeza moderada. A su vez, la poesía encontró en la musicalidad del vocablo una razón para utilizarlo y darle incluso un valor estético.

Lejos de esa mirada romántica, la melancolía implica la aparición de una psicosis que obnubila a quien la padece y lo retiene en un infierno de dolor.

¿Qué tienen en común, entonces, el duelo y la melancolía?

En principio, el origen. Retomemos la definición freudiana:

> El duelo es, por regla general, la reacción frente a la pérdida de una persona amada o de una abstracción que haga sus veces, como la patria, la libertad, un ideal, etc.

Lo primero que Freud señala es que se trata de una reacción. ¿Ante qué? Ante una pérdida. Pero no una pérdida cualquiera, sino la de algo que se ama. Puede tratarse de una persona o de una abstracción siempre y cuando cumpla con la condición de haber sido amada. Así, la pérdida de la libertad, la juventud, una vocación o un deseo profundo, no importa qué, pueden precipitar a un duelo siempre que antes hayan sido abrazados por el amor. O el odio.

Decir que el duelo es algo «normal» no implica que no traiga perturbaciones que, muchas veces, pueden ser muy complicadas. La persona que atraviesa un duelo es invadida por una enorme tristeza, una ausencia de interés por el mundo, y un dolor difícil de soportar.

Es lo que denuncia el rostro de Martina. Lo mismo que recorre su grito desgarrado. Algo ha ocurrido. Algo que no debía ocurrir y ante lo cual no encuentra explicación ni consuelo. La realidad invadió su vida y la obligó a intentar aceptar un hecho que, en principio, parece inaceptable.

Profundicemos un poco más la definición freudiana.

El duelo surge ante la ruptura de un vínculo que se considera indispensable para la vida.

Es esperable que ante semejante conmoción alguien se encuentre desvalido y aparezcan esas «serias desviaciones de la conducta normal de la vida» de las que nos habla Freud.

La persona cambia y deja de ser quien era hasta entonces. No quiere levantarse, ir a trabajar, a un cumpleaños y mucho menos continuar con sus proyectos. Sin embargo, no se nos ocurre considerarla enferma. Justificamos sus actitudes, las consideramos adecuadas para el momento que está atravesando y suponemos que con el tiempo pasarán.

Allí hace su aparición otro de los conceptos que servirán para marcar la diferencia entre el duelo y la melancolía: el tiempo.

Muchas veces me han consultado cuál es el plazo normal de un duelo. Una pregunta difícil de responder. ¿Cómo saber en cuánto tiempo alguien podrá superar el dolor de una pérdida? ¿Hasta dónde se puede limitar el sufrimiento? ¿Cómo yo podía imaginar cuánto le llevaría a Martina hacerse a la idea de que nunca volvería a ver a su hija?

El tiempo de un duelo es subjetivo y único. No es igual para todos y aun en una misma persona es diferente según qué haya perdido y en qué momento de su vida ocurrió esa pérdida.

Martina perdió a su madre a los nueve años y a su hija cuando tenía más de cuarenta. Ambas situaciones fueron dolorosas y la dejaron frente a un vacío de sentido. Aquella niña lo sobrellevó a su manera aunque, como pude comprobar, dejó un duelo inconcluso. La mujer, en cambio, en un análisis y con el apoyo de su familia logró atravesarlo y restituirse en la vida.

Algunos profesionales hablan de la resolución de un duelo. Prefiero considerarlo un atravesamiento, porque los pacientes me han enseñado a comprender la diferencia.

El duelo es un proceso que se atraviesa y no un problema que se resuelve.

Más adelante el texto de Freud señala otras coincidencias entre el duelo y la melancolía: alejamiento del mundo exterior, ausencia de interés por cualquier cosa que no tenga que ver con la persona perdida, imposibilidad de elegir otro objeto de amor e inhibición de toda productividad.

Vivir, trabajar, comunicarse con el exterior o amar requieren un gasto de energía psíquica. Cada día destinamos una enorme cantidad de esa energía, a la que llamaremos «libido», para nuestras actividades. A veces nos damos cuenta, como ocurre por lo general cuando trabajamos, otras no tanto, cuando por ejemplo nos comunicamos afectivamente con los demás. Pero sea de modo consciente o inconsciente es necesario disponer de una cuota más o menos importante de libido para interactuar con el mundo.

Los síntomas que acabamos de enumerar señalan que la persona que atraviesa un duelo no dispone de esa energía para conectarse con el exterior, enamorarse o realizar sus actividades cotidianas. ¿Por qué?

Hagamos una analogía con el proceso que ocurre ante una enfermedad orgánica. Cuando alguien enferma físicamente necesita de todas sus fuerzas para recuperarse. Por eso se le aconseja que se quede en la cama, que no vaya a trabajar, que descanse y se desconecte de los problemas. De igual modo, cuando la conmoción no es física sino emocional, la psiquis retiene toda la energía que puede para intentar reponerse del impacto que ha sufrido y quita la libido del mundo. Entonces, ese mundo «deslibidinizado» pierde todo interés y la persona comienza a habitar un espacio límite, un borde plagado de experiencias extrañas. Entregada por completo al trabajo de duelo pierde toda posibilidad de tener otros incentivos.

Como dijimos, el conflicto se da entre la realidad y el deseo, y en un primer momento se toma partido por el deseo. De allí también que en un intento defensivo se produzca ese alejamiento de una realidad que todo el tiempo nos recuerda lo perdido.

Pensemos en Martina.

Su primera reacción fue aislarse. Dejó de ir a su empresa, se alejó de su esposo y de su hijo, se recluyó en la habitación de Melanie e intentó retenerla como pudo. A partir del olor de su ropa, de las cosas de su cuarto, de los mensajes de voz o de algún video que guardaba en su celular.

En algunos casos extremos suele aparecer lo que Freud denominó «Psicosis Alucinatoria de Deseo». Un trastorno que lleva a que se tome partido por el deseo, se rechace la realidad y se le reemplace por otra que niega la pérdida. Lo vemos en esa persona que sentada sola en la banca de una plaza conversa con alguien que solamente ella puede ver y escuchar. Alguien que habita ese mundo delirante.

Hemos hablado reiteradas veces del «trabajo de duelo». ¿En qué consiste ese trabajo? Ahondemos en el tema con las palabras de Freud.

> El examen de realidad ha mostrado que el objeto amado ya no existe más, y de él emana ahora la exhortación de quitar toda libido de sus enlaces con ese objeto.

Este párrafo introduce una idea crucial del Psicoanálisis.

La realidad, lejos de ser algo natural, impone al sujeto un trabajo de adecuación. Influye sobre él y de algún modo determina si lo que hace está bien o está mal.

Michel Foucault dijo que la verdad era la verdad del poder. Así, desde los medios de comunicación se instalan las ideas que después la gente creerá ciertas y se les convoca a vivir esa vida inauténtica de la que habló Heidegger. Otras veces, se optó por la fuerza. De una u otra forma, el poder decidió cuál era la verdad.

Haciendo una analogía diremos que la verdad es aquella que la realidad intenta imponer. Por ejemplo, la verdad que determina que la persona amada ha muerto. Sin embargo, desde lo psicológico el asunto no es tan sencillo. El Inconsciente demuestra que hay una distancia enorme entre la realidad y la verdad. La primera es «objetiva» y la segunda «subjetiva». Ante esta ambivalencia tomo partido por el sujeto y llamo verdad a la «realidad psíquica» de cada persona. Para el análisis es la que importa porque es la única con la que podemos trabajar.

Pero avancemos en el análisis del párrafo.

Freud indica que, en contra de lo que deseamos, la realidad dice que el amado ya no existe más. Ha muerto o se ha ido, lo mismo da. Y esa realidad nos impone el trabajo de abandonarlo. ¿Cómo se realiza este abandono? Desanudando todo lazo libidinal que nos una al objeto perdido. Es decir, retirando el amor de cada recuerdo, de cada momento compartido. Tarea nada fácil. Freud lo reconoce de este modo:

> A ello se opone una comprensible renuencia; universalmente se observa que el hombre no abandona de buen grado una posición libidinal, ni aun cuando su sustituto ya asoma. Esa renuencia puede alcanzar tal intensidad que produzca un extrañamiento de la realidad y una retención del objeto por vía de una psicosis alucinatoria de deseo.

Subrayo una frase: «El hombre no abandona de buen grado una posición libidinal». ¿Qué significa? Que a nadie le resulta fácil renunciar a un amor. El vínculo que nos une a ciertas personas o situaciones es tan potente que no queremos renunciar a él, y aun cuando constatamos que debemos hacerlo tendemos a aferrarnos con tal fuerza que, como dijimos, hasta somos capaces de crear una realidad paralela. Una realidad donde la pérdida no ha ocurrido. Cuando esto pasa aparece esa entidad clínica de la que hablamos, aquella que Freud denominó «PAD» (Psicosis Alucinatoria de Deseo). Un cuadro que no volverá a utilizar en toda su obra.

De todos modos no es el desenlace más común.

Lo normal es que prevalezca el acatamiento a la realidad. Pero la orden que esta imparte no puede cumplirse enseguida. Se ejecuta pieza por pieza con un gran gasto de tiempo y de energía de investidura, y entretanto la existencia del objeto perdido continúa en lo psíquico.

Aquí radica el motivo que responde a las preguntas más frecuentes que se hacen respecto al duelo. ¿Por qué duele tanto? ¿Por qué demanda tanto tiempo?

Porque ese alejamiento afectivo de lo perdido debe hacerse «pieza por pieza», vivencia a vivencia.

En la práctica clínica he comprobado que la primera vuelta del reloj es fundamental para procesar la pérdida de un ser amado. El primer cumpleaños que no estamos juntos, la primera navidad, el primer fin de año, el primer aniversario de su muerte. Es como si cada lazo que nos unía con él tuviéramos que desatarlo de manera única. Esto demanda tiempo y esfuerzo, un esfuerzo que nuestra psiquis registra como dolor.

Pero además, Freud destaca el detalle más importante. A pesar de su partida, «el objeto perdido continúa en lo psíquico». Esto ocurre porque todo lo que amamos tiene una existencia doble. Por un lado está esa persona que deseamos, que nos besa, nos cuida o nos abraza, y por otro su imagen en mí, su olor en mi memoria, sus bordes generando mis deseos.

En *El precio de la pasión* adelantamos algo de esto, pero vayamos ahora al fondo de la cuestión.

Cuando alguien muere o deja de amarnos, su cuerpo se retira de nuestra vida, pero no su «fantasma».

Llamaré fantasma a esa construcción imaginaria que hacemos del otro y ahora nos pertenece. Ya no es de él, ni tampoco de nosotros sino de ambos. Es un espacio extraño que vive dentro a pesar de tener su sustento en una persona exterior. No es adentro ni afuera, es borde y por lo tanto es erotismo y dolor.

Lacan utilizó la topología para dar cuenta de fenómenos psicológicos. Sigámoslo por un momento y busquemos su relación con el duelo.

Les propongo un juego. Tomen una tira de unos veinte centímetros de largo, giren uno de sus lados y peguen los extremos hasta formar un aro. Les habrá quedado una «banda de Moebius», una cinta con una característica particular: tiene un solo lado.

Hagan la prueba. Construyan esta banda, desplacen el dedo por la superficie y verán cómo, sin saltar de un lado al otro, se pasa de afuera hacia adentro y viceversa.

De manera análoga, el objeto amado forma parte de nosotros y también de la realidad objetiva, es y no es otro. Es algo externo y al mismo tiempo nos pertenece.

Cuando perdemos algo querido, desaparece el sostén externo de nuestro amor y toda la libido que circulaba entre ambos, esa energía que iba y volvía generando erotismo y afecto, se aferra de modo desesperado a la imagen interna e inconsciente del amado. Esa sobrecarga afectiva, esa sobreinvestidura libidinal, hace que el otro esté más presente que nunca. Ahora, en ausencia, no deja de estar y habita cada uno de nuestros pensamientos. Esa omnipresencia de lo amado perdido da cuenta de los lazos que el trabajo de duelo debe desatar.

En la mitología hindú, la deidad del amor era masculina: Kāmadeva. Se cuenta que el dios tenía un arco cuya cuerda estaba hecha de abejas que producían una miel llamada *kama madhu*, la «miel del deseo». Al igual que Cupido, Kāmadeva lanzaba a los humanos dardos invisibles impregnados con esa miel mágica y unía para siempre sus destinos.

Es famoso el mito oriental que sostiene que los dioses atan un cordón invisible en el dedo meñique, según los chinos, o alrededor del tobillo, según los japoneses, de dos personas que a partir de ese momento están destinadas a amarse para siempre, porque esa cuerda puede enredarse, estirarse, pero jamás romperse. Aunque se trata de un cordón invisible, se le conoce como «el hilo rojo».

Más allá de la poesía, de los dardos de Kāmadeva o el invisible cordón rojo, hay lazos inconscientes que nos unen a lo que amamos. Pero a diferencia de la postura mítica, el trabajo de duelo debe romperlos. De lo contrario el duelo se hace eterno y el sujeto queda condenado al padecer melancólico.

Freud reconoce las dificultades que supone ese momento, pero anticipa un final del recorrido: «Una vez cumplido el trabajo del duelo el Yo se vuelve otra vez libre y desinhibido».

Una vez libre del duelo, el sujeto vuelve a tener a mano su libido para volcarla en un nuevo sueño o alguna otra persona a la que amar.

Pero no siempre se consigue lo esperado. En ocasiones, lo perdido permanece, se mantiene fuerte y se niega a abandonar su lugar de privilegio. En esos casos hablamos de melancolía.

Hasta ahora señalamos aquello que el duelo y la melancolía tienen en común. Veamos ahora sus diferencias. Freud nos dice:

> Esto nos llevaría a referir de algún modo la melancolía a una pérdida de objeto sustraída de la conciencia, a diferencia de duelo, en el cual no hay nada inconsciente en lo que atañe a la pérdida.

Como vemos, en el duelo la batalla se libra en la consciencia, es decir que la persona que lo atraviesa sabe perfectamente qué o a quién ha perdido. En cambio, en el melancólico el proceso es diferente: «Él sabe a quién perdió, pero no lo que perdió en él».

Hay algo más fuerte.

> El melancólico nos muestra todavía algo que falta en el duelo: [...] un enorme empobrecimiento del Yo. En el duelo, el mundo se ha hecho pobre y vacío; en la melancolía, eso le ocurre al Yo mismo. El enfermo nos describe a su Yo como indigno, estéril y moralmente despreciable.

A diferencia del duelo, en la melancolía aparece un «delirio de insignificancia» que hace que el melancólico se castigue y se juzgue merecedor de tanto sufrimiento. No se siente digno de reconocimiento ni respeto y de modo inconsciente busca ser castigado. Por eso se entrega a situaciones de dolor. Un dolor que cree merecer. Y, como si fuera poco, pierde el pudor y expone la mirada denigrada de sí mismo ante los demás. ¿Por qué se produce esto? Freud intenta una explicación.

> Ha perdido el respeto por sí mismo y tendrá buenas razones para ello. Esto nos pone ante una contradicción que nos depara un enigma difícil de solucionar. Siguiendo la analogía con el duelo, deberíamos inferir que él ha sufrido una pérdida

en el objeto; pero de sus declaraciones surge una pérdida en su Yo.

Tendrá buenas razones para haberse perdido el respeto, dice Freud. Una frase que parece cruel, sin embargo nos recuerda a los analistas que debemos aceptar que siempre algo de verdad hay en los dichos del paciente. El melancólico manifiesta cosas horribles acerca de sí mismo y no debemos contradecirlo. Sería un error decirle «usted es una buena persona», o «no diga eso de usted». Por el contrario, tenemos que aceptar que así es como él se siente. Es su verdad y el material de nuestro trabajo.

A diferencia del enlutado, el melancólico está dividido. Una parte de él juzga a la otra y la maltrata. El problema ya no es con el objeto perdido sino con él mismo. ¿Por qué? Freud nos da la respuesta.

> Si con tenacidad se presta oídos a las querellas que el paciente se dirige, llega un momento en que no es posible sustraerse a la impresión de que las más fuertes de ellas se adecuan muy poco a su propia persona y muchas veces, con levísimas modificaciones, se ajustan a otra persona a quien el enfermo ama, ha amado o amaría. Y tan pronto se indaga el asunto, él corrobora esta conjetura. Así, se tiene en la mano la clave del cuadro clínico si se disciernen los autorreproches como reproches contra un objeto de amor, que desde este han rebotado sobre el Yo propio.

Este párrafo nos indica que en los casos de melancolía, la persona se identifica con el amado, es decir, lo incorpora en su ser.

La identificación es una de las primeras formas del amor. Pensemos en los chicos. Aman a su padre o a su madre, pero en algún momento deben renunciar a ser todo para ellos. Crecen, aceptan la prohibición del incesto, comprueban que esas personas tan amadas no podrán ser sus objetos eróticos. Pero esta renuncia no es gratuita. A cambio de abandonarlos toman algún rasgo y lo incorporan como propio.

Ya no deseará estar con la madre, pero sonreirá como ella. O comprenderá que su padre no puede ser su hombre, pero tomará de él algún gesto que lo acompañará toda la vida. Es decir, como no puede tenerlos elige serlos.

El melancólico da un paso más. No solo se guarda un rasgo del amado a quien debió renunciar, sino que lo atesora por completo en su Inconsciente y eso explica el porqué de su autoflagelación.

En definitiva, ¿cuál fue el proceso que llevó a la irrupción de la melancolía? Dejemos que Freud lo exponga.

> Hubo una elección de objeto [...], por obra de una afrenta real o un desengaño de parte de la persona amada sobrevino un sacudimiento de ese vínculo de objeto. El resultado no fue el normal, que habría sido un quite de la libido de ese objeto y su desplazamiento a uno nuevo, sino otro distinto [...] la libido libre no se desplazó a otro objeto, sino que se retiró sobre el Yo. Pero ahí no encontró un uso cualquiera, sino que sirvió para establecer una identificación del Yo con el objeto resignado. La sombra del objeto cayó sobre el Yo, quien, en lo sucesivo, pudo ser juzgado por una instancia particular como un objeto abandonado.

Detengámonos aquí.

Hubo una elección de objeto, es decir, amamos. A nuestra madre, un trabajo o la patria. El objeto de amor puede ser diverso.

Por causa de muerte, desamor o exilio el vínculo con nuestro objeto amado se vio interrumpido.

Según Freud, el camino normal del duelo hubiera llevado a que luego de un tiempo se soltaran las ataduras con aquello que se amó y el afecto recuperado quedara libre para desplazarse a otro objeto. Sin embargo, en la melancolía no ocurre esto. *La sombra del objeto cae sobre el Yo*. Una frase sublime. La permanencia del amado en la psiquis ensombrece a la persona, se refugia en su interior y lo condena al sufrimiento.

Joan Manuel Serrat imaginó una historia.

Penélope,
Con su bolso de piel marrón
Y sus zapatos de tacón,
Y su vestido de domingo.
Penélope,
Se sienta en un banco en el andén
Y espera que llegue el primer tren
Meneando el abanico.

Hagamos una descripción del personaje.

Una mujer con nombre de melancolía. Penélope, como aquella que esperó a Odiseo tejiendo durante veinte años. Una bella elección de Serrat.

¿Cómo es? Oscura. La vemos llegar con un bolso marrón y sentarse en el banco del andén. Ese es su plan para los domingos de su vida. Sentarse, menear el abanico y esperar que un milagro baje del tren.

Continuemos.

Dicen en el pueblo que un caminante paró
su reloj una tarde de primavera.
Adiós, amor mío, no me llores, volveré
antes que de los sauces caigan las hojas…
Piensa en mí, volveré por ti…

Dicen en el pueblo. Es decir que se hablaba de ella. ¿Por qué? ¿Qué les llamaba la atención de esa mujer oscura? Lo cierto es que lo que en definitiva se dice es que alguien cualquiera, un caminante, paró su reloj. Se fue, prometió volver y en ese instante detuvo el tiempo de Penélope para siempre. Pero ¿fue él quien lo hizo? No. Después de todo no era más que alguien que pasaba por ahí. Un amor breve, casual. Quien en realidad interrumpió su vida fue ella.

Pobre infeliz,
Se paró tu reloj infantil
Una tarde plomiza de abril,
Cuando se fue tu amante.
Se marchitó
En tu huerto hasta la última flor,
No hay un sauce en la calle mayor
Para Penélope.

Pobre infeliz. Una frase que alcanza para describir todo lo demás. Su espera inútil mientras el tiempo pasa, las hojas caen y las flores se marchitan.

Penélope,
Triste es a fuerza de esperar,

Sus ojos parecen brillar
si un tren silba a lo lejos.
Penélope,
Uno tras otro los ve pasar,
mira sus caras, les oye hablar,
para ella son muñecos.

La canción nos dice que Penélope se ha vuelto triste a fuerza de esperar. No es cierto. Ya era triste antes, cuando cada domingo llegaba con su vestido y su cartera a sentarse en el asiento de la estación. Cuando su única actividad era mirar a los desconocidos. En su locura ha encontrado uno, un caminante que le dio lo que pretendía: la excusa, la imagen, el fantasma alrededor del cual poder jugar su drama melancólico.

No hay duelo, no hay olvido, no hay más hombres, solo muñecos.

Dicen en el pueblo que el caminante volvió,
La encontró en su banco de pino verde.
La llamó: «Penélope, mi amante fiel, mi paz,
Deja ya de tejer sueños en tu mente…
Mírame, soy tu amor, regresé…».

El tiempo pasó y el pueblo siguió hablando de ella. Ya no sería la joven y sombría Penélope. Seguramente ya es «la loca de la estación», la que va cada domingo, se sienta y espera… nada.

Sin embargo, algo ocurrió. Aquel hombre, el único, regresa. Pero ¿de verdad regresa?

Le sonrió
con los ojos llenitos de ayer,

No era así su cara ni su piel:
«Tú no eres quien yo espero…»
Y se quedó
con su bolso de piel marrón
y sus zapatitos de tacón
sentada en la estación.

No. No había posibilidad de regreso porque ella se quedó con su fantasma intacto y desde su infierno melancólico esperaba el regreso del joven caminante tal cual era hace tiempo, cuando se detuvo su reloj.

¿Y cómo termina la historia de esta mujer? Como empieza. Sentada en un banco de estación con su bolso, sus tacones y su vestido de domingo. Termina como empieza porque esa ya era su historia mucho antes de que el caminante pasara por su vida, la amara apenas un rato y se fuera para siempre.

Es seguro que Penélope lo amó. Al menos amó al hombre que inventó y retuvo en su memoria. Y lo ama aún. Con ese modo desmesurado y ambivalente que tiene la melancolía. Porque es un amor que odia. Odia a la otra persona por haberla abandonado, quiere vengarse y por eso quiere lastimarla. Pero como se ha identificado con ella, como de algún modo «es» esa persona, busca herirla y se hiere a sí misma: el melancólico se maltrata como quisiera maltratar al otro. Un maltrato que puede llegar al extremo.

Ningún neurótico registra propósitos de suicidio que no vuelva sobre sí mismo a partir del impulso de matar a otro […].
El Yo solo puede darse muerte si […] puede tratarse a sí mismo como un objeto.

Dicho de otra manera. Cuando alguien dice «si me dejas me mato», lo que en realidad está diciendo es «si me dejas te mato». Quizás, la única manera de hacerlo sea matando a ese otro que vive en él de modo omnipresente.

Como vemos, la melancolía no tiene nada de romántico o poético, sino que abre el espacio para la aparición cruda de la pulsión de muerte.

Antes de abandonar este texto impresionante quiero rescatar algunas ideas más. Dice Freud:

> Si el objeto no tiene para el Yo una importancia tan grande, una importancia reforzada por millares de lazos, tampoco es apto para causarle un duelo o una melancolía.

Entonces, no cualquier pérdida obliga al trabajo de duelo, sino solo aquellas que suponen la ausencia de algo o alguien con quien nos unían fuertes lazos de amor.

El texto pone el acento en la profunda ambivalencia (amor-odio) que generan ese tipo de vínculos. Cuanto mayor sea esa ambivalencia más alta será la probabilidad de que surja una melancolía frente a la pérdida.

Sobre el final, el escrito señala una manera defensiva típica de la melancolía: el refugio en su opuesto, la manía. La manía supone, al contrario que la melancolía, una conducta hiperactiva y feliz en exceso.

Con esta actitud maniaca la persona se engaña y cree haber resuelto la pérdida del objeto. Entregada a estas conductas se saltea el duelo y sale de inmediato en busca de nuevos objetos de amor antes de haber resuelto su vínculo anterior.

De algún modo, la actualidad nos invita a un cierto grado de manía. Los antiguos ritos fúnebres han dado paso a ceremonias cada vez más breves y menos concurridas. De esta manera se nos sugiere tácitamente que aceleremos el tiempo del llanto. Que salgamos pronto a «distraernos» con amigos o hagamos un viaje para olvidar lo ocurrido. Así, dicen, «se nos pasará más rápido». Sin embargo, tanta rapidez puede resultar peligrosa. Es indispensable darle tiempo al dolor, y el *ensombrecido* tiene derecho a pensar en lo perdido sin por eso caer en la melancolía.

Hasta aquí *Duelo y melancolía*, un escrito fundamental para entender el proceso de duelo. Pero antes de seguir me permito plantear algunas cuestiones que desarrollaremos luego. «La sombra del objeto ha caído sobre el Yo».

Aunque en el texto la frase alude a la melancolía, como dijimos al comienzo, llamo *ensombrecido* a toda persona que esté atravesando un proceso de duelo.

En segundo lugar señalo mi discrepancia con la idea de que en la persona que realiza un duelo «normal» el conflicto se mantiene en un nivel consciente. No solo el melancólico ignora qué perdió en realidad junto con ese vínculo de amor. En principio, todos los *ensombrecidos* ignoran qué han perdido con lo que han perdido.

Y por último, un cuestionamiento a la forma en que es planteado el trabajo de duelo.

Del texto se desprende que dicho trabajo consiste en aceptar el dictamen de la realidad que indica que lo amado ya no está, retirar de él la libido, el amor, y luego de ese arduo trabajo recuperar esa energía para sustituir al objeto perdido por otro.

Bien. No es así como la clínica nos muestra el fenómeno del duelo. No es siguiendo esas premisas como se lo atraviesa. Y no es el fin del análisis preparar al paciente para que pueda sustituir sus objetos de amor perdidos.

Defensas maniacas

El ser humano es ambivalente y a lo largo de la vida alterna momentos de alegría y tristeza más o menos extremos. Desde esa mirada todos seríamos un poco bipolares. ¿Quién no visita cada tanto sus Cielos e Infiernos? Sin embargo, no es así.

Al hablar de la melancolía dijimos que es común que el enfermo intente escapar de sus momentos depresivos tomando una actitud maniaca. Por lo general, quien adopta este camino oscila de un extremo al otro y cae en un cuadro complejo al que denominamos psicosis maniaco-depresiva, también conocido como fenómeno bipolar.

Sin embargo, como cuadro clínico la bipolaridad es una psicosis grave que, por lo general, requiere de un trabajo interdisciplinario donde el médico prescribe el tratamiento farmacológico y el psicólogo lleva adelante el día a día del paciente.

¿Qué implica defenderse de modo maniaco? Que ante el dolor generado por la pérdida el primer impulso es rechazarla, oponernos a esa realidad que nos lastima.

La psicoanalista austriaca Melanie Klein, fundadora de lo que se conoce como Escuela Inglesa de Psicoanálisis, miró al duelo a los ojos más de una vez. Su hermana Sidonie murió a los ocho años y su hermano Emanuel a los veinticinco. Pero quizás la más dolorosa de sus pérdidas ocurrió en 1934 al morir Hans, el segundo de sus hijos, que tenía veintisiete.

La relación de Klein con él había sido complicada desde el comienzo. Durante el embarazo, e incluso en los primeros años de vida de Hans, la madre atravesó momentos de profunda depresión e incluso debió ser internada un par de meses.

Melitta, hija de Melanie Klein, afirmó que la muerte de su hermano Hans fue producto de un suicidio.

Lo cierto es que esa pérdida acompañó a la psicóloga durante toda su vida y de alguna manera marcó los temas que la obsesionaron: escribió mucho acerca del dolor y la soledad. Quizás su práctica clínica y sus desarrollos teóricos fueron un modo de simbolizar sus pérdidas. Poco después de la muerte de su hijo publicó su escrito acerca de la *Psicología de los estados maniaco-depresivos*.

En su obra, Klein diferenció tres tipos de defensas maniacas que alguien puede poner en juego cuando enfrenta una pérdida: negación, triunfo y desprecio.

La negación implica desconocer el valor de la pérdida. «No me importa haberla perdido. No me duele», o lo que es todavía peor: «Esto no ha ocurrido».

El triunfo supone un enfrentamiento con el objeto y pone en juego el intento de salir victorioso: «al final, él sufre más que yo», o «no me va a ganar».

Apelemos a la poética del tango para ejemplificarlo:

No me vas a ver tirado, ni me vas a ver vencido.
No me vas a ver rodando como vos te imaginás.

Por su parte, el desprecio supone la desvalorización del objeto perdido: «era una porquería, no servía para nada».

En esta aventura de comprender las dificultades del duelo ejemplifiquemos cada uno de estos mecanismos defensivos.

1. La Negación

A mamá no se le podían dar noticias inquietantes con su presión y su azúcar, de sobra sabían todos que el doctor Bonifaz había sido el primero en comprender y aprobar que le ocultaran a mamá lo de Alejandro. Si tía Clelia tenía que guardar cama era necesario encontrar alguna manera de que mamá no sospechara que estaba enferma, pero ya lo de Alejandro se había vuelto tan difícil y ahora se agregaba esto; la menor equivocación, y acabaría por saber la verdad.

Así comienza «La salud de los enfermos», el maravilloso cuento de Julio Cortázar. Desde el inicio queda claro el rumbo que seguirá el relato. Se trata de una historia de mentiras, del intento de negar una muerte.

El párrafo inicial muestra a una familia donde la verdad se velaba con frecuencia. El comentario acerca de lo que ocurría cuando se complicaba la salud de la tía Clelia lo demuestra. Además, los personajes cuentan con el aval del doctor Bonifaz, quien desde su autoridad profesional no solo sugiere, sino que también apoya el engaño.

Esta modalidad enferma parece haber funcionado hasta ahora, pero esta vez ha surgido un tema mucho más delicado.

> ... porque Alejandro se había matado en un accidente de auto a poco de llegar a Montevideo donde lo esperaban en casa de un ingeniero amigo. Ya hacía casi un año de eso, pero siempre seguía siendo el primer día para los hermanos y los tíos, para todos menos para mamá, ya que para mamá Alejandro estaba en el Brasil donde una firma de Recife le había encargado la instalación de una fábrica de cemento.

Alejandro había muerto casi un año atrás y sin embargo Cortázar nos dice que para todos era como si fuera siempre el primer día. Es lo que produce la negación, la imposibilidad de realizar el duelo. Cuando esto ocurre el hecho se congela, se hace carne y resulta imposible de simbolizar, y se produce ese fenómeno al que denominamos trauma.

¿Qué es el trauma?

Pensémoslo de esta manera. Cada persona debe lidiar todos los días con estímulos, pensamientos y emociones que le generan tensión psíquica. Por suerte hay relaciones sanas, trabajos satisfactorios o actividades placenteras que van nivelando esa tensión y la sostienen dentro de un nivel tolerable.

Cuando se produce una ruptura inesperada con alguno de esos vínculos el equilibrio se rompe de modo brutal, un aluvión de pasiones desmesuradas nos invade y la psiquis enfrenta el trabajo de disminuir tanta ansiedad y llevarla otra vez a un límite soportable. Pero esto no siempre es posible.

Imaginemos el golpe afectivo que recibe quien ve a la persona que ama con alguien más, lo que siente quien llega a su trabajo y le dicen que ha sido despedido o, como en este caso, cuando muere un ser querido así, sin enfermedad previa, sin darle tiempo a la psiquis a prepararse.

En esos casos, en un esfuerzo desesperado se aísla el suceso traumático y se ponen en funcionamiento mecanismos defensivos que a su manera nos permiten atravesar el trance, pero a un alto costo. El costo del trauma. El costo de que el hecho, al no encontrar un lugar simbólico desde el cual ser procesado, queda sucediendo en nuestra mente todo el tiempo. Por eso, en el cuento de Cortázar, para aquellas personas cada día era el primero de la muerte de Alejandro.

Con la excusa de ocultar a la mujer la pérdida de su hijo, la familia quedó envuelta en esa mentira que ya no era una mentira sino una realidad delirante en la que todos creían sin saberlo.

El Inconsciente avasalla las razones de la consciencia. Por eso, más allá de que todos estuvieran al tanto de lo ocurrido, los efectos devastadores de la negación los sostenían en una muerte que no dejaba de ocurrir todo el tiempo, cada día, excepto para la madre que creía que su hijo estaba trabajando en Brasil.

Todos participaron del engaño, incluso María Laura, la compañera de Alejandro. Convencida por la familia de que no era posible darle la noticia a la madre, aceptó la farsa y lloró casi en secreto frente al cajón que habían traído a escondidas desde Uruguay.

El tío Roque tuvo la idea de decir a la mujer que una empresa brasileña había contratado a Alejandro y lo necesitaba con tanta urgencia que el joven debía ir directo de Montevideo, donde pasaba sus vacaciones, a Recife para hacerse cargo del puesto. La madre lo aceptó e incluso brindó a la salud de su hijo.

Para sostener la farsa se encargaron de que cada tanto llegara alguna carta de Alejandro desde Brasil. Pero no todos podían mantener el pacto sin quebrarse.

> María Laura vino el viernes por la tarde y habló de lo mucho que tenía que estudiar para los exámenes de arquitectura.
> —Sí, mi hijita —dijo mamá, mirándola con afecto—. Tenés los ojos colorados de leer, y eso es malo. [...]
> Rosa y Pepa estaban ahí para intervenir a cada momento en la conversación, y María Laura pudo resistir y hasta sonrió cuando mamá se puso a hablar de ese pícaro de novio que se iba tan lejos y casi sin avisar. La juventud moderna era así, el mundo se había vuelto loco...

En realidad, la que había enloquecido era la familia de Alejandro, y atrapada en la red de engaños María Laura sufría las consecuencias. Intentaba una sonrisa en medio del dolor que sus ojos no podían disimular, mientras Rosa y Pepa custodiaban que no revelara el secreto familiar. María Laura, consciente de su pérdida, mantenía el engaño por amor a su suegra. El resto, en cambio, comenzó a creer en esa realidad alternativa que habían armado.

A veces, aunque la madre no estuviera presente, bromeaban acerca de las cosas que Alejandro contaba en sus cartas.

> Después se miraban como si se despertaran bruscamente, y Pepa se ponía muy colorada y Carlos encendía un cigarrillo con la cabeza gacha.

Pepa se ponía colorada y Carlos agachaba la cabeza. Seguramente con vergüenza, con asombro, con culpa, con angustia. Con todas las emociones que permanecían contenidas cuando el trabajo de duelo no puede realizarse. Mientras tanto, el doctor Bonifaz insistía en la necesidad de continuar con la mentira, y la familia obedecía. «El único problema eran las visitas de María Laura».

Ella tenía necesidad de recorrer el camino doloroso que lleva al atravesamiento del Infierno. Como si, al igual que Dante, supiera que no habría paz sino después de cruzarlo.

Cuando María Laura visitaba a su suegra, la mujer se desesperaba por hablar de Alejandro y preguntar si se casarían apenas él volviera de Brasil.

Ante la presencia de la *ensombrecida*, la familia sentía que toda su farsa corría peligro.

> No quedaba más remedio que entrar a cada momento en el dormitorio y distraer a mamá, quitarle a María Laura que se mantenía muy quieta en su silla, con las manos apretadas hasta hacerse daño.

Al principio fueron otros los encargados de leer a la madre las cartas que llegaban del exterior, hasta que un día ella pidió los anteojos y quiso hacerlo por sí misma. Lo primero que la asombró fue comprobar que estaba escrita a máquina, pero un detalle más importante llamó su atención.

—Es muy raro —dijo mamá, quitándose los anteojos y mirando las molduras del cielo raso—. Ya van cinco o seis cartas de Alejandro, y en ninguna me llama... Ah, pero es un secreto entre los dos. Es raro, sabés. ¿Por qué no me ha llamado así ni una sola vez?

—A lo mejor al muchacho le parece tonto escribírtelo. Una cosa es que te diga... ¿cómo te dice...?

—Es un secreto —dijo mamá—. Un secreto entre mi hijito y yo.

En su deseo por verlo esa madre dictó cartas en las que le pedía que volviera a Argentina aunque fuera por unos pocos días. Incluso solicitó a María Laura que intercediera para lograrlo.

Viendo que el tema se complicaba, la familia decidió que era hora de darle una mala noticia. Así fue que le dijeron que Alejandro se había fracturado un pie y no podría viajar.

Al enterarse, la mujer decidió escribirle de inmediato, pero esta vez ni siquiera se tomó el trabajo de dictar la carta.

Dirigiéndose a Pepa le pidió: «—Escribile vos, nomás. Decile que se cuide».

Y Pepa obedeció. A pesar de lo cual quedó muy conmovida.

Esa noche le dijo a Carlos que todo el tiempo, mientras escribía al lado de la cama de mamá, había tenido la absoluta seguridad de que mamá no iba a leer ni a firmar esa carta.

Seguía con los ojos cerrados y no los abrió hasta la hora de la tisana: parecía haberse olvidado, estar pensando en otras cosas.

Poco después surgió un nuevo problema. María Laura, la viuda de Alejandro, decidió interrumpir sus visitas a la casa: «—Yo no vuelvo más, Rosa, pídanme lo que quieran, pero yo no vuelvo a entrar en esa pieza».

Existe un concepto en Psicoanálisis, Lo Siniestro, que remite entre otras cosas a las situaciones en las que lo familiar se vuelve amenazante. Esto ocurre, por ejemplo, cuando alguien que queremos mucho presenta una dualidad extrema, un rostro querible y otro espeluznante. Es el padre que debe cuidar y sin embargo lastima, el abuelo que mima, pero a la vez abusa. En este caso se trata de una familia que siempre fue amada y de pronto propone un mundo donde la verdad no puede ser dicha y los muertos siguen vivos.

De esa manera Lo Siniestro atropelló a María Laura hasta llevarla a un punto de quiebre. Al ver que ya no pensaba seguir visitando a su suegra, Pepa y Rosa empezaron a hacer comentarios sobre lo mucho que la joven tenía que estudiar. El primer jueves que María Laura no fue a visitarla, la madre de Alejandro ni siquiera preguntó por ella.

De a poco fue cambiando su actitud. Ya no dictaba ni firmaba las cartas para su hijo. Ya no preguntaba por la ausencia de su nuera. Como si inconscientemente la verdad fuera abriéndose paso en su cabeza.

El tiempo transcurría, Alejandro no volvía, no podía volver, y la familia decidió inventar una nueva mentira. Le dijeron a la mujer que la empresa brasileña estaba tan contenta con su hijo que le había ofrecido un cargo más importante, lo cual significaba un ascenso increíble, algo que el joven no podía rechazar y que lo mantendría lejos de Buenos Aires un tiempo más. Había que aceptar la situación y felicitarlo por su logro. Así se lo dijeron: «—Ah, sí —repitió mamá, mirando al cielo raso—. Decile a Pepa que le escriba, ella ya sabe».

Cuando cada tres semanas llegaban las cartas de Alejandro, la madre dejaba que se las leyeran. Permanecía en silencio y sin hacer comentarios hasta que cambiaba de tema.

Fue ahí cuando se tomó la decisión de inventar que había surgido un conflicto entre Brasil y Argentina que impedía la libre circulación de personas de un país al otro. Esta excusa justificaría la ausencia del joven al menos un tiempo más.

Cuando la tía Clelia debió ser internada a causa de su enfermedad, en la casa se dijo que había ido a descansar a una quinta. Mientras tanto, internada, la mujer empeoraba día a día.

> Esa noche mamá durmió mal y desde el amanecer preguntó por Clelia, como si a esa hora se pudieran tener noticias de la quinta (tía Clelia acababa de morir y habían decidido velarla en la funeraria). A las ocho llamaron a la quinta desde el teléfono de la sala, para que mamá pudiera escuchar la conversación, y por suerte tía Clelia había pasado bastante buena noche aunque el médico de Manolita aconsejaba que se quedase mientras siguiera el buen tiempo.

Ahora era el turno de la muerte de Clelia, y seguiría el mismo destino que la de su sobrino: la negación.

La anciana pidió que avisaran a su hijo Alejandro de la enfermedad de su tía para que viniera a verla, después de todo era su sobrino preferido. Pero le dijeron que Argentina y Brasil seguían en conflicto y el joven no podía volver. Así debía comunicarlo en su próxima carta, sin embargo nadie se animaba a leérsela a la mujer, hasta que con esfuerzo convencieron a María Laura para que viniera y le diera la noticia a su suegra.

Poco a poco la madre fue perdiendo interés en las cartas de Alejandro, en los comentarios del diario acerca del conflicto bilateral y jamás pidió que le pasaran el teléfono para hablar con la quinta donde, supuestamente, se encontraba descansando Clelia.

La rutina continuó como siempre. Cada uno se encargaba de representar su papel para cuidar que no se descubriera la mentira. Decididos, sostuvieron este comportamiento incluso en los últimos meses de vida de la madre.

Por suerte, el doctor Bonifaz aseguró que ella se iría apagando poco a poco sin sentir ningún dolor. Sin embargo, la mujer conservó su lucidez hasta el final.

Ya cerca del fin, en el último momento, cuando la familia la rodeaba sin lograr disimular lo que sentían, les agradeció:

> —Qué buenos fueron todos conmigo —dijo mamá con ternura—. Todo ese trabajo que se tomaron para que no sufriera. [...] Tanto cuidarme [...] Ahora podrán descansar, ya no les daremos más trabajo.

Y así fue perdiéndose de a poco en un sueño eterno.

El final del cuento es demoledor.

> Tres días después del entierro llegó la última carta de Alejandro, donde como siempre preguntaba por la salud de mamá y de tía Clelia. Rosa, que la había recibido, la abrió y empezó a leerla sin pensar, y cuando levantó la vista porque de golpe las lágrimas la cegaban, se dio cuenta de que mientras la leía

había estado pensando en cómo habría que darle a Alejandro la noticia de la muerte de mamá.

Así, con esa narrativa brutal y descarnada, Cortázar desnuda los efectos de la negación. Un mecanismo de defensa que envuelve y asfixia.

En el intento por no aceptar la pérdida, la negación desconoce el valor de lo perdido, miente o genera realidades paralelas que en algunos casos llegan hasta la locura.

Pensemos en ese último párrafo, en Rosa leyendo «la carta de Alejandro». El cuento devela cómo quien niega termina creyendo su propio discurso delirante y comportándose como si efectivamente la pérdida no hubiera ocurrido. En esos casos, el duelo se vuelve imposible.

Nadie duela lo que no ha perdido.

Para comenzar con ese trabajo es indispensable aceptar la ausencia y soportar el dolor, porque el costo de no hacerlo es quedar atrapado para siempre en un mundo atormentado.

Los pactos de silencio son mucho más comunes de lo que pensamos. Casi toda familia tiene algún tema del que deciden no hablar. Ni siquiera hacen falta palabras para acordar ese silencio. Simplemente se sostiene como si fuera algo natural.

Sin embargo, «eso» que queda sin decirse y escapa a la simbolización se transforma en el nudo de una escena que tarde o temprano desplegará su efecto traumático.

Recuerdo a Cecilia, una paciente que llegó a causa de un estado angustioso. Era inteligente y amable. Los motivos por los que demandó análisis eran dos. Estaba atravesando una crisis con su pareja, Mariel, y se sentía muy mal por su sobrepeso.

Según dijo, Mariel la estaba abandonando. Se iba del país y Cecilia no estaba dispuesta a acompañarla. Para ella su familia era lo más importante y no quería separarse de ella. De esa familia «tan unida», «tan gallega».

Le pregunté cómo estaba constituida su familia. Me contó que su madre había muerto, que su padre era un hombre maravilloso que la cuidaba de un modo casi maternal, de sus hermanos y de su tía.

En una sesión en la que narraba una comida familiar comentó que estaba sentada al lado de esa tía, y al segundo se corrigió.

—Bueno… en realidad es mi hermana.

Intentó seguir hablando como si nada, pero la interrumpí y le pedí que me explicara eso. Le restó importancia al tema, pero insistí.

Me contó que cuando era muy jovencita la madre de Cecilia había tenido una hija y que para evitar la vergüenza sus abuelos la reconocieron como propia. Así, madre e hija se criaron «como si» fueran hermanas y para Cecilia siempre fue «como» una tía más.

Resalto ese «como si» que recorre los secretos familiares porque resalta el ocultamiento, la negación que recae sobre un tema en particular.

Le pregunté si esta supuesta tía sabía la verdad.

—Todos la sabemos —respondió—. Pero es un tema del que decidimos no hablar. Y en definitiva, así lo llevamos bastante bien. Yo sé que es una mierda, pero bueno… así funciona.

Sin más se sacó el tema de encima y continuó con su relato. No mostró ninguna emoción, como si de verdad el tema no la afectara, pero yo sabía que estas cosas siempre tienen consecuencias.

Mariel se fue y Cecilia comenzó a salir con Sofía. Se le veía bien, sin embargo algo la perturbaba. No se animaba a presentarla. Para su familia Mariel era una amiga, una más de ellos. Le pregunté si durante tantos años nadie se había dado cuenta de que en realidad era su pareja. Se sonrió.

—Gabriel, somos grandes. Obvio que estaban al tanto de todo. Pero ya te dije que entre nosotras hay cosas de las que no se habla.

Nosotras. Siempre que hablaba de su familia lo hacía en femenino, como si su padre no existiera. Comprendí que para aquellas personas Mariel era una más de ellas, es decir alguien que estaba dispuesta a sostener los secretos que los recorrían. La verdad acerca de su «hermana-tía» como Cecilia la llamaba, y de su vínculo de pareja.

Al tiempo de trabajo relacionó el exceso de peso con su homosexualidad. Le pedí que se explayara sobre el tema y acordamos que lo que en realidad la angustiaba era tener que ocultar que era gay y que tal vez se sentiría mucho más aliviada si pudiera compartir una parte tan importante de su vida con alguna de sus personas queridas.

—Necesito que la gente sepa quién soy.

Aquella frase marcó la aparición de una Palabra Plena en análisis. Ya no se trataba de un comentario ni un relato, sino de una palabra que la comprometía con su ser. Le di ese valor y señalé que entonces debía comprometerse con ese deseo sabiendo que dejaría de ser la que había sido hasta ahora, la que ocultaba su relación amorosa, la que llamaba tía a su hermana, la que sostenía los pactos de silencio de su familia.

Se defendió. Intentó retroceder aludiendo a que tampoco tenía por qué dar explicaciones de su vida íntima. Le señalé que dar explicaciones implicaba justificar algo como si estuviera mal. Pero no era eso lo que ella había dicho. Había sido muy clara. No deseaba justificarse sino develar una verdad. Quería que la gente supiera quién es y para eso debía aclarar algunas confusiones, aunque al hacerlo derrumbara un muro de secretos.

Su familia estaba llena de esos secretos como, según sus propios dichos, ella «estaba llena de comida». La ansiedad que le generaba sostener el ocultamiento era la causa de los continuos atracones de los que tanto se quejaba.

Cecilia comprendía lo que hablábamos, pero tenía miedo. Dijimos que el miedo tiene un objeto y que la manera de enfrentarlo suele ser la evitación. Ella temía el rechazo familiar y lo venía eludiendo desde hacía muchos años.

A veces hay que escuchar al miedo. Otras, enfrentarlo.

—No entiendo por qué me cuesta tanto —dijo—. Yo siempre fui una persona con mucha garra, y ahora tengo la sensación de tener todo contenido aquí —señala su garganta— y no puedo disparar para ningún lado.

—Bueno —intervine—, no es tan malo que no puedas disparar para ningún lado. A lo mejor es momento de plantarse y no de correr.

Mi intervención era también un estímulo y como tal había disparado un monto de ansiedad que Cecilia debía resolver. Para ayudarla le pregunté a qué le temía más allá del rechazo familiar.

—A que pasen los años y yo siga igual. A vivir avergonzada, a aumentar veinte kilos más… a no poder defender quien soy. —Hizo una pausa—. Se ve que las mochilas familiares a veces son más pesadas de lo que uno cree.

—Uno, ¿quién? —interrogué.

—Yo.

Necesitaba esa respuesta para terminar de abrochar el tema antes de dar por terminada la sesión.

La semana siguiente llegó y se desmoronó en el diván. Me contó que al salir del consultorio la última vez se subió al auto y tuvo un ataque de llanto. La entendí. Demasiada tensión acumulada. El Principio de Placer había hecho su trabajo.

Dijo que no podía parar de llorar y que en un momento sintió el impulso de llamar a su cuñada y le dijo que quería encontrarse con ella para contarle algo. Por una cuestión de tiempo todavía el encuentro no se había dado, pero estaba hecho. Ella era la elegida y Cecilia por fin iba a hablar. Le pregunté qué había sentido. Su respuesta evidenció lo difícil que había sido el momento para ella.

—Fue una mezcla entre angustia, dolor, miedo, alegría de poder hacerlo. Me faltaba pegar un grito. Fue una sensación rarísima, mezcla de euforia y de miedo.

Finalmente Cecilia habló con su cuñada. Y no solo de su sexualidad, sino de su hermana oculta, de la adopción de uno de sus sobrinos y de otros temas que todos sabían y fingían ignorar. Al finalizar se abrazaron y lloraron juntas.

Al tiempo presentó a su novia. Pero quizás el momento más fuerte fue cuando en uno de esas comidas familiares de domingo, casi como por impulso, se acercó a la «tía», le acarició la cabeza, la miró a los ojos y dijo en voz alta:

—Tú eres mi hermana. Y te quiero.

La mujer se quebró. No esperaba semejante reconocimiento después de toda una vida de vivir a la sombra de la mentira y la vergüenza.

Hace años que no sé de Cecilia, pero siempre tengo presente su coraje, su bondad y su compromiso como paciente.

Ella desafió un pacto de silencio. Algo bastante común cuando nos adentramos en situaciones de duelo. Por ejemplo, el enfermo y su familia acuerdan sin necesidad de palabras que de eso no se habla. Entonces se esconde la enfermedad y de ese modo todos se niegan la posibilidad de ir tramitando la angustia. El silencio se vuelve carne, se hace síntoma y termina enfermando aún más.

Los pactos de silencio son perversos. Cuando alguien está sometido a un acuerdo como ese o se trata de un perverso que puede transitarlo sin problemas o, como en el caso de Cecilia, se paga el precio del dolor, el miedo y la angustia.

Tampoco debemos pensar que siempre hay que decir la verdad sin que importe el costo. Hay casos en que la verdad solo aporta dolor. Muchos se escudan en una supuesta sinceridad para dar salida a la agresión. Así le dicen a alguien que se le ve viejo, que está feo o cualquier comentario que hiere con el pretexto de que son sinceros.

La mentira siempre daña. Pero decidir cómo, cuándo y de qué manera se maneja una verdad implica un acto de responsabilidad e inteligencia porque el camino a la patología suele estar lleno de buenas intenciones.

En el relato de Cortázar, por ejemplo, los protagonistas quisieron resguardar a la mujer, pero le negaron el derecho a llorar a sus muertos y transitar sus duelos. Intentaron evitarle el dolor.

¿Quién puede arrogarse el derecho a decidir sobre nuestros dolores? Nadie.

No somos solo lo que tenemos y hemos construido. Nuestros éxitos y momentos felices. Somos también, y por sobre todas las cosas, los fantasmas que nos habitan y cada una de las cosas que nos duelen.

2. El Triunfo

Las defensas maniacas buscan eludir el dolor provocado por la pérdida. Como hemos visto, tienen un alto costo e impiden el procesamiento de lo perdido. Apoyándonos en «La salud de los enfermos» nos adentramos en La Negación. Veamos ahora otra de sus formas: El Triunfo.

Ya la palabra supone la idea de una competencia en la que hay un vencedor y un derrotado. En este caso la puja se da entre el objeto perdido y el sujeto que ha sufrido la pérdida, quien de manera denodada busca demostrarse que es más fuerte que ese objeto que ya no está.

Echemos mano a la literatura otra vez para ilustrar este mecanismo de defensa. Subamos al barco ballenero del capitán Ahab y vayamos tras los rastros de la temible ballena Moby Dick.

Pero antes de zarpar digamos algo acerca del autor de la novela.

Herman Melville fue un hombre extraño. Realizó su gran obra, *Moby Dick*, cuando tenía treinta y dos años y en los siguientes cuarenta años casi no volvió a escribir, salvo su genial cuento «Bartleby, el escribiente», considerado por muchos a la altura de su gran novela.

Novelista, ensayista y poeta, fue también marinero, profesor y empleado administrativo. De hecho, pasó los últimos diecinueve años de su vida en un aburrido trabajo como inspector de aduanas.

Su historia estuvo atravesada por el duelo y la soledad.

Se dice que bebía demasiado y era violento con su esposa y sus hijos. Quienes más lo quieren argumentan que era un idealista, un genio que fue víctima de una sociedad materialista y cruel. Es probable que ambas miradas sean ciertas.

Melville tuvo muchos problemas económicos y una serie de dramas familiares. Uno de sus hijos se suicidó, el otro se fue de la casa y no volvió a verlo más.

En 1866 consiguió el puesto de inspector de aduanas, que lo obligaba a estar mucho tiempo fuera de su casa; algo que beneficiaba tanto a él como a su familia. Al parecer, el cansancio, el mal humor y la bebida lo volvían un hombre difícil de soportar.

Su biógrafa, Laurie Robertson-Lorant, dijo:

> Al igual que los capitanes tiránicos que había retratado en sus novelas, Melville probablemente provocó sentimientos rebeldes en su «tripulación» por la forma caprichosa en que gobernaba la casa, especialmente cuando estaba bebiendo.

Cuando murió en el año 1891, solo un periódico publicó su obituario. Melville ni siquiera pudo disfrutar del éxito de su obra. *Moby Dick* fue un fracaso editorial y tuvo críticas espantosas. Recién en el año 1920 los especialistas la reconocieron como una de las grandes obras de la literatura inglesa. Un acto de justicia.

Se trata de un relato inquietante y desesperado. De una verdadera pesadilla.

La historia la cuenta Ismael, un marinero que fue testigo directo de lo sucedido. El joven se encontraba sin dinero y había perdido todo interés por las cosas de la vida, entonces decidió embarcarse para conocer *la parte líquida del mundo* como una forma de calmar su melancolía.

Así comienza el libro, como un escape, un intento de huir de ese estado que incluso a veces lo llevaba a pararse durante horas frente a alguna casa fúnebre.

El melancólico siempre se siente seducido por la muerte.

Luego de buscar de qué modo embarcarse en los puertos vecinos a Nueva York, Ismael se alista en un ballenero, el Pequod, que es conducido por un misterioso capitán que permanece oculto. Algunos marineros le cuentan sobre la travesía que lo espera, sus dificultades, lo infernal que resulta la persecución de ballenas, y señalan lo extraño que es relacionarse con el capitán. Uno de ellos le confiesa que el enigmático Ahab tiene una sola pierna.

> —¿Quiere usted decirme, señor, que perdió la otra a causa de una ballena?
> —Acércate, muchacho: fue devorada, masticada, triturada, por el más monstruoso de los mamíferos que haya destrozado un barco.

Es todo lo que Ismael sabrá acerca de Ahab y su vida antes de embarcarse. En los primeros tiempos de la aventura el joven cree que se trata solo de una expedición ballenera. Ignora que está a punto de participar de un loco intento de venganza, de la demente persecución de un gran cachalote blanco. Ahab estaba obsesionado por encontrar a esa ballena.

A pesar de haber escuchado brumosamente algunos comentarios sobre el capitán de la expedición, Ismael anhela conocerlo. Los segundos al mando le hablan, le cuentan, le explican que es un hombre misterioso y oscuro.

> —No sé exactamente qué le pasa, pero está encerrado [...] Se comporta como un enfermo, aunque si lo vieras no lo parecería. La verdad es que no está enfermo, pero tampoco está bien.

No está enfermo, pero tampoco está bien.

El marino define la sensación que tenemos al estar frente a quien atraviesa un duelo.

Freud aclaró que el duelo no es una patología a pesar de que el *ensombrecido* se llena de gestos patológicos. Delira, alucina y, como Ahab, se encierra en su mundo.

—Es un hombre raro —continúa la descripción—, mas no creas que es un salvaje; se ha educado en las universidades, pero es un poco hosco y habla poco. Es un buen arponero, ¡el mejor del mundo! Hace poco tiempo se casó con una mujer joven y dulce, que le dio un hijo. Pero lo peor fue después de que la ballena le destrozara la pierna. Entonces estuvo mal de la cabeza debido a las heridas. Pero no olvides nunca que, a pesar de ser un poco raro, el capitán Ahab es un gran tipo.

Era un buen hombre, con un hijo y una historia de amor hasta que una ballena asesina destrozó su pierna y su equilibrio psíquico. Aunque intuimos que la historia de Ahab ya había preparado el terreno para el surgimiento de semejante obsesión.

Se había repuesto de la muerte de su madre, acontecida cuando él tenía apenas doce meses. Sin embargo, siempre fue un hombre taciturno, como lo ratifica el comentario de un marinero que lo conocía bien.

—Nunca ha sido muy alegre, sé que al volver al hogar ha estado fuera de sus cabales durante algún tiempo. Pero a cualquiera puede ocurrirle [...] la culpa la tenían los terribles dolores de su muñón sangriento. Sé también que desde que perdió su pierna, durante el último viaje, a causa de esa maldita ballena, ha estado muy melancólico... de una manera desesperada, y a veces feroz; pero todo esto pasará.

Sin embargo, lo único que pasaba era el tiempo. En cambio, el estado psíquico no cedía. Lejos de eso, su obstinación por volver a encontrarse cara a cara con la ballena era cada vez más intensa.

Las noticias que Ismael había recibido acerca del capitán le generaban una gran pena. Sentía, al mismo tiempo, lástima y simpatía.

> Y, sin embargo, cuando pensaba en él, me embargaba una profunda tristeza; una tristeza para la cual no creo que existan palabras, en realidad no es muy correcto llamarla tristeza, en realidad no sé muy bien qué era aquello que yo sentía en aquel momento al pensar en él. Pero lo sentía.

Ismael se equivocaba. Existe una palabra exacta para definir esa forma rara de la tristeza: angustia.

Uno de los tipos de angustia se conoce como angustia señal, y refiere a la sensación que nos invade cuando inconscientemente percibimos que puede ocurrir algo malo. De esa manera la psiquis se pone alerta y moviliza sus mecanismos para defenderse de la posible aparición de un hecho doloroso. Sin dudas, algo en Ismael presagiaba la llegada de la tragedia que habitaba en aquel hombre. Tragedia que, aunque lo ignorara, también lo alcanzaría.

A pesar de todo el joven se sentía atraído por el misterio que representaba Ahab. ¿Qué le pasaba realmente? ¿Qué había detrás de su silencio y su aislamiento?

Por fin el barco zarpa rumbo a su destino, pero el capitán no aparece, sigue invisible, guardado en su cabina. Imparte sus órdenes sin hacerse ver a través de sus marinos jerárquicos. Pero de pronto, un buen día, Ismael por fin lo ve. Así lo describe:

> La realidad superó toda aprensión; el capitán Ahab estaba en el alcázar. No parecía tener resabios de ninguna enfermedad física, ni convalecer de ningún mal. [...] Todo su

> cuerpo, alto y grande, parecía hecho de un bronce sólido [...] Un surco delgado, de un blanco lívido, se abría camino desde el cabello gris y avanzaba hacia un lado de la cara y el cuello tostados por el sol, hasta desaparecer entre la ropa. Parecía una de esas cicatrices perpendiculares que a veces se producen en el grueso y fornido tronco de un gran árbol [...] Nadie podía asegurar con certeza si esa marca había nacido con Ahab o era la cicatriz que quedaba de un acontecimiento terrible. [...] El lúgubre aspecto de Ahab y la lívida marca que lo atravesaba me impresionaron a tal punto que en un primer momento no advertí que esa impresión se debía, en buena parte, a la pierna falsa sobre la cual se sostenía.

Ismael tenía razón en sentirse impresionado, porque el capitán Ahab no tenía una pierna hecha de madera o de metal, sino una pierna fabricada con el hueso de otro cachalote.

Es decir que de modo simbólico llevaba en su cuerpo una prótesis hecha del animal que había sido su agresor. Ahab había plasmado en su cuerpo para siempre la marca del dolor y la violencia.

Allí se encontraba por fin el hombre que Ismael tanto imaginó.

> El sombrío Ahab estaba frente a ellos con una crucifixión tallada en el rostro, con toda la indescriptible, majestuosa, indiscutible dignidad de un dolor arrogante y opresor.

Una descripción certera e impactante. Ahab, el sombrío, tenía una imagen que denotaba cuánto lo habitaban el sufrimiento, la pasión, la beligerancia y la obstinación. Su rostro llevaba la cruz de su angustia y exhibía la *dignidad de un dolor arrogante*. Una arrogancia nacida de la fuerza maniaca que lo recorría.

Muchas veces en el consultorio he tenido frente a mí ese gesto arrogante de quien no puede permitirse simplemente sufrir una pérdida.

Recuerdo de qué forma una paciente, Laura, me comentó que iba a separarse.

—Yo sé que voy a poder arreglarme sola. Lo hice durante toda mi vida, así que no veo por qué no pueda hacerlo ahora.

—De todos modos, supongo, es una situación dolorosa.

—Sí, sobre todo para Pilar, mi hija. Ella siempre tuvo una imagen de familia muy fuerte y está muy apegada a su papá. Supongo que es algo normal en una niña de ocho años. De todas maneras, Sergio y yo decidimos que vamos a hacer las cosas con calma y sin apuro. Somos dos personas inteligentes, así que no hay razón para que esto se convierta en algo traumático para alguno de los dos. Por eso te repito que mi única preocupación es la niña.

De esa manera Laura se apoyaba en dos mecanismos de defensa, la negación y la racionalización, para eludir el dolor. Lejos de lo que pueda pensarse no siempre conviene esquivar el sufrimiento. Aunque tampoco entregarse a la locura desmedida que implica tener presente lo perdido todo el tiempo. O incluso rivalizar con lo que ya no está. Una actitud que a veces se parece a la locura.

Moby Dick lo demuestra.

No resulta extraño el temor que el capitán generaba en su tripulación, como si ellos pudieran percibir en el aire la locura que lo invadía. Hasta que esa locura se puso en palabras cuando ya en medio de los mares Ahab advirtió a sus marinos:

—¡Vigías, atención! ¡Abran bien esos ojos! ¡Esta es zona de ballenas! ¡Si ven una blanca, griten que la han visto hasta que no les quede un pulmón sano!

Hasta que no les quede un pulmón sano.

De esta manera el capitán les indica que para él no se trata solo de la cacería de una ballena. Es mucho más que eso. Se trata de un asunto de vida o muerte.

De a poco los marinos van comprendiendo que Ahab oculta sentimientos sangrientos en su mente y el deseo de ganarle a la bestia que le hizo perder parte de su humanidad y toda su alegría.

Esa obsesión estalla de modo estridente el día que muestra una moneda de oro valiosísima.

—Aquel de ustedes que me anuncie una ballena de cabeza blanca, frente rugosa y mandíbula torcida; aquel de ustedes que me anuncie esa ballena blanca, con tres agujeros abiertos en la aleta derecha de la cola... atención... aquel que me anuncie esta ballena, recibirá esta onza de oro...

Y otra vez, como antes lo hiciera con los pulmones, los insta a dejar algo de sus cuerpos, quizás como lo hizo él con su pierna: «—Quémense los ojos tratando de avistarla...».

Varios marineros le aseguran a Ismael que Ahab no busca un animal cualquiera, sino que va detrás de Moby Dick. Algunos manifiestan conocerla, y en un determinado momento uno de ellos se atreve a preguntarle al capitán si fue ella quien le arrancó la pierna.

—Sí, mis valientes, fue Moby Dick la que me desarboló; fue Moby Dick la que me condenó a este tronco sobre el cual me apoyo ahora. ¡Sí, sí —aulló con un sollozo terrible, animal—, fue la maldita ballena blanca la que me cercenó, la que me convirtió para siempre en un inválido! [...] ¡Y la perseguiré más allá del Cabo de Buena Esperanza, y más allá del Cabo de Hornos, y más allá del gran Maëlstrom de Noruega, y más allá de las llamas de la perdición, antes de abandonarla! Para esto se han embarcado ustedes, marinos.

Con aquella confesión Ahab desnudó su infierno. Quería vengarse y estaba dispuesto a perseguirla hasta la muerte misma de ser necesario.

El hecho había sido espeluznante.

Hace tiempo la ballena y el capitán tuvieron un feroz encuentro. Armado con un cuchillo, Ahab se había lanzado sobre la bestia acribillándola sin conseguir nada hasta que su pierna quedó metida en la enorme boca del animal que ya había hundido los tres botes que intentaban cazarla. Muchos hombres murieron en la contienda y ninguno pudo ayudar a Ahab. Fue entonces cuando Moby Dick destrozó la carne, los cartílagos y los huesos de aquella pierna.

A duras penas pudieron rescatar al capitán, pero durante el camino de regreso el hombre sufrió tal ataque de locura que tuvieron que atarlo al camastro. Una vez en tierra debió estar meses en reposo en un estado que solo acrecentó su odio y su deseo de vengarse de aquel monstruo. Esa idea fue ganando su alma hasta volverse su único interés. Por eso, apenas consiguió otro barco salió en su búsqueda sin dudarlo.

Enterado del episodio, Ismael confiesa:

Entonces comprendí que, en Moby Dick, Ahab veía la destrucción, el mal del mundo; veíase precisado, pues, a combatirlo con todas sus fuerzas, con toda su alma, hasta el fin. Y aunque le faltase una pierna tenía un corazón dispuesto para el odio, ese odio que embarga las entrañas y que a veces hace desear hasta la misma muerte.

Clara descripción de la pulsión de muerte. De esa energía que recorre las entrañas y empuja al sufrimiento.

Más adelante, en un diálogo «psicológico» interior, Ahab dirá: «He perdido esta pierna. Ahora profetizo que mutilaré a mi mutilador».

Ese es su desafío y el único deseo que lo mantiene vivo.

El Pequod, el barco ballenero, se adentra en el océano Pacífico y Ahab ordena fabricar un arpón especial para Moby Dick. La aventura es peligrosa, pero a él no le importa y avanza como atraído por un imán. Hasta que por fin hombre y bestia vuelven a verse las caras.

Cuando la tripulación divisa a Moby Dick los botes se echan al agua, pero la ballena arremete y destruye el de Ahab. A duras penas el capitán consigue salvarse aferrándose al bote de otro marino.

A la mañana siguiente se produce la segunda confrontación: Moby Dick nada directamente hacia ellos, los enviste y la pierna artificial de Ahab se hace añicos. La ballena ha mostrado su poder y ha vuelto a mutilarlo.

Uno de los marinos, consciente del riesgo que corren, le implora a Ahab modificar el rumbo y dejar que la ballena se escape, pero ya es demasiado tarde. Ahab no cambiará de idea. No puede evitarlo.

Cuando vuelven a verla, invadido por la locura, Ahab grita a su tripulación: «¡Háganme encallar en su lomo blanco!».

¿Pueden ver hasta dónde llega el delirio maniaco de este hombre? Quiere encallar sobre el lomo de la ballena. Quedar detenido allí para siempre.

Es el único triunfo de la defensa maniaca, la condena a una quietud que aniquila la posibilidad del retorno del deseo.

En la escena final Ahab logra clavar su arpón en el lomo de la bestia. El cachalote, doblado por el dolor, destruye la proa del Pequod, que se hunde de inmediato. Con sus últimas fuerzas, el capitán clava otro arpón en la carne de Moby Dick, pero la cuerda se enreda en su única pierna y lo arrastra junto con su lanza mortal. Solo una persona logra sobrevivir al hundimiento del barco, Ismael, quien se aferra al ataúd que el gran arponero Queequeg, su mejor amigo, había fabricado para sí mismo.

No sabemos si finalmente Moby Dick murió producto de sus heridas. Melville no lo cuenta. Sabemos, eso sí, que el capitán Ahab se hundió arrastrado por la bestia que lo había mutilado. Al arponearla quedó atado a la ballena de modo real, como lo estaba simbólicamente desde hacía tanto tiempo. Una atadura que no vino con el arpón sino con aquel encuentro en que Ahab había perdido su pierna.

Así como Houdini escapaba de cadenas reales sin poder huir de las otras, las simbólicas que lo ataban a su madre muerta, a falta de duelo, Ahab no pudo desatar la suya.

Ismael, nuestro narrador, único testigo vivo de aquella obstinación, es rescatado por un marino y sus palabras son el motor de la pluma de Herman Melville.

Pensemos juntos acerca de esta historia.

En apariencia, *Moby Dick* es el relato de una venganza. Una venganza tan obstinada que condujo al capitán del Pequod hacia la muerte.

Sin embargo les propongo una interpretación diferente.

He perdido esta pierna manifiesta Ahab, y ahí nos revela el verdadero objeto de su obsesión. Dice «esta» pierna, volviendo presente en su discurso algo que en realidad ya es ausencia. «Esta pierna» ya no es esta sino aquella, la perdida. No existe «esta» pierna, excepto en su universo psíquico. En la realidad es solo una falta. Y es la falta con la cual establece su desafío.

El Triunfo que le importa a Ahab, en tanto que mecanismo de defensa maniaco, no es sobre Moby Dick sino sobre el objeto amado y perdido: su pierna. Es a ella a quien intenta demostrarle que aun en su ausencia puede lograr lo que ni siquiera consiguió cuando ella estaba presente: dar muerte a la ballena asesina.

Ahab no aceptó su pérdida y apoyado en su anhelo de triunfar sobre el objeto perdido se hundió, ya no en el océano, sino en el mar de una locura melancólica que le costó la vida.

Moby Dick fue la excusa, la bestia que llevaba en su vientre el objeto que el capitán no se permitió perder. La defensa maniaca fue más fuerte que el duelo y lo venció, aunque de una manera engañosa. Por ir en busca de lo perdido, Ahab terminó perdido.

El triunfo de la manía es siempre una forma encubierta de la derrota.

3. El Desprecio

Como anticipamos, El Desprecio es otro de los mecanismos de defensa maniacos. A diferencia de La Negación, donde no se acepta la pérdida o se le resta importancia, y del Triunfo, donde se establece una rivalidad con el objeto perdido, aquí se trata de denigrar el valor de ese objeto.

Este mecanismo es tan burdo que hasta resulta extraño que la persona misma no lo perciba.

Para ejemplificarlo, quiero apelar a la letra de un tango de Celedonio Flores llamado «Margot». Aunque el lenguaje lunfardo complique en apariencia su comprensión, aventurémonos en su análisis.

Aclaro, además, que lejos de la denigración en la que han caído los tangos antiguos que daban cuenta de una realidad claramente machista, «Margot» dibuja el relato de una pasión que no cesa más allá del encono, de la rabia y del dolor.

Dejemos de lado el prejuicio y espiemos por la ventana esta historia de amor.

> Se te embroca desde lejos, pelandruna abacanada
> que has nacido en la miseria de un cuartucho de arrabal...
> Porque hay algo que te vende, yo no sé si es la mirada,
> la manera de sentarte, de mirar o estar parada,
> o ese cuerpo acostumbrado a las pilchas de percal.

El protagonista le habla a una mujer que lo ha abandonado. Es claro que sigue enamorado, que su ausencia le duele, y que la agrede en un intento fallido por procesar tanto sufrimiento. La agrede porque, como a los «hombres» de entonces, le cuesta llorar.

Dolido y atormentado, le dice que aun de lejos se percibe que no es quien aparenta ser. Por mucho que se vista de modo *abacanado*, es decir con distinción, todo en ella denuncia que pertenece a otro mundo. El mundo humilde que compartía con él. Por eso resalta que es humilde su manera de pararse, de mirar, y especialmente su cuerpo acostumbrado a la ropa de percal.

Lejos de ser una agresión, esta frase denota una noción de pertenencia, porque el percal era una tela muy barata que por aquellos tiempos utilizaba la gente muy pobre. Pobre, pero digna. De mirada franca.

Y el personaje siente que ella, al abandonarlo, renuncia a toda esa digna pertenencia que, sin embargo, no puede esconder.

> Ese cuerpo que hoy te marca los compases tentadores
> del canyengue de algún tango en los brazos de algún gil,
> mientras triunfa tu silueta y tu traje de colores
> entre el humo de los puros y el champán de Armenonville.

Nuestro enamorado sigue increpándola al decirle que su baile tiene movimientos de «canyengue». El canyengue es una forma de bailar el tango opuesta a la danza fina de salón que se bailaba en el Armenonville, uno de los cabarets más lujosos de Buenos Aires de comienzos del siglo XX. No conforme con eso, también insulta a su compañero llamándolo «gil», sinónimo de tonto. De esta manera, de un modo maniaco denigra a un hombre que consiguió lo que él no pudo lograr: el amor de esa mujer. Y continúa:

> Son macanas, no fue un guapo haragán ni prepotente
> ni un cafisho de averías el que al vicio te largó…
> vos rodaste por tu culpa y no fue inocentemente…
> berretines de bacana que tenías en la mente
> desde el día que un magnate cajetilla te afiló.

Aquí se juega un momento crucial en la desvalorización de la amada. La responsabiliza de haber rodado, es decir de haberse convertido en una mala mujer. En los términos de la época, de haberse prostituido. Y le pide que se haga cargo de que en verdad nadie la engañó, sino que fueron sus *berretines de bacana*, sus sueños de grandeza, sus ganas de pertenecer a otra clase social los que la llevaron por ese camino.

> Ahora vas con los otarios a tomar buenos licores
> a lujosos reservados del Petit o del Julien…
> y tu vieja, pobre vieja, lava toda la semana
> pa' poder parar la olla con pobreza franciscana
> en el viejo conventillo alumbrado a querosén.

Nuevamente, el enamorado la acusa de estar rodeada de tontos con el fin de «pasarla bien», mientras su pobre madre, abandonada por ella sigue con su vida pobre y solitaria… como él.

De este modo el protagonista diluye la potencia del abandono. Al menos no fue algo personal. Ella no dejó solo de amarlo a él sino a todo lo que representaba, su mundo anterior, incluso su madre.

La estrofa siguiente desnuda la ambivalencia que lo recorre. El primer verso y el último evidencian el amor que todavía siente por ella, los versos intermedios hablan de su hondo desprecio.

> Yo recuerdo, no tenías casi nada que ponerte
> hoy usás ajuar de seda con rositas rococó.
> Me revienta tu presencia… pagaría por no verte…
> si hasta el nombre te has cambiado como has cambiado de suerte…
> ya no sos mi Margarita, ahora te llaman Margot.

Siempre me enterneció este verso final que devela algo que el protagonista se ha empeñado en disimular durante todo el tango: no puede dejar de amarla, y a modo de defensa aparece el desprecio en estado puro: «Me revienta tu presencia… pagaría por no verte…».

¿Qué presencia le molesta? ¿Pagaría para no ver a quién? Ciertamente, no a su amada, sino a esta persona diferente, a esta mujer que ha dejado de mirarlo.

Estar frente a quien ya no nos ama es estar frente a un desconocido. Alguien para el que ya no somos su objeto de deseo. Ese hombre o esa mujer han retirado su libido de nosotros y lo percibimos en sus ojos, en el tono de su voz y en cada gesto vacío de sentimiento y pasión que ahora denota una distancia que lastima.

Esa es la mujer que él prefiere no ver. La que con cada acto lo confronta con el desamor. Y se nota que estaría dispuesto a perdonarle todo con tal de que volviera a su lado. Sin embargo, al comprender que eso no va a ocurrir, desgarrado por la ausencia solo la agrede.

Sin saberlo, inconscientemente, el personaje ha construido dos mujeres: esa chica buena que lo amaba, y esta otra, Margot, la desconocida que lo mira con indiferencia. De este modo puede conservar el fantasma amado de Margarita y renegar de su ausencia, porque la que se ha ido es la otra, la *pelandruna abacanada* que tanto desprecia.

Las defensas maniacas representan el manotazo de ahogado de alguien que no es capaz de hacerse cargo del dolor, pero de ninguna manera ayudan a resolver la pérdida.

Desconocer el valor de lo perdido impide el atravesamiento del duelo.

En el análisis batallo duro contra esas defensas maniacas de los *ensombrecidos*, porque tarde o temprano toda defensa maniaca tiene destino de enfermedad.

A veces esa enfermedad lleva el pulso del dolor, otras el rostro del cinismo o el desdén por las cosas importantes. De una u otra forma, se cae en una desaprensión por las cosas del mundo que señala un camino desprovisto de sueños.

¿Fases del duelo?

La psiquiatra suiza Elisabeth Kübler-Ross se ocupó especialmente del tema. En su libro *Sobre la muerte y los moribundos* planteó por primera vez su teoría acerca de las cinco fases que componen el proceso de duelo.

Si bien el recorrido resulta más descriptivo que teórico, es muy valorable la mirada de alguien que dedicó gran parte de su vida a acompañar a pacientes con enfermedades terminales.

Es muy fuerte mirar a los ojos a alguien que sabe que morirá pronto. No hay espacio para la mentira, a veces ni siquiera para el amortiguamiento del pesar. Se trata de estar dispuesto a compartir el final de un recorrido que, largo o breve, ha sido único, importante e irrepetible.

Recuerdo a Majo. Aquella adolescente que iluminó con su frescura mi consultorio durante mucho tiempo hasta que una enfermedad terminal nos empujó a un abismo imposible de eludir.

Guardo su risa, sus sueños artísticos y algunos secretos que hoy solo yo conozco.

Pienso también en Juliana, su lucha denodada y aquella frase descarnada y brutal que pronunció cuando todos los tratamientos fracasaron.

—¡Qué mala suerte, Gaby!... Te voy a extrañar.

Le respondí que yo también. Y así es. La extraño cada día, como extraño a Majo.

Sé lo que significa poner el cuerpo ante el vacío y habilitar un espacio para que alguien tenga derecho a la palabra hasta el último segundo de su vida.

Por eso, a pesar de las diferencias conceptuales, respeto el trabajo clínico de Kübler-Ross.

Aunque el origen de su método fue el duelo del que hablamos en la primera parte de este libro, el duelo por la propia muerte, con el tiempo su desarrollo se extendió a todo tipo de pérdidas.

Ella también señaló la importancia de «la negación», pero no como un mecanismo de defensa sino como una de las cinco fases del trabajo de duelo: negación, ira, negociación, depresión y aceptación.

Ya hemos hablado lo suficiente de la primera de ellas. Veamos las otras.

Cuando el trabajo de duelo avanza la negación fracasa y aparece la ira. El *ensombrecido* es invadido por una sensación de injusticia. «No es justo… esto no debería haberme pasado… no me lo merezco», y al mismo tiempo surge el enojo. Enojo contra Dios, contra el destino, contra Moby Dick, e incluso contra él mismo. Se acusa de lo que hizo y de lo que no hizo. Es Houdini de viaje en el momento de la muerte de su madre. Es Martina culpándose por haberse detenido en aquella estación de servicio. Es el paciente que al enterarse de que tiene una enfermedad grave se castiga por no haberse realizado los chequeos físicos a tiempo, o el enamorado que se tortura por no haber comprendido que si seguía actuando de esa manera perdería el amor de esa persona tan valiosa para él.

En ocasiones, la impotencia de no poder cambiar lo ocurrido lleva al *ensombrecido* a proyectar su frustración y aparece, como ya vimos, el desprecio por el objeto perdido y la rabia contra aquellos que no lo entienden.

Recuerdo los dichos de Martina acerca de que su hijo continuaba con la vida como si Melanie no hubiera muerto, así como su esposo no comprendía por qué ella necesitaba ir cada día al cementerio.

La tercera fase que describe Kübler-Ross es la negociación. Aquí la persona comienza a aceptar la pérdida, pero intenta realizar algún acuerdo que le permita retrasarla un poco. Por ejemplo, en caso de tratarse de una enfermedad, el paciente pretende ganar algo de tiempo. Dialoga con Dios y hace promesas a cambio de llegar con vida al cumpleaños de su nieta o el casamiento de su hijo. Cuando lo que se ha perdido es una pareja, puede que el *ensombrecido* intente recuperar el vínculo comprometiéndose a modificar muchos de sus comportamientos con tal de que se le conceda una nueva oportunidad.

La cuarta etapa, la depresión, aparece cuando alguien comprende que ya no puede hacer nada para modificar su situación. Admite que va a morir o que el objeto amado no volverá y cae en una tristeza profunda al mismo tiempo que pierde todo interés por el mundo. No desea salir ni ver a nadie, no quiere que le hablen ni lo consuelen. Es posible incluso que se niegue a alimentarse y permanezca en la cama durante todo el día.

Según Kübler-Ross, se trata de un movimiento que la persona realiza para alejarse de modo paulatino de sus ligaduras de amor. A esta altura podemos decir que es una manera de ir *deslibidinizando* la realidad exterior. De esa forma la libido retorna por completo a la persona, la envuelve, la protege y le permite sostener un equilibrio precario que de otro modo no podría sustentarse ante semejante dolor.

Estas etapas no necesariamente siguen un orden. Es más, puede que alguna de ellas reaparezca después de un tiempo. En Martina, por ejemplo, la depresión fue la primera fase que enfrentó y volvería una y otra vez durante mucho tiempo.

La psiquiatra suiza aconseja no molestar a quien está atravesando esta fase porque, según argumenta, se trata de un momento íntimo donde se procesa lo perdido.

En este punto creo imprescindible diferenciar la etapa de depresión del duelo que propone Kübler-Ross de la depresión como cuadro clínico, como enfermedad. En este último caso, lejos de no molestar al paciente, es necesario estar muy atento a él y encarar el tema con rapidez para aliviar su sufrimiento, pero, por sobre todas las cosas, para evitar la posibilidad de una tentativa de suicidio.

La última fase del duelo descripta por la autora es la aceptación. Se trata de una etapa donde la persona admite que no vale la pena seguir luchando. La pérdida es inevitable, no puede hacer nada y lo sabe. Entonces, según Kübler-Ross, esa persona se relaja y encuentra la paz.

Haciendo una analogía con el texto de Sigmund Freud, *Duelo y melancolía*, podríamos decir que es el momento en que vence la prueba de realidad. El *ensombrecido* deja de resistirse y acepta lo inevitable: lo perdido se fue y no regresará.

Pero de ninguna manera llegar a este punto implica que el trabajo haya finalizado. Para dar por concluido el duelo es imprescindible que el *ensombrecido* produzca una alquimia en su interior que todavía está muy lejos de alcanzar. Aún hay cosas que perder, y otras que ganar.

Duelo, depresión y melancolía

A diferencia de la medicina, el Psicoanálisis es una terapéutica que diagnostica a partir de la palabra y no de la mirada. Es decir que, más allá de los síntomas que el paciente evidencia, el interés se centra en averiguar en qué estructura psíquica se dan esos síntomas.

Cualquier persona puede atravesar momentos de tristeza, miedo o incluso un episodio delirante, pero no es lo mismo que esas experiencias se den, por ejemplo, en una neurosis obsesiva que en una psicosis paranoica, en una histeria o en una esquizofrenia. Ante una percepción poco avezada los pacientes podrían actuar de forma parecida o verse iguales, pero no lo son.

Esto no quiere decir que los síntomas no sean importantes. Por supuesto que lo son y debemos tenerlos muy en cuenta, pero no bastan para elegir el camino de la cura ni hablan del drama interior que vive cada uno de esos pacientes.

Por ejemplo, el melancólico y el depresivo comparten muchos rasgos sintomáticos que los asemejan, sin embargo son dos cuadros muy diferentes.

Para los antiguos griegos, Pento era la personificación del pesar.

Cuentan los mitos que Pento no acudió el día que Zeus repartió los atributos entre todos los genios. Cuando por fin se presentó ya todo estaba distribuido y el príncipe del Olimpo apenas pudo ofrecerle que se hiciera cargo de cuidar de los honores que debían darse a los muertos. Desde entonces, Pento preside el mundo del dolor, las lágrimas y el duelo.

De todos modos, el genio se esmera por cumplir con su trabajo y por eso a quien sufre un duelo le envía todos los pesares que puede.

Pento encarna la voz que susurraba permanentemente en los oídos de Martina. Le recuerda que Melanie no está y que si ella no se hubiera detenido en aquella estación de servicio su hija seguiría viva. Pento guía la mirada de Ahab a esa pierna animal que reemplaza la otra, la perdida. De esa manera alimenta su furia y lo empuja a un desafío mortal.

Pothos, en cambio, es la representación del deseo amoroso, pero no se trata de un deseo cualquiera, sino del deseo por los que no pueden retribuir ningún tipo de placer. Como sabemos, en la mitología griega el erotismo estaba en manos de Afrodita, a quien Pothos servía. La labor específica de este genio de segundo orden era sostener vivo el deseo por quienes han sido perdidos para siempre. Podríamos decir, entonces, que en realidad no velaba por un deseo, sino que era el guardián del goce, *del regocijo en el dolor*. Tanto es así que los griegos utilizaban la palabra *pothos* para aludir al deseo que conduce a la muerte.

Dijimos, y lo haremos tantas veces como sea necesario, que para el Psicoanálisis el goce es lo contrario al placer, hasta tal punto que podríamos afirmar que el placer impone un límite al goce. Le dice «hasta aquí», «no sigas», porque el sujeto sabe, con ese saber no sabido del inconsciente, que superado ese límite, más placer en realidad es dolor. Solo podemos soportar cierto nivel de placer sin sufrir. El goce busca avasallar ese límite, va por todo e intenta anular la falta que nos recorre. Anhela la completud y en esa búsqueda nos lleva a extremos destructivos. El goce es placer doloroso, es sufrimiento, aquello que llevaba a Martina a oler la ropa de Melanie y negarse a ir a la fiesta de egresados de su hijo. Entregarse al goce es decir no a la vida.

El goce es un impulso destructivo que todo ser humano lleva dentro, la causa inconsciente de muchas de las actitudes que lastiman nuestra vida. Y parte de mi trabajo como analista es lograr que el paciente reconozca cuando en sus elecciones se juega esa fuerza seductora que ejerce el padecimiento.

Debemos aceptarlo:

Toda persona lleva adentro el germen de su propia destrucción.

Y así como desde lo orgánico cada una de nuestras células porta la información genética que le indica que tarde o temprano debe morir, la pulsión de muerte traslada ese mandato al ámbito psíquico.

Al comienzo del libro dije que no todo puede ser dicho, que siempre falta al menos una palabra. Digamos ahora que esa falta es fundamental. Es la manera en que el lenguaje le impone un límite al goce, la forma en que le indica que todo no se puede. Y debemos aprender a vivir en ese mundo en falta, porque en esa falta radica la oportunidad de que el placer sea posible.

Llegado a este punto y teniendo en cuenta que el goce, el placer ilimitado, nos arrojaría de lleno a la locura, anticipo una idea.

Solo amamos aquello que puede sostener nuestra falta en un nivel soportable para que la insatisfacción no sea dolorosa.

No otra cosa es el amor sano. El contacto con algo o alguien que deja que nuestra libido lo rodee, lo acaricie, lo abrace sin encontrar jamás la completud anhelada. Algo o alguien que siempre nos mantiene insatisfechos, pero logra que esa insatisfacción sea tolerable, y no tan excesiva que produzca padecimiento.

Volvamos a los griegos.

Jean Pierre Vernant, enorme historiador de la Grecia antigua, escribió:

> Pothos es el deseo de lo que está ausente, un deseo que es sufrimiento porque no puede colmarse, dolor y nostalgia. El término pothos no pertenece solo al vocabulario del amor, sino también al del duelo.

Tener *pothos* por los muertos significa recordarlos continuamente, de manera obsesiva.

Entonces, existe un *pothos* que nos liga a lo perdido y nos obliga a tenerlos presente, a hacerlos presente todo el tiempo. Hablamos de *pothos* cuando un lazo irrompible nos ata a lo ausente. Es el lazo del arpón que arrastró al capitán Ahab a su muerte. El que sostuvo la mentira delirante de la familia de Alejandro. Un *pothos* que por suerte pudimos evitar en el análisis de Martina.

Un detalle interesante. En la mitología romana se le llamaba Ardor.

Pero juguemos un poco más con las ideas de Vernant. En su libro *El individuo, el amor y la muerte en Grecia*, el autor nos lleva al drama de Odiseo (Ulises) y Calipso.

Homero nos cuenta que una vez terminada la Guerra de Troya, Odiseo se embarcó rumbo a su hogar. Después de tanto tiempo de distancia añoraba a su esposa, Penélope, su hijo Telémaco y su tierra, Ítaca.

No fue un regreso fácil. Muy por el contrario, tan complicado que en la actualidad cuando algo nos resulta muy difícil decimos que «fue una odisea», aludiendo a este viaje.

Una de las dificultades, la más prolongada que el héroe tuvo que afrontar, comenzó cuando un naufragio lo depositó en los dominios de la ninfa Calipso, quien se enamoró de él y lo mantuvo cautivo durante casi ocho años. Es una historia de duelos.

Él duela por su esposa, su hijo y su tierra. Calipso duela por ese hombre al que ama y sabe que debe perder.

En el comienzo de la *Odisea*, la diosa Atenea, protectora de Odiseo, protesta a Zeus porque la ninfa Calipso mantiene cautivo a su protegido. Entonces, Zeus envía a su mensajero, Hermes, a ordenar que lo libere. Pero no era una orden fácil de cumplir. No se trataba de un capricho. Ella amaba a Odiseo de modo desesperado y quería convertirlo en su esposo. Por eso, ante la imposibilidad de lograrlo lo escondía en sus cavernas.

El nombre Calipso deriva de *Kalyptein*, que significa esconder. Esconder el pasado de Odiseo confundiendo sus recuerdos, esconder al hombre en su isla, pero sobre todo esconder su miedo a perderlo.

Recordemos que la ninfa no secuestró a su amado. Un naufragio llevó al héroe hasta sus dominios. Y en ese otro mundo *escondido,* alejado tanto de la mirada de los humanos como de los dioses, hombre y ninfa, héroe y bruja juegan su pasión.

Es el efecto que provoca el amor. La posibilidad de habilitar «otro mundo» donde no hay lugar para nadie más que los enamorados. Un mundo que nadie comparte. Un mundo que a veces nadie más entiende.

El amor construye un lugar propio que no está en ninguna parte. Un espacio que no existía antes y que no seguirá existiendo cuando ese amor termine. También con esto tendrá que ver el duelo.

Calipso, que como las Sirenas tiene una voz encantadora, embruja a Odiseo con sus melodías y de ese modo intenta provocar el olvido de Penélope y de Ítaca. Y en medio de esa forma extraña del amor el héroe se desvanece. De hecho su nombre, Odiseo, significa «nadie».

Calipso y su amor egoísta y loco atropellan el ser del héroe con la fuerza destructiva de la pulsión de muerte.

Pero no es tan fácil. Esa otra energía, la pulsión de vida, no permite que Odiseo renuncie a sus otros amores. Su esposa y su tierra lo mantienen dentro de los límites del placer. Calipso en cambio, en su delirio amoroso, solo le ofrece el goce. Sigamos a Vernant.

> Calipso le promete convertirle, en caso de que Ulises acepte permanecer a su lado, en inmortal y dejar para siempre atrás la senectud y la muerte. [...] Pero existe en el lecho de Calipso un precio a pagar por esa evasión fuera de las fronteras que marcan los límites de la condición humana común. Compartir en brazos de la ninfa la inmortalidad

divina equivaldría para Ulises a renunciar a su destino de héroe épico.

Es decir que para alcanzar la completud, Odiseo debería perder su condición humana. Alcanzar una inmortalidad Real, gozosa, a cambio de perder la única que importa, la inmortalidad simbólica. Permanecer en el recuerdo.

De eso se trata ser humano. De ser un nombre, una palabra y habitar el lenguaje de quienes vengan después de nosotros. Ser una foto, una anécdota o un apellido que resiste al tiempo.

Es lo que el héroe denuncia en su negativa.

> A orillas de esta isla en la que no hace falta más que pronunciar una palabra para convertirse en inmortal, habitante de un peñasco frente al mar, Ulises se pasa el día lamentándose y sollozando, derritiéndose en lágrimas. Su aión, su flujo vital se va evaporando sin cesar, en el *pothos*, apenado por su suspendida vida mortal, de la misma manera en que en otro confín del mundo Penélope, por su parte, consume su aión llorando por el regreso del desaparecido Ulises. Ella llora a un vivo que tal vez ya haya muerto. Mientras, él, en su islote de inmortalidad, separado de la existencia como si estuviera muerto, llora por su anterior existencia de criatura abocada a la muerte.

Con cuánta razón Freud aconsejaba a quien quisiera ser analista que se acercara a los mitos. De qué forma maravillosa en el relato se juegan dos pérdidas en una sola escena.

Penélope llora por alguien que no sabe si está vivo o está muerto. Y Odiseo por una esposa y una tierra que están en su memoria. En definitiva, como todos, ambos lloran por los fantasmas que los habitan. Nadie ama ninguna otra cosa. Nadie duela ninguna otra cosa.

Finalmente Odiseo rechaza el ofrecimiento de Calipso. Entiende que en la aceptación de la finitud está la posibilidad del deseo, y hastiado de la ninfa rechaza esa no-muerte que en realidad, sin deseo, no sería otra cosa que una no-vida.

La posibilidad de morir, el sentimiento trágico de la vida es el precio que se nos exige para tener el derecho a desear algo posible, aunque esa posibilidad no se concrete nunca.

Subrayo un fragmento perteneciente al capítulo «La decadencia de la amistad», de las *Crónicas del Ángel Gris*, de Alejandro Dolina. Algo que dijo Manuel Mandeb a una amiga:

> Vea. Yo puedo ser su amigo si usted quiere. No trataré de seducirla ni me pondré romántico ni le haré propuestas indecorosas. Pero sepa que yo necesito que exista un amor potencial. Me resulta indispensable que exista una posibilidad en un millón de que algo surja entre nosotros. Le aclaro que es probable que si se da esa circunstancia yo salga corriendo. Pero es únicamente en virtud de esa remotísima chance que yo estoy aquí oyendo su conversación como un imbécil.

Volviendo a ese «deseo por lo ausente», Platón se encarga de diferenciar *hímeros*, un término que alude al anhelo que se dirige hacia alguien que está aquí y potencialmente puede satisfacerse, de *pothos*, que alude a un deseo cargado de vacío, de nostalgia y de una imposibilidad infranqueable.

El *pothos* forma parte de algunos ritos fúnebres. Así, los deudos se niegan a comer, beber, dormir o salir a la calle durante un tiempo como forma de comprometerse con la rememoración de la persona perdida. Pero es solo parte de un ritual, es decir que está normado, que tiene un límite y como tal es un *pothos* simbólico que ayuda a que la muerte encuentre un lugar en la vida. Ese tipo de ceremonias, diferentes para cada religión o cultura y distintas para cada tiempo de la historia, son la puerta de entrada al trabajo de duelo.

Pento, aquel genio que llegó tarde al reparto, habla a todo *ensombrecido* y alimenta sus penas. Los invita a revisar mails antiguos o escuchar mensajes de WhatsApp para sostener su pena. Pothos en cambio empuja a territorios más sufrientes y duraderos, a un juego donde la presencia de lo ausente se vuelve una obsesión que solo tiene dos destinos posibles: la depresión o la melancolía que, como dijimos, son fenómenos muy distintos.

Freud señaló que el duelo es algo normal. De ese modo intentó significar que se trata de un proceso necesario, inevitable y que no representa un estado patológico. La depresión y la melancolía, en cambio, sí son enfermedades. La diferencia radica en que la depresión puede darse en el campo de las neurosis; la melancolía, en cambio, es territorio exclusivo de las psicosis.

La neurosis supone un conflicto interno, una ambivalencia entre dos tendencias que recorren a una misma persona. Pongamos un ejemplo.

Una persona ha perdido algo que ama. Una parte de ella entiende la pérdida y otra se niega a aceptarla. Entre ambas se establece una lucha donde no habrá un vencedor total. Las dos deberán entregar algo a cambio de la resolución del conflicto.

Martina.

Por un lado acepta la realidad: su hija murió. Por otro, inconscientemente se niega a reconocerlo e intenta mantenerla con vida. Sostiene el cuarto de Melanie como si ella fuera a volver. Sus cosas están en el mismo lugar, su ropa ordenada y limpia, e incluso muchas veces, sin darse cuenta, pone su plato en la mesa.

Pero Martina no es psicótica. Se enoja, se pelea, se angustia y sostiene esa lucha interna aunque sin negar lo ocurrido.

Así transitó su duelo. Reconozco que por momentos temí que cayera en un estado depresivo, que la tristeza esperable se transformara en una tristeza mucho más amarga y permanente. Que el dolor diera paso al odio, a ese encono con la vida y con los demás que recorre a todo depresivo.

La persona que es tomada por la depresión se oscurece, se aleja de lo vital y flirtea peligrosamente con la muerte. No es extraño que muchas intenten suicidarse y que, de hecho, algunas lo logren.

En *El precio de la pasión* dijimos que esa era la condena del melancólico.

> Habitar en una especie de limbo. Un pasillo que, hacia adelante, conduce a la muerte y hacia atrás a lo perdido. Un pasillo que se recorre en un presente desbordado por la angustia apasionada de la falta de sentido.

Ese pasillo angosto y oscuro es el infierno que deja atrapado al melancólico entre aquello que se ha ido y su propio ser que se perdió.

Se trata de una enfermedad que expulsa el deseo y por ende acerca al goce. Rotas las murallas que limitan la cantidad de ansiedad que la psiquis puede resistir, se abre la posibilidad de un acto final que termine con la vida.

El depresivo también se enoja con la realidad, aunque procede de manera diferente al melancólico. El depresivo retira su interés del mundo, vuelve la libido hacia sí y se produce lo que se denomina «avasallamiento narcisista». Es decir que toda su energía psíquica está puesta en él.

Por lo general tenemos la idea de pensar que un narcisista es alguien que siempre se engrandece a favor. Que habla o piensa que es el mejor y nadie puede compararsele. No es así. Muchas veces, y en la depresión sucede, ese interés que se vuelca sobre uno mismo no hace más que aislarnos y producir heridas solitarias. Así, el depresivo se siente único en un mundo que nadie entiende y lejos de considerarse valioso se siente un desecho. Sin embargo, esa quita del interés por el mundo, esa introyección de la libido es un intento de protegerse, de no quebrarse y enloquecer ante una verdad que lo ha herido. Se siente mal, está solo y no encuentra proyectos ni consuelo. Pero no ha roto del todo los lazos con los demás porque el conflicto es entre dos partes de sí mismo. Para ser honesto con los colegas o estudiantes que me leen, debería decir que el conflicto se da entre el Yo y el Ello. Es decir, entre esa parte de nosotros que interactúa con el mundo y esa otra parte donde habitan nuestras pasiones irracionales.

Así ocurre en las neurosis. En la psicosis, en cambio, el conflicto es entre el Yo y la Realidad.

Hace mucho, cuando cursaba una pasantía en el Hospital Borda, el docente nos habló del caso de una mujer que al no poder soportar la muerte de su bebé creó una realidad diferente, una realidad donde su hijo no había muerto. Así, iba por la vida meciendo un almohadón al que mimaba y cuidaba.

Martina escuchó la voz de Pento, pero resistió la voz de Pothos que la hubiera empujado a una depresión profunda. Aunque jamás hubiera caído en un estado melancólico, porque Martina tiene una estructura neurótica. Su conflicto, mejor o peor resuelto, siempre hubiera sido interno.

La melancolía, en cambio, es una psicosis y conlleva el peligro de una ruptura con la realidad y su reemplazo por otra diferente, llena de huecos. Sin embargo, transitar el mundo obliga a relacionarse de alguna manera con esa realidad que el psicótico rechaza. ¿Cómo lo logra? Llenando esos huecos con delirios y alucinaciones. Meciendo almohadones que reemplazan al bebé faltante o conversando con seres imaginarios que le evitan reconocer que esas personas han desaparecido de su vida para siempre.

Aunque a veces el rostro de la melancolía es mucho más velado. El delirio se oculta y la alucinación no es ostensible. Como analista, más de una vez me he preguntado si estaba o no ante un cuadro melancólico. Lacan dijo que no había nada más parecido a un neurótico que un prepsicótico. Es decir un psicótico que aún no se ha desequilibrado y transita la vida con semblante de «normalidad».

En esos casos el melancólico se diferencia del estereotipo del psicótico y se oculta en una cotidianeidad amable, en un trabajo sostenido, en visitas familiares y hasta en anhelos pequeños que cesan cuando vuelve al mundo atormentado donde espera el regreso imposible de lo perdido.

La falta

El duelo es un trabajo que se inicia ante la pérdida de algo cuya ausencia genera un desgarro tal que la continuidad de la vida misma se siente amenazada.

Quien enfrenta una falta semejante tiene la sensación de que no podrá continuar con su vida.

Recordemos la definición freudiana del duelo.

> El duelo es [...] la reacción frente a la pérdida de una persona amada o de una abstracción que haga sus veces, como la patria, la libertad, un ideal, etc.

Freud nos anticipa que son muchos los objetos que pueden generar la aparición de un duelo. Veamos cuáles son esos objetos de amor cuya pérdida pueden precipitarnos al duelo.

En primer lugar, la muerte de un ser querido.

Según palabras de André Comte-Sponville, si hablamos de duelo...

> La muerte ofrece [...] el modelo más nítido, el más atrozmente nítido. Para quien ha perdido lo que más amaba en el mundo —su hijo, su madre, el hombre o la mujer de su vida—, la herida es literalmente insoportable, no porque ella nos mate (y a veces lo hace), sino porque torna la vida misma atrozmente dolorosa [...] a tal punto que el horror ocupa todo el espacio psíquico disponible y vuelve imposible para siempre la alegría [...] ¿Para siempre? Por lo menos es el sentimiento que primero se tiene.

Con una lucidez clínica este filósofo describe las sensaciones que recorren al *ensombrecido*, la herida insoportable que lo lastima hasta el punto en que pareciera que va a matarlo. Incluso, aclara, algunas veces lo hace. Hemos hablado de eso. De la melancolía que pone fin a una persona en tanto sujeto deseante, y de la depresión que asesina, al menos por un tiempo, los sueños y las ansias de vivir.

Y el horror. Ese horror que he visto tantas veces en los rostros desesperados de algunos de mis pacientes. El horror que se apodera de su psiquis hasta imposibilitar cualquier tipo de placer.

Pero no solo la muerte real del amado nos deposita en el duelo. Otro de los objetos cuya pérdida requiere de ese trabajo es el amor en sí mismo. El amor como abstracción. Como sentimiento que ilusiona y genera expectativas de vida.

Alguna vez dije que pocas cosas se parecen tanto a la muerte como el desamor. El amor es un acto de reconocimiento, y cuando alguien no nos ama más deja de reconocernos. Ya no somos especiales para esa persona y la falta de ese reconocimiento se vuelve insoportable.

El final del párrafo citado de Comte-Sponville manifiesta que el dolor de la pérdida es tan grande que creemos que no pasará jamás, que nunca volveremos a reír, a tener sexo o a disfrutar de un encuentro con amigos.

Recuerdo que hace muchos años vino a mi consultorio un hombre que había sido abandonado por su pareja. Incrédulo, dolido, se desarmó delante de mí y luego de contarme lo sucedido me preguntó:

—¿Cuánto tiempo me va a doler esto?

En mi inexperiencia de entonces y en un intento por contenerlo respondí:

—Va a pasar, créame. Seis meses, un año tal vez. No más que eso.

Nunca olvidaré la mirada de aquel hombre. Pareció derrumbarse ante mis palabras. Bajó la cabeza y entre llantos confesó:

—Yo no voy a poder resistir este dolor seis meses más.

No se debe subestimar la importancia de un amor, después de todo se trata de algo trascendental.

Si no existiera el amor la vida sería nada más que una experiencia traumática.

El cuerpo es otro de los objetos valiosos cuya pérdida demanda un trabajo de duelo. Cualquier tipo de herida o deterioro físico puede ser vivido con dolorosa intensidad. Ya se trate de un accidente, de los efectos del paso del tiempo o de una enfermedad.

También algunos ideales forman parte de esa lista de abstracciones de las que habla Freud. La libertad o la patria, por ejemplo.

Los griegos sabían perfectamente los dolores que genera el destierro. Los argentinos también.

En el año 1986 se estrenó *Made in Lanús*, una de las obras más potentes de la historia del teatro argentino, de Nelly Fernández Tiscornia.

La historia discurre en los primeros años del regreso de la democracia argentina, en 1983. Se trata del reencuentro de dos hermanos, Mabel y el Negro, quienes se vieron obligados a separarse durante los siete años que duró la siniestra dictadura militar. Cuando llegó el llamado «Proceso de Reorganización Nacional», Osvaldo, el marido de Mabel, era un joven médico lleno de ideales que ante el embate genocida tuvo que emigrar a los Estados Unidos junto con su esposa y sus dos hijas. En el barrio argentino de Lanús quedó el Negro con su hija Patricia y su compañera de toda la vida, la Yoly.

La llegada de la democracia abrió las puertas al sueño del retorno de Osvaldo. Una boda familiar fue la excusa.

La obra relata el encuentro de esos cuatro personajes que tiene lugar en el patio de la casa humilde donde el Negro vive y tiene su taller mecánico.

La reunión transcurre entre risas, abrazos, llantos, recuerdos banales y confesiones profundas. Cada uno de ellos tiene una realidad psíquica diferente.

Mabel está enojada con Argentina, con la gente que les dio la espalda cuando estuvieron en riesgo y alardea de lo bien que están ahora viviendo en Nueva York. Osvaldo, en cambio, mira el patio, la cocina, el barrio y sus ojos tienen el brillo de la nostalgia.

—Nos dejaron solos —protesta ella.

—Hicieron lo que pudieron —responde él.

Mabel sostiene que nadie se la jugó por ellos, excepto su hermano y su cuñada. La Yoly y el Negro vendieron lo poco que tenían para ayudarlos a escapar y estuvieron siempre a su lado. Por eso ahora están ahí. Por ellos. Por gratitud, por amor.

El relato es conmovedor y cada uno de los personajes desgrana su dolor y su ambivalencia. Unos tuvieron que irse, otros pudieron quedarse. Unos construyeron una vida exitosa, los otros la siguen peleando cada día.

Hasta que llega el punto culminante de la obra.

El Negro pide silencio para dar una sorpresa y anuncia que también ellos se irán a Nueva York.

La Yoly no entiende. Debe tratarse de una broma.

—¿Qué broma ni broma? —la increpa el Negro—. Nos vamos... ¿entiendes?

—No —murmura la esposa confundida—. No entiendo.

—Pero ¿qué es lo que no entendés? Nos vamos a los Estados Unidos.

—Acabala, Negro. No tenemos plata para mandar a la Patri de viaje de fin de curso a Bariloche y vos te querés ir a pasear a Norteamérica.

—¿Pasear, quién dijo pasear? Nos vamos para siempre... Se acabó la miseria. Basta de vivir sufriendo, de andar en este auto de porquería y desangrarnos cada día intentando llegar a fin de mes.

El Negro dice la verdad. Gracias a un contacto Mabel le consiguió un trabajo como jefe de taller en una importante empresa automotriz. Se acabaron las penurias. Los hermanos se miran y esperan la reacción de sus parejas.

Sorprendido, Osvaldo mira a su mujer y le pregunta:

—¿Qué hiciste?

—¿Cómo qué hice? Si tú sabes que mi hermano es lo más importante del mundo para mí.

El clima se tensa y al ver la confusión de su esposa, el Negro se enfurece.

—¿Qué pasa? ¿Sos boluda vos? Te estoy dando la mejor noticia del mundo y me mirás como si te hubiera pisado un callo.

Mabel intenta explicar la situación, pero Osvaldo le pide que se calle. Hasta que la Yoly le clava la mirada a su esposo y responde con firmeza:

—Yo no me voy a ningún lado.

Atónito ante esa actitud el Negro se descontrola.

—¿Cómo que no te vas a ningún lado? ¿Escuchás lo que decís?... ¡Claro! Estás tan acostumbrada a vivir entre la mierda que no te podés imaginar que se dé una buena. ¿Entendés que ya tengo laburo... que vamos a salir de la pobreza?

Pero la Yoly está más firme que nunca.

—Andate vos si querés. Yo no voy. Y la Patri va a ir si quiere, si no, no.

—Claro que me voy. Y vos quedate, si querés... Si sos una perdedora... Mirate un poquito, y mirá a la Mabel. Nacieron a dos cuadras, fueron a la misma escuela y vos parecés la sirvienta.

La frase es feroz. Destructiva.

—¡Negro! —lo encara Osvaldo.

—No, dejalo —interfiere la Yoly—. Si tiene razón. Mirá lo linda que está la Mabel... en cambio yo...

—No digas eso, Yoly... Estás hermosa —intenta consolarla su cuñado.

—No hace falta que me mientas. Yo sé que estoy gastada... Es que la vida aquí no ha sido fácil. Tanto luchar, tanto aguantar… Pero bueno, este es mi lugar, yo nací acá… y acá me quiero morir.

—¡Acá! —interrumpe el Negro descontrolado—. Lo decís como si este fuera el palacio de los Anchorena. Acá… Acá hay dos o tres tipos que están bien y los demás vivimos de las sobras. ¡Tu país! ¿Y qué mierda te dio tu país todos estos años? Mirame. Me rompo el alma desde que soy así de chiquitito, y ¿qué tengo? Nada. Nos engrupieron con la patria, con que recuperamos las Malvinas y ganamos un mundial. Si hasta fui a la plaza, grité, salté y lloré… Y mirá dónde estamos.

—¿Cómo dónde estamos? En nuestra casa. En nuestro barrio. Con nuestra gente… pero no sé para qué hablo, si después de todo a quién le importa lo que yo digo.

—A mí —irrumpe Osvaldo—. A mí me importa, Yoly.

—Gracias… Pero tendría que importarle a él. Pero dejá que yo sé bien quién soy… y toda la vida me la tuve que tragar. Pero tengo una hija que si Dios quiere va a tener un título y va a vivir como yo no pude. Y si no es ella serán sus hijos, pero algún día va a ser… y va a ser acá. —Hace una pausa y mira a su esposo—. Y vos, Negro, parece que te olvidaste… de tu viejo, del mío.

—¿Qué decís? ¿Cómo voy a olvidarme? Si fueron en el cuarenta y cinco a la plaza y le pusieron el pecho a las balas. Y después, en el cincuenta y cinco los corrieron a balazos. Y nunca salieron de la mala.

—Tenés razón. Pero se quedaron a pelearla. Pero decime: ¿te olvidaste cómo querían cada pedazo de Lanús? ¿Cómo lucharon por el agua, por las cloacas…? Hasta que un día llegó la luz y salieron a bailar a la calle iluminada con bombitas de colores… Y vos, Negro, querés vender tu taller… Tu taller, Negro… —se lamenta—. ¿Te acordás cuando se incendió? Todo Lanús corrió a ayudarnos. ¡Se incendia el taller del Negro, gritaba la gente! Venían con baldes, con jarras, con lo que podían. Y entre todos te lo salvaron, porque era tu taller y porque acá vos sos el Negro… En cambio allá, ¿quién vas a ser?

Y ante las palabras de la Yoly de Lanús, el Negro agacha la cabeza y llora.

No van a irse a vivir a Nueva York. Los hermanos no podrán volver a vivir juntos. Y seguirán peleándola acá… porque, como dijo la mujer, para ellos es acá. Y así como la historia habla de Edipo de Tebas, o de Tales de Mileto señalando la fuerza que adhiere a un hombre o a una mujer con su tierra, podemos hablar de la Yoly, de Lanús.

Una obra entrañable, una escena conmovedora.

Cuatro personajes que desde su subjetividad atravesaron una misma historia. Cada uno como pudo.

Mabel se defendió y puso en juego el desprecio por el objeto perdido, Argentina. Osvaldo quedó atrapado en su nostalgia y a pesar de sus éxitos profesionales y económicos padece cada segundo de su exilio. El Negro quiso salir de la pobreza y recuperar su objeto amado y perdido, su hermana. Y ella, la Yoly de Lanús, se aferró a su ser y sus deseos con dignidad. Sabe que será su hija, o sus nietos, pero será… y tiene que ser acá.

Emigrar es distanciarse de lo que se ama y condenarse a andar en un mundo ajeno en el que estamos fatalmente solos.

La dictadura militar argentina no tuvo límites en su crueldad. Y un hecho no menor en medio de tanta perversión fue derrumbar la identidad de aquellas personas a las que condenó al exilio. El exiliado, el «sacado de su suelo», herraba con la ausencia eterna de sus olores, sus gestos y su idioma.

Hemos dicho que el amor tiene que ver con el reconocimiento. Es lo que la Yoly intenta transmitirle a su esposo a su manera: «Aquí sos el Negro… allá, ¿quién vas a ser?».

De esa manera simple el personaje devela la diferencia que hay entre el tener y el ser. Seguramente, si se fueran a Nueva York tendrían una economía más acomodada, un presente sin necesidades, pero el costo sería muy alto: deberían dejar de ser. Y ella no estaba dispuesta a pagarlo. No quería ser una exiliada y por eso renunció al bienestar y la comodidad, para defender su identidad.

Esa es la fuerza del deseo.

Al igual que la Yoly, Don José de San Martín, uno de los libertadores argentinos más relevantes, le confiesa a su amigo y también aliado independentista Tomás Guido que nada le falta en su exilio en Grand Bourg. Tiene todo para ser feliz, sin embargo su alma encontraba un vacío que no podía llenar aun en la misma felicidad.

Como vemos, la patria, el barrio o la amistad son abstracciones por las que alguien puede tener que enfrentar un duelo. Y no son las únicas. También el trabajo, la vocación o cualquier anhelo que lleve nuestra sangre pueden ensombrecernos. Porque de eso se trata un duelo. De reconocer que se ha perdido algo importante, hondamente amado, y tener el coraje de trabajar para volver a ponerse de pie.

Algunos conceptos

El Psicoanálisis es una terapéutica que se apoya sobre un firme andamiaje teórico. Algunas de sus nociones recorren el lenguaje cotidiano: Edipo, Inconsciente o Represión. Otras en cambio quedan en el marco más estrecho de los analistas: Metáfora Paterna, Forclusión o Contrainvestidura. Todas ellas sostienen una complejidad brumosa para quien no las haya abordado en profundidad.

Los temas de los que se ocupa el Psicoanálisis son tan carnales, tan profundamente humanos que cualquiera se siente obligado a tenerlos en cuenta. ¿Quién no ha pensado en la soledad, el deseo, los miedos o el dolor? ¿Quién no ha pasado por alguna de estas experiencias?

El duelo es la arcilla cotidiana con la que trabaja un analista. Nadie viene al consultorio si no es porque ha perdido algo, o porque teme perderlo, que es otra de las formas de la pérdida: la angustia.

Pensar el duelo nos obliga a echar mano a ciertos conceptos sin los cuales sería imposible arrimarnos a su comprensión. Por eso los invito a recorrer algunos de ellos. No muchos. Apenas los indispensables.

Espero que les resulte un camino estimulante. Será un recorrido breve, pero no carente de dificultad.

Como bien señaló Platón: «Jalepá ta kalá», lo bello es difícil. El duelo también.

1. Tres maneras distintas de vivir la falta

Ya hemos aclarado que la neurosis es la consecuencia de un modo más o menos fallido de resolver un conflicto interno. Nadie resuelve sus ambivalencias sin que haya alguna consecuencia. Debemos asumir que la mayoría de las personas habitan ese vasto territorio de las neurosis.

Hay diferentes modos en que los neuróticos viven sus faltas.

El psicoanalista Ernest Jones fue el primero en plantear tres tipos diferentes de falta: la privación, la frustración y la castración. Jacques Lacan retomó y profundizó esta idea.

Así, definió la privación como «la falta real de un objeto simbólico». Analicemos esta frase.

Lacan nos indica que la falta del objeto es real, no es fantaseada ni errónea. El objeto, en cambio, es simbólico, es decir que es parte integrante de un todo. Un objeto que debería estar presente sí o sí.

Pongamos un ejemplo.

Si le pedimos a alguien que dibuje a una persona, más allá de sus capacidades como dibujante, seguramente realizará una imagen que posee una cabeza, un torso, dos brazos y dos piernas. Es posible que incluya también los ojos, las orejas, la nariz, las manos y la boca.

Es tan esperable que así sea que cuando falta alguno de estos elementos sospechamos que quien realizó el dibujo podría tener un trastorno psíquico o neurológico.

No es imprescindible ser psicólogo ni tener experiencia en la toma de test proyectivos para percibirlo. A cualquiera le llamaría la atención que al dibujo le faltara la cabeza o tuviera un solo ojo. ¿Por qué? Porque son cosas que tienen que estar. No es pensable su ausencia. Eso significa que un objeto forma parte de un todo simbólico.

Según la definición de Lacan, el sentimiento de privación aparece cuando en la realidad falta un objeto que debería estar presente.

El capitán Ahab, por ejemplo, estaba privado de su pierna. Carecía realmente de ese objeto que forma parte simbólica del cuerpo humano.

Existe algo llamado «esquema corporal». Se trata del registro inconsciente que tenemos de nuestro cuerpo y su impronta es tan fuerte que incluso cuando el cuerpo real ha cambiado porque, por ejemplo, sufrió una amputación, el esquema corporal se mantiene intacto. En esos casos suele aparecer una experiencia alucinatoria llamada síndrome del miembro fantasma. Un trastorno que produce sensaciones que provienen de ese miembro ausente, de ese miembro que ya no forma parte del cuerpo real, pero sí del simbólico. Así, quienes han perdido una pierna o un brazo sostienen que les pica esa pierna o les duele ese brazo que en realidad ya no tienen.

Se trata de una falta tan difícil de asimilar, tan impensada que lo ausente sigue marcando su presencia de modo fantasmal. Pero no es solo la amputación física la que despierta el sentimiento de privación. También existen amputaciones emocionales.

Muchas veces quien enfrenta un duelo experimenta la privación porque al perder su objeto de amor ha perdido una parte intrínseca de su ser, algo que no podía perder para seguir siendo quien es.

Martina, por ejemplo, quedó privada de su hija, porque una vez que nació y es parte constitutiva de la estructura de una familia, un hijo es algo que no puede faltar. Un hijo no puede morir. Es tan impensado que no existe una palabra que dé cuenta de esa pérdida.

La persona cuya pareja murió es viuda, quien ya no tiene a sus padres es huérfano. En cambio, no hay término que defina al que perdió un hijo porque es algo que no debería ocurrir. Y sin embargo, a veces ocurre.

Melanie era parte de aquella estructura y su muerte generó la ausencia real de «un miembro» de la familia que no podía no estar.

Los que iban desesperados a retratarse con Mumler, el fotógrafo espiritista, solían ver en la estampa al amado que a pesar de haber muerto no podía estar ausente porque era parte integrante del todo familiar. Tenía que estar allí, y por eso allí lo encontraban. Ilusionados, trastornados en su percepción veían en las fotos presencias imposibles.

En su estafa, Mumler ofrecía recomponer un abrazo roto, recuperar la presencia de lo ausente. Con trucos y engaños llenaba en sus retratos un espacio vacío en la realidad, aunque pleno en la psiquis de sus clientes.

Esa es la privación. Y el sentimiento que genera es el dolor.

La frustración es descripta por Lacan como «la falta imaginaria de un objeto real».

Esta vez lo real no es la pérdida sino el objeto. Es decir que se ha perdido algo real que solo se tenía en la imaginación. Algo que se deseaba o se creía merecer.

Supongamos que alguien se presenta a una selección de personal y no es elegido. El empleo que quería obtener es un objeto real, pero la pérdida es imaginaria, porque en realidad no lo tenía. No era más que una esperanza, algo que vivía en su fantasía, pero que anhelaba con tantas ansias que la no concreción de esa esperanza provoca sufrimiento.

Otro caso habitual es la mujer que desea ser madre y no lo consigue. Conozco ese padecimiento. Lo he tenido dentro del consultorio muchas veces. Sé del llanto que aparece luego del fracaso de un tratamiento de fertilidad. De esa ilusión que se desvanece con un simple análisis de sangre y da paso al dolor. Aunque esta vez el dolor es acompañado de otro sentimiento que, como la hiedra, se adhiere al sujeto y crece de modo destructivo: la rabia. Un enojo que se vuelca hacia uno mismo o se proyecta a los demás. Es esa mujer que ha visto frustrado su sueño de maternidad y se siente inferior y se acusa por su imposibilidad de concebir, o se enoja con su pareja que no aceptó buscar el hijo antes o el médico que no pudo lograr el objetivo.

Es común que la persona que se siente frustrada culpabilice a los demás de sus faltas. Los apunta con un dedo acusador, sostiene una distancia enojada y de ese modo se condena a sí misma a una vida dolorosa.

Pienso en Aquiles y su furia contra los troyanos, al fin y al cabo los causantes de su pérdida. Seguramente el héroe soñaba un futuro junto a Patroclo. Un futuro que le fue arrebatado antes de llegar. Él no merecía eso. Y descargó la ira de su frustración con tal potencia que su historia ha vencido al tiempo.

El sujeto frustrado siente que no es justo que no lo hayan elegido, que le hayan dado a otro el trabajo, el amor, el éxito o la aceptación que anhelaba y creía merecer. La mujer cuyo anhelo de maternidad se ha frustrado no entiende por qué le ha ocurrido. Si ella lo merecía, si era lo que más deseaba en el mundo.

Pero vayamos a una situación mucho más probable.

Imaginemos que alguien ama a una persona y esta lo rechaza y elige a otra. Cuando surge la frustración el sujeto se pregunta por qué esa persona no le dio su amor a él. Si es mejor, si la desea con más fuerza, si la quiere de un modo más noble, si daría la vida por ella. Entonces lo invade una sensación de injusticia que despierta su rabia.

Por otra parte, hay que tener mucho cuidado con la esperanza, porque es la madre de todas las frustraciones.

Cuando se construye en la fantasía la esperanza de que algo llegará, y eso no pasa, el impacto es brutal. Y tanto más fuerte cuanto mayor haya sido esa esperanza.

El desengaño derrumba además una cantidad enorme de ilusiones que rodeaban al objeto perdido en relación con todo lo que podría habernos dado. Cuando se pierde un objeto, también se pierden otras cosas que estaban adheridas a ese objeto: las ilusiones.

Pienso en Martina y la cantidad de cosas que perdió sin haber llegado a tenerlas. La ilusión de un cumpleaños de quince que no llegó, el destino que su hija no pudo escribir y con el que Martina soñaba.

Melanie podría haberle dado tantas satisfacciones. Un título, un viaje más, o un nieto. Todos objetos reales cuyo disfrute formaban parte solo del universo imaginario de mi paciente. Y esas pérdidas imaginarias nacidas de ilusiones que acompañan a los objetos de amor duelen tanto como el objeto perdido.

En noviembre de 1974, cuando tenía apenas cinco años, murió ahogada Angélica de Torre, sobrina nieta de Jorge Luis Borges. A su memoria el escritor dedicó este poema desgarrado.

¡Cuántas posibles vidas se habrán ido
en esta pobre y diminuta muerte,
cuántas posibles vidas que la suerte
daría a la memoria o al olvido!

Cuando yo muera morirá un pasado;
con esta flor un porvenir ha muerto;
en las aguas que ignoran, un abierto
porvenir por los astros arrasado.

Yo, como ella, muero de infinitos
destinos que el azar no me depara;
busca mi sombra los gastados mitos

de una patria que siempre dio la cara.
Un breve mármol cuida su memoria;
sobre nosotros crece, atroz, la historia.

La tercera de las faltas que Lacan teorizó es la más difícil de explicar porque se trata de una pura abstracción. Es lo que los analistas llamamos «castración».

Lacan la definió como «la falta en lo simbólico de un objeto imaginario».

¿Qué significa? Que nadie lo tiene todo, porque nadie está completo. En nuestra estructura, como en la estructura del lenguaje, falta al menos un elemento. Y en ausencia de ese elemento que lo complete el sujeto humano construye objetos imaginarios que velan esa falta inevitable.

Así la belleza, el dinero, el éxito, una casa o el prestigio pueden constituirse de modo fantaseado en la columna que sostiene una falsa seguridad y oculta la carencia.

El objeto puede ser cualquiera en tanto se vuelque sobre él la capacidad de ocultar nuestra falta. Todos tenemos alguno que cumple esa función, aunque a veces no sepamos cuál es. Pero no debemos pensar que se trata siempre de un objeto material. Abstracciones tales como el prestigio o la fama, atributos como la belleza o la inteligencia o incluso otras personas pueden encarnar al objeto maravilloso que genera la imaginaria sensación de completud. El ejemplo más claro es un hijo.

En realidad, la castración es angustia. La angustia que surge ante la amenaza de perder ese objeto valioso que oculta a los demás y a nosotros mismos que no somos más que seres atravesados por la duda, el miedo y la inseguridad.

Los sentimientos de privación o frustración, e incluso la angustia de castración, suelen aparecer en momentos distintos del duelo y generar rabia, dolor o impotencia, sentimientos que serán más fuertes cuanto más grande haya sido el apego que se tuvo con la persona o el objeto perdido. Cuando ese apego ha llegado a niveles patológicos de dependencia, el duelo se ve amenazado por una posible depresión o, si la estructura psíquica del sujeto lo permitiera, por la irrupción desmesurada de la melancolía.

2. La pulsión

A lo largo del libro hemos aludido tanto al concepto de pulsión de vida como a su opuesto, pulsión de muerte. Pero ¿de qué hablamos cuando hablamos de pulsión?

Todo en el universo está sometido a estímulos. La piedra soporta la lluvia que la desgasta, el árbol reacciona al viento o la sequía, el animal percibe olores y anticipa la cercanía de su partenaire sexual o de su depredador.

El ser humano no escapa a la influencia de los estímulos que recibe y está obligado a reaccionar de alguna manera. Este trabajo implica un gasto de energía que se dedica a procesar dichos estímulos y generar una respuesta.

Esos estímulos pueden provenir del afuera o tener un origen interno. Los externos provienen de un impulso único, son momentáneos, y pueden suprimirse a partir de un acto cuyo tipo, dirá Freud, «será la fuga motora ante la fuente de la cual emana».

Pongamos un ejemplo.

Recibir una cachetada es un estímulo externo. Actúa de manera puntual y en un momento preciso. Cuando los estímulos externos son desagradables existe una forma de evitarlos: la huida. Podemos guarecernos del frío o alejarnos de un perro que parece amenazante. Se puede devolver el golpe, poner la otra mejilla o, algo mucho más sano, evitarlo.

De los estímulos internos, en cambio, no es posible escaparse porque vienen de nosotros y seguirán reclamando una acción que los calme y no desaparecerán hasta que esto ocurra, porque «no actúan nunca como una fuerza de impacto momentánea sino como una fuerza constante».

El hambre, por ejemplo, va a mantener su exigencia a la psiquis hasta que se realicen los actos necesarios para saciarlo.

Hasta aquí podemos decir que tanto los animales como los humanos nos encontramos en una situación similar. Sin embargo hay una gran diferencia: los animales tienen instinto, el ser humano, pulsión.

El instinto es un saber innato que le dice al animal cómo reaccionar ante cada uno de esos estímulos que recibe. Le señala cuáles son sus depredadores y cuáles sus presas. Cuál es su objeto sexual y cómo debe realizarse ese encuentro. Cuándo es tiempo de procrear y cuándo de hibernar. Por eso es posible describir con minuciosidad la época del año y la forma en que se aparean las ballenas porque ninguna de ellas decidirá hacerlo de manera diferente. Todas seguirán los mandatos del instinto.

La pulsión es mucho más compleja. Como señaló Octavio Paz, hombres y mujeres ponen sobre el sexo, sobre el instinto, la poética humana del erotismo. «El acto erótico se desprende del acto sexual: es sexo y es otra cosa».

Esa otra cosa es la palabra.

La sexualidad humana es el lenguaje del deseo. Es fantasía y anhelo. Incomprensión y desencuentro.

El erotismo es consecuencia de la falta de adecuación entre la pulsión y su objeto. «Los animales siempre copulan de la misma manera», señala Octavio Paz. Y gracias al instinto llegan a una satisfacción plena. En cambio…

> La especie humana padece una insaciable sed sexual y no conoce, como otros seres animales, periodos de celo y periodos de reposo.

Sexo y sexualidad no son lo mismo. El sexo es siempre igual. La sexualidad varía de una persona a otra, de una relación a otra. El sexo implica la repetición de una conducta instintiva. El erotismo requiere de una creación permanente. El sexo es puro cuerpo. La sexualidad es algo más. Como enfatizó Paz: «En todo encuentro erótico hay un personaje invisible y siempre activo: la imaginación, el deseo».

Esa imaginación y ese deseo que se adhieren a la pulsión hacen de la sexualidad humana un enigma.

Por tratarse de un estímulo interno, no se puede huir de la pulsión, es decir que nuestra psiquis debe encontrar la manera de calmar la tensión que ella genera. Esta exigencia, este esfuerzo constante que ejerce sobre el aparato psíquico se lo denomina «perentoriedad» y es uno de los elementos fundamentales de la pulsión. Otro es la «fuente».

¿De dónde surge la pulsión? De esas partes del cuerpo que por su capacidad de generar placer o dolor denominamos zonas erógenas.

Un tercer elemento es el «fin».

¿Cuál es la finalidad de la pulsión? ¿Qué pretende? Ser satisfecha. Es decir que la satisfacción es la meta de la pulsión, y para que esa satisfacción pueda concretarse se necesita de un objeto en el cual se descargue la tensión. El «objeto» es, entonces, el cuarto elemento característico de la pulsión.

A diferencia del instinto que ofrece al animal un objeto determinado por la especie, el objeto que satisface a la pulsión puede ser cualquiera, incluso una parte del propio cuerpo.

Observemos a un chico de uno o dos años y veremos que se acaricia, se toca y disfruta con esto. Nada se interpone entre él y la satisfacción pulsional. Con el tiempo la educación hará su trabajo. Cuando los padres le prohíben al hijo que se toque, están imponiéndole límites a ese disfrute solitario, autoerótico. Así, instauran diques de contención como la vergüenza, el asco o el pudor que impiden la descarga inmediata de la tensión generada en las zonas erógenas.

A diferencia de lo que ocurre con las especies animales, el objeto de la pulsión varía de un ser humano a otro. Algunos podrán satisfacer su pulsión sexual con un hombre, otros con mujeres o con ambos. Incluso, como lo muestran las perversiones, hay casos en que la satisfacción se encuentra con animales (zoofilia) u objetos (fetichismo).

Dijimos que la pulsión se origina en el cuerpo. ¿Eso implica que se trata de un fenómeno físico? No. Porque la exigencia de satisfacción recae sobre la psiquis. Por eso decimos que la pulsión es un concepto límite entre lo psíquico y lo somático.

Resumiendo.

La pulsión es una energía que surge de una parte del cuerpo e impacta sobre nuestro psiquismo. Una energía que demanda un esfuerzo constante de nuestra psiquis para ser satisfecha y cuya satisfacción requiere de un objeto.

Los analistas distinguimos dos tipos de pulsiones: pulsión de vida y pulsión de muerte. A la energía de la pulsión de vida la llamamos libido. Es la fuerza que mueve nuestros deseos y nos impulsa a estudiar, construir vínculos sanos o luchar por nuestros sueños.

La pulsión de muerte, en cambio, nos empuja hacia aquellas cosas que pueden lastimarnos. Es, por ejemplo, lo que hace que repitamos elecciones de amor dolorosas o tomemos decisiones que ponen en riesgo nuestra felicidad, cuando no la vida misma. ¿Por qué una parte de nosotros haría algo así? Cito a Freud: «La meta final de toda vida siempre es la muerte».

Ya dijimos que la vida es un breve periodo de existencia que navega entre dos grandes inexistencias. Que nada éramos antes de nacer y nada seremos después de morir.

La pulsión de muerte lo sabe y quiere retornar a ese vacío inanimado que éramos antes de nacer. Por eso intenta alcanzar su fin, la muerte, lo antes posible.

La pulsión de vida le dará batalla apostando al placer que puede generarnos la experiencia de la vida.

Estas dos pulsiones están mezcladas y en permanente lucha dentro de cada ser humano. A veces se impone una, a veces la otra. Esta lucha es tan encarnizada que nuestro nivel de salud o enfermedad depende de su resultado.

En una persona sana la pulsión de vida domina sobre la pulsión de muerte. Cuando la balanza se inclina en favor de esta última, el precio es la enfermedad, las malas elecciones y el sufrimiento.

3. Los principios que rigen nuestra psiquis

Ya mencionamos que el aparato psíquico está sometido a la influencia de estímulos externos e internos. También que cada uno de ellos, al exigir una satisfacción, genera un aumento de la tensión psíquica. Digamos ahora que nadie puede tolerar un aumento desmedido de la ansiedad sin pagar un costo.

El Principio de Constancia describe la tendencia del aparato psíquico a mantener esa tensión en un nivel constante y soportable. Para lograrlo existen dos mecanismos posibles. El primero es ir descargando la tensión a medida que se acumula. El segundo es evitar el contacto con aquellas cosas que pudieran generar un nivel de excitación demasiado elevado.

Como señalamos, esta evitación es posible solo cuando el origen de la excitación es un objeto externo. Cuando le aconsejamos a alguien que no vea a su expareja porque puede ser contraproducente, ¿qué estamos haciendo sino pedirle que evite el contacto con una situación que le puede generar una ansiedad tan alta que lo lleve, de manera inevitable, hacia el dolor?

Pero aclaramos que de los estímulos internos, en especial de la pulsión, no se puede huir, y requieren de una acción más compleja para descargar la tensión.

Estas acciones pueden ser sanas, como correr, estudiar, vivir una sexualidad disfrutable o la simbolización mediante la palabra. En otros casos la descarga se produce de manera patológica.

En los mitos griegos hay ejemplos que aluden a esas descargas irrefrenables. En muchos casos, dioses, semidioses y otros seres se «animalizan» para forzar encuentros sexuales en los que pareciera imponerse el instinto. En su sabiduría los relatos míticos vuelven animales a quienes actúan de ese modo.

Se cuenta que Crono se sintió apasionado por Filira. La mujer lo rechazó y se transformó en yegua para escapar del dios. Pero este adoptó la forma de un caballo y la violó. Por eso el fruto de aquel abuso, Quirón, fue un ser doble, mitad hombre mitad caballo. Es decir, un centauro.

Hoy es común que se hable de los llamados «trastornos de la ansiedad». Ansiedad, como vimos, es otro de los nombres de la tensión psíquica. Esos trastornos aparecen cuando esa tensión aumenta tanto que desborda la capacidad del aparato psíquico para manejarla y ante la falta de una respuesta adecuada surgen fenómenos como los ataques de pánico o las crisis de angustia.

Según Freud, nuestra actividad psíquica tiene como fin la producción del placer y la evitación del displacer. Pero aclaremos algo. Aquí, displacer es sinónimo de aumento de la ansiedad y placer de la disminución de esta. Es una teoría que tiene que ver con montos *económicos* de tensión psíquica y no con situaciones agradables o desagradables. Por eso se la denomina una teoría económica, porque alude a montos de afecto.

A este mecanismo que rige nuestra psiquis y que intenta bajar los niveles de ansiedad cada vez que aumentan lo llamamos *Principio del Placer*.

Sin embargo, como señaló Freud, la vida nos demuestra que hay situaciones que no parecen regirse de esta manera. Existen personas que, lejos de ir tras la calma, parecen disfrutar de los momentos de extrema tensión. Buscan la pelea, el dolor, las agresiones o los riesgos. Actitudes que escapan a esta idea que planteamos, circunstancias que están Más allá del Principio del Placer.

¿Cómo se explica esto?

Aprovechemos un concepto que acabamos de ver.

La pulsión de muerte, la misma que nos empuja al dolor en busca de su satisfacción, rompe las barreras de contención que intenta sostener el Principio de Placer.

Desde este punto de vista, pareciera que lo sano sería guiarse siempre por el Principio de Placer. No es así. También este Principio genera algunos costos, porque en su búsqueda por disminuir la ansiedad displacentera tiende a la descarga inmediata de la ansiedad y esto no siempre resulta una respuesta conveniente.

Pensemos en los bebés. Ellos se rigen exclusivamente por el Principio de Placer. Por eso cuando tienen ganas de hacer pis se hacen encima y cuando algo no les gusta o les duele de inmediato lloran hasta descargar la tensión.

Es esperable que un adulto se comporte de modo diferente. Si tiene hambre, que sea capaz de esperar a que la comida esté lista y no que empiece a gritar. Esta capacidad de mediatizar, es decir de poner un tiempo de espera entre el estímulo y la respuesta, requiere de un mecanismo diferente: El Principio de Realidad.

El Principio de Realidad no toma siempre el camino más directo para llegar a la descarga de la tensión. Por el contrario, es capaz de dar rodeos, aguardar y elegir senderos más complejos para que la respuesta sea mejor aunque eso implique soportar un tiempo el displacer. De esa manera, la persona puede adaptarse y reconocer las exigencias de la realidad.

Supongamos que alguien nos dice que ya no quiere estar con nosotros porque se ha enamorado de otra persona. Ese estímulo despierta una cantidad de ansiedad que debemos resolver.

El Principio de Placer nos llevaría a llorar, a suplicar que nos digan que es una broma o a intentar retener al amado a cualquier costo. A veces, incluso, por medio de la violencia.

En cambio el Principio de Realidad nos insta a comprender que esa persona tiene derecho a su elección de amor, que desea irse y debemos aceptarlo. También a soportar el displacer que eso nos genera y encontrar el modo de resolver el dolor. En medio de estas ideas comienza a asomarse el duelo.

Por último nombremos al Principio de Nirvana.

Se parece al Principio de Constancia, excepto porque el intento es directamente reducir la tensión a cero.

Como vimos, el nirvana alude a un estado en que se han superado todos los deseos. Deducimos que si esto fuera posible la tensión psíquica sería nula porque ya no habría estímulos que pudieran perturbarnos. El nirvana es un estado que buscan algunas religiones o filosofías orientales, aunque filósofos de Occidente como Arthur Schopenhauer o André Compte-Sponville miran con agrado esta idea.

Digamos algo: si la tensión es cero y no hay deseos, tampoco habrá sujeto humano. Es el deseo lo que nos define como tales. El deseo y la palabra. Por eso el Principio de Nirvana se emparenta con la pulsión de muerte.

4. Trauma, angustia, miedo y terror

Es bastante común escuchar a alguien decir que ha vivido una situación traumática. También la utilización de la palabra trauma se ha extendido demasiado y es imprescindible detenernos en una noción tan importante para la práctica clínica.

Dijimos que los estímulos producen una cantidad de energía que ingresa al organismo. A veces estamos preparados para recibirla y otras no.

La angustia supone un estado de expectativa. Es una sensación que se experimenta ante la posibilidad de que ocurra un hecho doloroso. De modo que la angustia, a pesar de su mala prensa, es de gran utilidad. Sirve para que alguien se prepare y tenga a mano una respuesta adecuada que le permita enfrentar una circunstancia difícil. Por ejemplo, si recibimos un llamado y nos piden que vayamos de urgencia a la terapia intensiva de un hospital, vamos a angustiarnos. Todavía no sabemos qué pasó, pero ya nos recorre la angustia. Eso significa que nuestra psiquis está alzando sus defensas y se prepara ante la posibilidad de recibir una mala noticia.

El miedo en cambio responde a la presencia de un objeto específico. Es lo que ocurre en las fobias, aunque no todo miedo implica una neurosis fóbica. Se le tiene miedo a algo en particular. Un animal, la oscuridad, los espacios abiertos o las reuniones sociales. Pero siempre hay un elemento que suscita el miedo.

Es decir que la angustia surge ante un hecho potencial e indefinido y el miedo ante la presencia de algo concreto.

A su vez, el terror requiere del factor sorpresa. Es una reacción que aparece cuando la persona está distraída, ocupada en otra cosa, y por eso mismo desprotegida.

Alguien entra a su casa, cierra la puerta, enciende la luz y se encuentra de golpe con un desconocido, o damos vuelta a la esquina y nos topamos con un animal que nos amenaza. El terror surge en circunstancias en que la psiquis no está preparada para afrontar lo que ocurre. Faltó la anticipación angustiosa, no estuvo la posibilidad de huir que brinda el miedo. Simplemente nos llevamos por delante algo displacentero sin ninguna protección.

Como vemos, cada una de estas sensaciones tiene una relación diferente con el peligro. La angustia lo anticipa, el miedo lo esquiva y el terror lo padece. Claramente, el trauma tiene que ver con el terror.

En la situación traumática una cantidad excesiva de estímulos ingresan al organismo y nos sorprende de modo tal que las murallas del Principio de Placer no alcanzan a contenerla. La ansiedad que no pudo ser tramitada deambula libre por nuestro interior y será trabajo del aparato psíquico ligar esa energía a algo que pueda ponerle un límite y la vuelva soportable. Esto es, unirla a un suceso, un recuerdo o una palabra que permita simbolizar lo ocurrido. Hasta que esta elaboración no se produzca el trauma seguirá exigiendo una resolución. ¿Cómo lo hace? Repitiéndose una y otra vez ante cada suceso de la vida.

Lo veo en ese hombre que se queja porque nunca le sale algo bien, o en esa mujer que sufre porque siempre termina enredada en relaciones de amor que la lastiman.

Así, con la crueldad de la repetición en acto, el trauma se hace presente. Y no dejará de hacerlo hasta que podamos darle un sentido.

El intento del análisis es precisamente ofrecer un espacio donde las palabras alojen esa energía enloquecida que nos recorre. De allí nuestra invitación permanente a que el paciente hable. «¿Usted qué piensa? ¿Cómo se sintió en ese momento? ¿Le parece injusto lo que le ha ocurrido?».

No son solo preguntas. Son invitaciones a acotar el universo devastado por la desmesura pulsional.

Suele decirse que «todos somos neuróticos», y en algún sentido es cierto. El trauma está en el origen de toda neurosis. Y cada uno de nosotros, sin excepción, ha atravesado momentos traumáticos desde el momento de llegar a la vida.

El psicoanalista austriaco Otto Rank teorizó acerca del trauma de nacimiento. No suena descabellado pensar que la psiquis desvalida de un bebé se horrorice ante los estímulos que recibe al salir del cuerpo de su madre. Pero además, el aparato psíquico se construye a partir de la relación con aquellos que brindan los primeros cuidados. Por lo general esta labor es llevada adelante por los padres, quienes al bañar, alimentar, abrazar al bebé le generan una cantidad de estímulos que el chico no puede simbolizar. Cada uno de esos estímulos lo sorprende y lo encuentra indefenso. Por eso para toda persona la constitución de su psiquis es ya una experiencia traumática.

Todo ser humano es un sujeto traumatizado.

Volviendo

Todos hemos sido alcanzados por el duelo. De una u otra manera todos somos *ensombrecidos*. No existe alguien que no haya perdido algo. Nacer, de por sí, implica una pérdida. La pérdida de ese estado de completud en el que madre e hijo se sienten uno solo. No es más que una sensación engañosa. Nunca estamos completos.

Sin embargo, es conocido ese trastorno del ánimo llamado *depresión posparto*. Cabe preguntarse por qué algunas mujeres se deprimen después de parir. La respuesta es simple: porque la ilusión de completud que tuvieron durante el embarazo ha desaparecido.

La fantasía de que un hijo calmará la falta y pondrá fin a la angustia existencial que vive dentro de nosotros se desvanece. Entonces, en algunas ocasiones puede surgir un estado depresivo como respuesta a la angustia de castración.

Al hablar de la castración dijimos que era una falta que aludía a un objeto que imaginariamente nos completaba. Un hijo encarna a la perfección ese lugar. Basta mirar las caras del bebé y su mamá, ese embelesamiento mutuo, para comprender que ambos se reconocen como el objeto que completa al otro. Se equivocan, y lo entenderán pronto.

El duelo nos marca desde el momento en que llegamos al mundo y nos acompañará hasta el final de nuestros días.

Comprender la vida es asumir que estamos obligados a transitar un camino de pérdidas continuas.

El recién nacido pierde la protección del cuerpo materno; el niño pierde la posibilidad de dormir con sus padres y de ser el único objeto de amor para ellos; el adolescente pierde la inocencia y la protección de un hogar que creía perfecto; el joven pierde la impunidad; el adulto, la potencia y algunas ilusiones; el anciano pierde el futuro, la fuerza y en algunos casos el entusiasmo. Y en cualquier momento, como señaló Heidegger, todos podemos perder la vida.

Por eso el duelo.

Como sabemos, la idea del descenso al Infierno y su posterior ascenso al paraíso no fue un invento del Dante. Recordemos el rapto de Perséfone, la joven que el dios Hades secuestró y llevó por la fuerza a sus dominios. Según vimos, luego de una ardua negociación se decidió que ella alternara su tiempo entre el Inframundo y la vida terrenal. Mientras estaba en los dominios infernales, la Tierra entristecía y los frutos se secaban. Era el invierno. Cuando el acuerdo le permitía regresar, las plantas florecían y todo se llenaba de luz y color. La primavera.

La idea de atravesar el dolor más profundo y luego renacer es tan vieja como la humanidad. Es la manera en que hombres y mujeres han intentado simbolizar el duelo.

La palabra *catábasis* proviene del griego *kata*, que significa «abajo», y *basis*, que quiere decir «avance». Es decir que catábasis señala un avance hacia abajo, un descenso.

Su opuesto es el concepto de *anábasis*. «*Ana*» quiere decir «subir», entonces la anábasis es el camino ascendente.

Johann Sebastian Bach utilizó la palabra catábasis en alguna de sus partituras para indicar a los intérpretes la profundidad que debían alcanzar en ese momento particular de la obra.

Llegado este punto, vamos a definir el objeto de nuestro trabajo:

El duelo es un proceso que tiene tres tiempos.

El primero corresponde al impacto que produce la pérdida.

El segundo, que llamaré catábasis, da cuenta del descenso a los infiernos emocionales del *ensombrecido*.

El tercero, la anábasis, implica el proceso que lleva al resurgimiento, el regreso al mundo del deseo. Pero con un detalle importante. Quien vuelve de esos infiernos emocionales, regresará diferente. Habrá algo que ya no tiene, y tendrá algo que no tenía antes de iniciar el duelo. Es otro y a la vez es el mismo.

El trabajo de duelo no busca recuperar nuestro antiguo ser, sino que tengamos la valentía de animarnos a ser alguien diferente. Alguien que ha perdido, y a partir de esa pérdida es capaz de dar nacimiento a algo nuevo y distinto a la vez.

El duelo implica una metamorfosis.

Se trata de un trabajo que permite que una persona se convierta en alguien diferente después de recibir un golpe traumático. Que logre ponerse de pie después de algo tan tremendo como la muerte o el desamor. Que pueda transformarse sin dejar de ser del todo quien era antes de sufrir la pérdida.

Allá por el siglo VI antes de Cristo la idea de la metempsicosis, es decir la posibilidad de que un alma viajara de un ente a otro, era totalmente rechazada. Sin embargo, los poetas se sentían atraídos por las metamorfosis, esos cambios repentinos que transformaban a una persona o a un dios en otra cosa.

Los pensadores y artistas de entonces resistían la idea de que alguien pudiera convertirse totalmente en algo o en alguien más, y dejar de ser. En cambio, los seducía la metamorfosis porque se trataba de una transformación relativa y no de una pérdida total. Más allá del cambio, el metamorfoseado conservaba la esencia de lo que había sido.

¿Por qué? Porque a veces la metamorfosis tenía un tiempo limitado al cabo del cual se volvía al ser anterior. Otras, porque a pesar de que la transformación fuera permanente, el sujeto conservaba la consciencia de quien había sido en el pasado.

En los mitos antiguos los dioses se metamorfoseaban con bastante asiduidad. Se convertían, por ejemplo, en lluvia o en algún animal para lograr sus cometidos. También solían metamorfosear a algún humano para castigarlo, aunque otras veces lo hacían para evitarle un mal mayor.

Si como escribió Spinoza, todo lo que es tiende a perseverar en su ser, si nada quiere cambiar, la metamorfosis aparece como un penar intermedio. Implica dejar de ser, pero no tanto. «Si arrastré por este mundo la vergüenza de haber sido y el dolor de ya no ser».

De esta manera describe Alfredo Le Pera el sufrimiento del abandonado que, al mismo tiempo, es y no es el mismo que cuando estaba con la persona amada.

En su libro *Las metamorfosis*, Ovidio nos cuenta una historia interesante.

Píramo y Tisbe eran dos jóvenes enamorados que no podían casarse porque sus padres se oponían al matrimonio. Vivían uno al lado del otro y se veían secretamente a través de un agujero en la pared que separaba sus casas.

Cierta noche decidieron encontrarse junto a una fuente que había en las afueras de la ciudad. La primera en llegar fue Tisbe. Se acomodó junto a la fuente y mientras aguardaba la llegada de su amado, vio acercarse a una leona y huyó. Pero en la huida dejó caer su velo. El animal, casi jugando, mordisqueó la tela y la manchó con la sangre que llevaba en la boca por lo que acababa de comer.

En ese momento llegó Píramo. Al ver que la fiera masticaba el velo ensangrentado de Tisbe, creyó que la leona la había devorado.

Imaginemos la situación.

Píramo espera encontrar a su amada y en cambio encuentra la certeza de que ella ha muerto. Entonces, aparece el horror, la pérdida sin angustia, sin preparación alguna. El trauma lo avasalla y siente que «no podría ser después de ella».

Se trata de una experiencia muy común para quienes pierden un amor. Así lo plasma Homero Expósito en su tango «Naranjo en flor»: «Después, qué importa del después… toda mi vida es el ayer que me detiene en el pasado».

En efecto, son pérdidas que amenazan con detenernos. Algunas veces nos aferran al pasado, otras nos incitan a renunciar a la vida.

Eso ocurrió con Píramo, quien abrumado por el dolor se dio muerte con su espada. Al rato, cuando la leona ya se había marchado, Tisbe regresa a la fuente en busca de su amado y lo encuentra muerto. Otra vez el horror. Otra vez el trauma.

Enloquecida ante la escena, Tisbe arranca la espada del cuerpo de Píramo y se mata también.

Pero los dioses, que todo lo ven, se apiadaron de ellos y les regalaron un destino diferente: los transformaron en agua. A Píramo lo convirtieron en río, un río que lleva su nombre, y a Tisbe en una fuente que permanentemente vierte sus aguas sobre él.

De esta manera, conmovidos por su amor, los dioses les permitieron permanecer juntos por toda la eternidad.

Analicemos este mito. Es la historia de un desencuentro, lo cual no tiene nada de extraño en los temas del amor.

El amor es siempre un desencuentro.

No olvidemos que se trata de *dar lo que no se tiene a quien no es,* lo cual no significa que los amores sean siempre imposibles. Por el contrario, muchas veces se concretan aunque jamás alcancen a cumplir su promesa de completud.

En este relato, el encono familiar primero y la muerte después imposibilitaron el encuentro.

Tanto en Píramo como en Tisbe se cumplen los dos tiempos iniciales del duelo que acabamos de plantear.

Dijimos que el primero era el impacto que genera la pérdida.

En este mito, al tratarse de un hecho imprevisto, ninguno de los dos estaba preparado, es decir, angustiado como para resistir semejante golpe. Entonces surgió el trauma. Las pulsiones enloquecieron y ante la imposibilidad de manejar tanta ansiedad, no encontraron otra forma de disminuir la tensión psíquica que apelar al Principio de Nirvana y reducir la ansiedad a cero. El modo de conseguirlo fue el suicidio.

Es claro que aquí no hubo trabajo de duelo. Faltó el tercer momento, el del ascenso. Aunque la anábasis finalmente ocurre, se transforman en algo distinto que a la vez los contiene, en un río y en una fuente. Sin embargo, esa metamorfosis no fue producto de un trabajo psíquico para superar la prueba, sino de una decisión divina.

Este detalle celestial agrega poesía al cuento, pero delata la imposibilidad que los jóvenes tuvieron para resolver el conflicto doloroso que plantea la pérdida de lo que se ama.

El lector atento habrá notado alguna similitud entre el mito de Píramo y Tisbe y la célebre historia de Romeo y Julieta. No se trata de una asociación casual. La mayoría de los estudiosos sostienen que William Shakespeare se basó en este mito para escribir su obra.

Al igual que Píramo y Tisbe, Romeo y Julieta viven un amor prohibido.

El drama de Romeo y Julieta se consolidó como una de las historias de amor imposible más relevante de todos los tiempos. Romeo y Julieta marcan una forma de pensar el amor. El amor unido a la muerte.

Como vimos antes, en el amor renacentista importa el aquí y el ahora, se pone en entredicho el Cielo y los seres humanos importan más que los dioses. Si no es con el otro, qué importa del después. Porque sin el otro no se puede vivir. El otro es la vida misma. Y en este movimiento, el amor contiene al dolor y asume el riesgo del duelo.

Como sabemos, *Romeo y Julieta* sucede en la ciudad de Verona, en el marco del desencuentro y el odio entre dos familias: Montescos y Capuletos.

Romeo y Julieta, ambos hijos únicos de esas familias enemistadas se conocen durante un baile de máscaras y se enamoran perdidamente.

Allí se inicia la tragedia de un amor condenado a la frustración. Pero no es solo eso. La historia es trágica porque a esa frustración, a la imposibilidad de ser sin el otro, le sigue la muerte.

En un arrebato genial Shakespeare une para siempre al amor con la muerte.

Romeo y Julieta se encuentran en medio de las vicisitudes que los rodean. Se sienten bienaventurados a pesar de la furiosa enemistad que pretende arrastrarlos. Aunque sus familias se odian y quieren otro camino para ellos.

Al enterarse de que desean casarla con otro hombre, Julieta dice: «¿Por qué este apremio para desposarme con alguien que hasta ahora no me ha hablado de amor?».

Ella quiere a Romeo y no acepta ningún otro destino para su vida. Pero Romeo y Julieta son víctimas de un poder difícil de enfrentar. «Un poder superior a nuestras fuerzas frustró nuestra intención».

Ese poder superior que por amor deciden desafiar son las amenazas y los mandatos familiares. Deseos de otros, voces de otros que hoy son propias y desde lo Inconsciente señalan senderos de dolor. Pero los jóvenes no piensan ceder y enardecidos de pasión emprenden un camino desesperado por burlar a un destino que no se deja engañar. Romeo y Julieta encarnan el intento épico de hacer posible lo imposible.

Sin embargo, al menos por un instante el deseo se impone. Es solo eso, un instante, pero justifica sus vidas.

Se trata de una escena inolvidable.

Un balcón los reúne, y en ese espacio entre el cielo y la tierra ambos confiesan su amor. Ese balcón es un territorio mutuo. Parece ser de Julieta, pero no lo es. Es un espacio que cobija en su secreto. No es de Romeo ni es de Julieta. Es el espacio consagrado a un vaivén de palabras, miradas y emociones que pertenece a ambos y a nadie más. Es el símbolo de la comunión de sus almas, sus deseos y sus cuerpos.

Es una escena memorable.

Julieta, sin saber que él la escucha, exclama:

> ¡Ah, Romeo, Romeo! ¿Por qué eres tú Romeo? Reniega de tu padre y rehúsa tu nombre: ahora bien, si no quieres, sé de todos modos mi amor jurado. Y no seré yo más una Capuleto.

Y él, que la oye, renunciará a todo por amor. A sus mandatos, su familia, su historia y su vida para transformarse en su amor.

Ella continúa:

> Mi enemigo no es otro que tu nombre;
> tú eres tú mismo, ¿qué importa el Montesco?
> ¿Qué es ser Montesco? No es mano, ni pie,
> ni brazo, ni facción, ni parte alguna
> que pertenezca a un hombre. ¡Sé otro nombre! [...]
>
> Renuncia a tu nombre,
> que no forma parte de ti, y, a cambio,
> tómame a mí.

Conmovido, Romeo rompe el silencio y responde:

> Te tomo la palabra:
> llámame «Amor», bautízame de nuevo;
> no volveré jamás a ser Romeo.

Al escucharlo, ella piensa en su familia, en el odio que sienten por los Montesco y se asusta: «Si te vieran aquí, te matarían».

Romeo le responde:

> Tus dos ojos encierran más peligro
> que veinte de sus dagas. [...]
>
> Prefiero que me maten con su odio
> a morir lentamente sin tu amor.

La nodriza de Julieta interrumpe el diálogo de los enamorados. Pero antes de despedirse ella juega su deseo hasta el final.

> Romeo [...] si el amor que me muestras es honesto
> y tu propósito es el matrimonio,
> dile mañana a quien te enviaré
> dónde cumplir el rito y a qué hora,
> y yo pondré a tus pies mi vida entera
> y seguiré a mi amor por todo el mundo.

Y ambos se entregan a la plenitud del amor. Pero les aguarda la tragedia escondida tras la máscara del malentendido.

Los jóvenes se casan en secreto gracias a la ayuda del confidente de Romeo, un fraile llamado Lorenzo. Desconociendo esta boda, el padre de Julieta decide casarla con un joven llamado Paris. Desesperada, la joven pide la ayuda del fraile Lorenzo, quien arma un plan para que los enamorados puedan estar juntos.

Julieta deberá beber un elixir que hará que todos la crean muerta. Un mensaje le avisará a Romeo del ardid para que pueda buscarla y huir junto a ella.

Julieta cumple su parte del plan, pero Romeo nunca recibe el mensaje. Al volver a Verona encuentra el cuerpo que cree sin vida de su esposa, e incapaz de tolerar el dolor, se envenena a sus pies. Al rato la joven despierta, ve que su marido ha muerto, toma su daga y se quita la vida.

Romeo y Julieta se pierden definitivamente. Píramo y Tisbe se convierten en otra cosa. Los dioses no permiten su muerte definitiva y los transforman en aguas que se encuentran para siempre.

Romeo y Julieta, Píramo y Tisbe. En ambos casos el duelo fue imposible.

Más allá de la voluntad de los dioses, hay cosas que se pierden para siempre.

La vida de Shakespeare también resulta interesante si se la mira desde la óptica del duelo. Poco se sabe acerca de su niñez y adolescencia. Apenas, que fue el octavo hijo de una familia que había sufrido persecuciones religiosas a causa de su catolicismo. Se cree que estudió en un colegio local. Incluso algunos sostienen que abandonó la escuela siendo muy chico a causa de los problemas económicos que atravesaba su padre.

A los dieciocho años se casó con Anne Hathaway. El matrimonio tuvo primero una hija, Susanna, y luego mellizos, Judith y Hamnet. Del testamento que William dejó se deduce que su relación con Anne no era demasiado amorosa.

Shakespeare murió en abril de 1616, y estuvo ella hasta el día de su muerte. Sus nietos no tuvieron hijos, por lo cual no existe ningún descendiente vivo del escritor.

Su vida como dramaturgo comienza tras su mudanza a Londres, donde adquirió fama con rapidez. Pero detengámonos en este detalle.

En 1596, el único hijo varón del escritor, Hamnet, murió. Tenía solo once años. Algunos críticos sospechan que esa muerte inspiró a Shakespeare la obra de *Hamlet*, presentada solo cinco años después. Sea como sea, es claro que esa pérdida dejó una huella profunda. En *El rey Juan* podemos leer:

> La pena llena la habitación de mi hijo ausente,
> yace en su cama, anda conmigo arriba abajo
> asume sus bellos rasgos, repite sus palabras
> me recuerda sus graciosos miembros,
> rellena sus vacías prendas con su forma.
> Tengo entonces razón de amar la pena.

«Tengo entonces razón de amar la pena», dice Shakespeare y describe la tentación que recorre al *ensombrecido.* La pena es lo único que le ha quedado del amado. ¿Por qué debe renunciar también a ella?

En sus *Crónicas del Ángel Gris*, Alejandro Dolina imaginó esta escena. Un hombre, Jorge Allen, abandonado por la mujer que ama consulta a un psicólogo, el licenciado Finkel, para que lo ayude a atravesar un momento tan difícil.

> Finkel lo hizo recostar en su diván y lo invitó a hablar. Allen le contó minuciosamente cómo había sido abandonado por cierta señorita de La Paternal, la forma en que sufría y otros detalles menores. Transcurrido un buen rato, Finkel se levantó y dio por terminada la entrevista.
> —Bien —dijo Allen—. ¿Qué hago?
> —Venga el jueves a la misma hora.
> —¿Para qué?
> —Vea, se trata de que usted vaya comprendiendo su propio problema. La solución la encontrará precisamente en esa misma comprensión.

Allen regresó varias veces. Comprendió perfectamente su caso, lo cual no le sirvió de nada: la chica de La Paternal se casó con un consignatario de Alberti. Enterado de esta tragedia, el enamorado anunció a Finkel su decisión de interrumpir el tratamiento.

—Usted no entiende —sentenció el analista—; el punto es ubicarlo a usted ante la realidad para que acepte y supere el dolor.

—No deseo superar el dolor. Ya he perdido a la mujer que quería: ¿pretende usted dejarme también sin el sufrimiento? Dígame cuánto le debo.

De esta manera el *ensombrecido* cede a la tentación y queda adherido al dolor. Un dolor que si no logra simbolizarse puede llevar a la muerte.

II

ENSOMBRECIDO: EL DUELISTA

Si tuviéramos que hacer una sinopsis de *Duelo y melancolía*, el texto fundamental donde Freud desarrolla la concepción del duelo, diríamos que lo define como la reacción frente a la pérdida de un objeto amado. Puede tratarse de una persona o una abstracción. Lo mismo da mientras se trate de algo con lo que manteníamos una relación de amor. A partir de esa pérdida el *ensombrecido* se enfrenta con una realidad que le demuestra que el objeto no está más. Sin embargo, la realidad no convence a nadie, y Freud lo sabe. En la fantasía, en ese mundo íntimo y a veces inconsciente, el fantasma de lo perdido mantiene su presencia con una fuerza mucho mayor a la que tenía cuando el objeto estaba presente.

Del texto se desprende que la labor del duelo consiste en retirar cada uno de los lazos de amor que unen a la persona con esa imagen. Se trata de una tarea difícil, dolorosa, que requiere tiempo.

Al principio, el *ensombrecido* se resiste. Nadie abandona con facilidad aquello que amó. En conflicto con la realidad que le impone una verdad dolorosa, el sujeto en duelo retira su interés de esa realidad, lo deposita en el fantasma que lo habita e intenta mantenerlo con vida. De este modo esa imagen internalizada crece, mientras él mismo se *ensombrece* cada vez más.

Al *ensombrecido* solo le importan las cosas que lo mantienen ligado a lo perdido, por eso se encuentra incapacitado de libidinizar cualquier objeto de amor nuevo.

Sin embargo, es esperable que al cabo de un tiempo el conflicto se resuelva y la persona disponga otra vez de su energía psíquica, de su capacidad de amar para proyectarla hacia un objeto distinto. Un objeto sustituto que reemplazará al anterior. Cuando esto sea posible el trabajo de duelo habrá concluido.

Esta idea que abona la posibilidad de una sustitución del objeto perdido por otro que lo reemplace totalmente resulta conflictiva y ha sido motivo de muchas objeciones a la teoría freudiana del duelo. Yo mismo lo señalé al finalizar el recorrido por el texto.

Es evidente que el objeto sustituto no es el objeto perdido. Es otro y tiene características que lo harán diferente. Seguramente podremos volver a enamorarnos o encontrar un nuevo trabajo, pero se tratará de un objeto distinto que jamás podrá sustituir al primero.

En defensa de Freud se podría sostener que lo que se reemplaza no es el objeto sino la función que ese objeto cumplía. Aun así, la objeción se sostiene. La imagen que se construye del objeto sustituto nunca conseguirá borrar las huellas que queden del objeto perdido.

Pensar que algo tan evidente puede haberse escapado de la mirada lúcida de Freud resulta una ingenuidad, casi un insulto para una mente tan brillante. De hecho, él mismo se encargó de arremeter contra la idea de que el duelo consiste en el encuentro final con algo que sustituya lo que ha muerto, aunque no modificando su escrito anterior ni realizando uno nuevo, sino a través de su correspondencia.

Freud escribía muchas cartas, era quizás una de las formas en que simbolizaba sus dolores. En ellas se puede constatar que comprendió mejor que nadie que no todo puede ser sustituido y que hay pérdidas que dejan heridas que no podrán cerrarse jamás.

Para convertirse en el famoso «genio vienés» del que tanto se habla, Sigmund Freud tuvo que atravesar un exilio.

En *El precio de la pasión* dijimos que los antiguos griegos sabían que el peor de los castigos no era la muerte sino el destierro, esa penitencia que obliga al condenado a estar lejos de todo lo que quiere. A diferencia de lo que ocurre en nuestros tiempos, para ellos, la identidad no estaba dada por lo que cada uno era individualmente, sino que dependía de la noción de pertenencia. En la antigua Grecia privar a alguien de su patria significaba derrumbar todo su ser.

Freud tuvo una vida signada por el duelo. Embates de dolor que aportaron la sangre viva que nutre al Psicoanálisis y tiñe alguna de sus cartas.

1. Primer exilio

> Nací el 6 de mayo de 1856 en Freiberg, Moravia, un pequeño poblado de la que hoy es Checoslovaquia. Mis padres eran judíos, y yo he seguido siendo. Acerca de mi familia paterna creo saber que durante una larga época vivió junto al Rin (Colonia), y en el siglo XIV huyó hacia el este a causa de una persecución a los judíos, y luego, en el curso del siglo XIX, emprendió la emigración de regreso desde Lituania, pasando por Galitzia, hasta instalarse en la Austria alemana.

Somos mucho antes de nacer. La historia de nuestros antepasados es ya nuestra propia historia. Freud es hijo del exilio y la persecución. Por eso sabía, aun antes de saberlo, qué significan las pérdidas y el dolor.

Según nos cuenta nació en Freiberg, Moravia, una provincia ubicada a unos doscientos cincuenta kilómetros de Viena, que en aquel entonces pertenecía al Imperio austriaco. El lugar pertenece hoy a la República Checa y su nombre es Příbor.

Sus padres, Jakob y Amalia, lo anotaron como Sigismund Schlomo Freud. Se trataba de una familia pobre que alquilaba un apartamento ubicado encima de una herrería.

Jakob, un humilde comerciante de lana, tuvo con Amalia, su tercera esposa, ocho hijos. El creador del Psicoanálisis fue el mayor de ellos.

Cuando Sigmund nació, Freiberg era una pequeña ciudad de apenas cinco mil habitantes, casi todos ellos católicos apostólicos romanos que marginaban al escaso número de protestantes y judíos que vivían allí.

Según cuenta Ernest Jones, el biógrafo de Freud, en esa época Jakob atravesaba momentos muy difíciles. Desde hacía veinte años el comercio de lanas al cual se dedicaba había decaído. Los avances de la industria destruían a los artesanos locales y generaban una desocupación creciente. Además, luego de la revolución de 1848, los checos odiaban a la población austroalemana. Un odio que pronto se volvió contra los judíos.

Convencido de que no tenían futuro en esa ciudad, Jakob decidió emigrar a Leipzig, donde vivieron un año antes de establecerse en Viena. Sigmund tenía solo tres años y emprendía su primer exilio.

En aquel viaje el chico vio por primera vez el alumbrado a gas y pensó que así deberían de arder las almas en el infierno.

Allí nació su fobia a viajar en tren. Una fobia que tardó años en superar. Según Jones:

> Resultó que (esa fobia) estaba ligada al miedo de abandonar su casa (y en última instancia el pecho de la madre), un temor pánico de morir de hambre, que a su vez debe haber sido una reacción a cierta voracidad infantil. Algunos vestigios de aquella perduraron más adelante, bajo la forma de una leve angustia (injustificada) acerca de perder el tren.

Imaginemos a Freud con tres años de edad arrancado de su hogar y sometido a tantos estímulos nuevos y desagradables. No es de extrañar que todo aquello haya tenido efectos traumáticos.

La llegada a Viena tampoco resultó demasiado venturosa. Según él mismo dijo: «... fueron tiempos difíciles y que no valía la pena recordar».

También sus comienzos universitarios fueron complicados. Era extranjero y judío. Pero no le interesaba conseguir la nacionalidad que le negaban y jamás sintió que debía avergonzarse por su linaje. Por «raza», como comenzaba a nombrársela.

Aunque la familia vivía modestamente, Jakob siempre motivó a su hijo a que eligiera la carrera que deseaba. A Freud no lo seducía demasiado la idea de ser médico: «Más bien me movía una suerte de apetito de saber».

Basta leer su obra y asomarse a su pensamiento para comprender que esa pulsión de saber lo acompañó toda la vida. Su teoría se nutre de la literatura, la mitología, el arte y la ciencia, entre otras cosas.

Estuve en su consultorio. La cantidad de miniaturas sobre el escritorio dan cuenta de su pasión por la cultura de la humanidad. Esculturas acerca del antiguo Egipto, Grecia o pueblos americanos. Su biblioteca, sus citas permanentes, la apertura de su pensamiento. Todo demuestra la avidez con que pensó al mundo y al ser humano. Aquellos años de universidad debieron de haber sido muy estimulantes para él. Sin embargo, el destino le deparaba un porvenir signado por desgarros.

2. Muerte del padre

Sigmund amaba profundamente a su padre, aunque le costaba aceptar la mansedumbre con que afrontaba el embate antisemita. Jakob era un hombre amable y querido por todos, pero carecía del carácter que Freud hubiera esperado de una figura paterna.

Sigmund recordó que cuando tenía siete u ocho años orinó deliberadamente en la habitación de sus padres. Jakob lo miró y le dijo que nunca llegaría a nada. Según Freud:

> Esto debe haber representado una afrenta terrible para mi ambición, ya que mis sueños registran, una y otra vez, alusiones a esta escena, seguidas siempre de la enumeración de las cosas por mí realizadas y los éxitos alcanzados, como si quisiera decir: «después de todo, ya ves que he llegado a ser algo».

Los sueños no solo son el mundo donde se cumplen nuestros deseos de un modo alucinado, también son el universo donde se repiten de modo recurrente aquellas vivencias traumáticas que no pudieron ser elaboradas.

Resulta evidente que las palabras de su padre abrieron una herida profunda en Freud. Es posible que su obsesión de que su creación, el Psicoanálisis, fuera reconocido por la ciencia de algún modo haya sido empujada por el deseo de derribar aquel mandato paterno.

De todos modos Jakob fue un gran padre, y su muerte, ocurrida en 1896, fue un golpe durísimo para Freud. Él mismo lo confiesa en una carta que escribió a su amigo Wilhelm Fliess:

> La muerte del viejo me ha afectado profundamente. [...] Cuando murió, hacía mucho tiempo que su vida había concluido; pero ante su muerte todo el pasado volvió a despertarse en mi intimidad. Ahora me siento completamente desarraigado.

Freud utilizaba el lenguaje de manera muy precisa. «Desarraigado» no es cualquier palabra en la boca de un exiliado. El desarraigo implica la pérdida de las raíces. Y es exactamente lo que él sintió cuando murió su padre. Ese hombre había sido para él mucho más que un padre. Había sido su hogar, su estímulo y su patria. Aunque no sería su última pérdida.

3. Un amigo, un discípulo

En enero de 1920 Freud recibió dos golpes tremendos. El primero fue la muerte de Anton von Freund, un industrial enamorado de la teoría freudiana que estaba dispuesto a apoyar con su fortuna el crecimiento del Psicoanálisis.

Toni, como lo llamaban, sufría un cáncer terminal y Sigmund lo acompañó durante todos los días de su agonía. Freud lo había analizado y supervisó luego su formación como analista. Era una persona por la que sentía una profunda estima.

Anton falleció el 20 de enero de 1920, y Sigmund manifestó que había muerto heroicamente, sin avergonzar al Psicoanálisis.

Este fallecimiento fue un golpe serio para Freud. En una carta que envió a un amigo que acababa de perder a su padre comentó:

> El pobre —o afortunado— Toni Freund fue enterrado el jueves pasado, el 22 de este mes. Lamento oír que ahora le toque al padre de usted, pero a todos nos llegará el turno y ahora me pregunto cuándo será el mío. Ayer he pasado por algo que me hace desear que ese día no tarde en llegar.

Una frase brutal, pero justificada. Eso por lo que había pasado Freud el día anterior era nada menos que la muerte de su amada hija Sophie.

4. La Criatura Primorosa

Sophie era la quinta hija de Freud, su favorita. Y la relación entre ambos era muy fuerte. Él la amaba e intentaba estar cerca para ayudarla económica y afectivamente. Sophie era el abrazo, los cuentos de la infancia y los perros compartidos.

Se había casado muy joven, en 1913, con Max Halberstadt, un joven a quien Freud adoraba. Max fue el fotógrafo que tomó casi todas las imágenes que conocemos del creador del Psicoanálisis.

Sophie y Max se fueron a vivir a Hamburgo, donde tuvieron dos hijos. El primero, Ernest, un chico que quedaría en la historia. Para quienes han estudiado la teoría freudiana, es el niño en quien Freud observó el famoso juego del Fort-Da. Esta observación le permitió abordar uno de los conceptos fundamentales del Psicoanálisis: la pulsión de muerte.

Max y Sophie tenían dificultades económicas. Recordemos que eran tiempos de guerra. Además, en 1918 había nacido su segundo hijo, Heinz-Rudolf, y aunque su llegada fue motivo de alegría, también significó un problema.

Sin embargo, y a pesar de que Freud la aconsejara acerca de los métodos de anticoncepción, Sophie volvió a quedar embarazada. Al ver la preocupación de su hija, Freud le sugirió que disfrutara de la llegada de este nuevo bebé. Él le daría los honorarios de las nuevas ediciones de sus libros para ayudarlos.

Freud hizo ese ofrecimiento el 1.° de enero de 1920. Veinticuatro días después, a sus veintiséis años, Sophie murió producto de una neumonía en el hospital de Hamburgo. Había contraído la gripe española.

Al respecto, Freud escribió:

> Esta tarde recibí la noticia de que nuestra dulce Sophie nos fue arrebatada por una neumonía, fue arrancada de una salud floreciente, de una actividad vitalmente plena como madre incansable y solo amorosa, en cuatro o cinco días, como si nunca hubiera existido… Mañana será cremada nuestra pequeña niña.

Notemos la sensación de vacío.

El psicoanalista francés Jean Allouch teorizó acerca de las dificultades que plantea la muerte de un hijo.

> El padre es alguien que ha dejado huellas, e incluso alguien que en el momento de su muerte ha dejado de producir noticias, como si su cuenta estuviera completa […]. Con un hijo, la pérdida es más radical, se pierde no solo un ser amado, o un pasado en común, sino lo que potencialmente un hijo hubiera podido brindar de haber vivido.

Es el duelo de Martina. El duelo por lo que fue y por lo que no pudo ser.

Antes describimos las sensaciones que producen las pérdidas. En este caso, podemos ver cómo funcionan en una misma situación.

Freud, en su momento *ensombrecido* se siente «privado» de alguien que era parte fundamental de su estructura familiar, alguien que no podía faltar. Atraviesa también la frustración por esa vida que Sophie no pudo escribir. No debería haber muerto, no era justo que «se la arrebataran como si nunca hubiera existido». Y además lo invade la angustia de «castración». ¿Cómo hará para seguir viviendo luego de haber perdido a ese objeto maravilloso que tanto amaba, su «criatura primorosa»?

La muerte de Toni fue angustiosa. Freud pudo prepararse e incluso acompañarlo hasta el último momento. En cambio, la muerte de Sophie fue horrorosa. La joven estaba sana, alegre y murió de golpe, en pocos días. Además, como Freud estaba en Austria y en ese momento no había trenes que llegaran a Alemania, ni siquiera pudo despedirse de ella.

Freud escribió:

> Sophie deja dos hijos, uno de seis, otro de trece meses, y un marido inconsolable que tendrá que pagar caro por la felicidad de estos siete años. [...]

Jamás estamos más en riesgo como cuando amamos.

Es verdad. Cuanto más profunda haya sido la sensación de felicidad, más cruel será el dolor que despertará la pérdida.

En cuanto a Freud, sabía cómo enfrentar los momentos difíciles.

> Trabajo todo lo que puedo, y estoy agradecido por la distracción. Cuando la pérdida es la de un hijo parece una grave

afrenta narcisista; el duelo que pueda existir, sin dudas llegará más tarde.

Freud trabaja para ocupar su mente. Sublima. Escribe y escribe. Desarrolla su teoría, se adentra en el ensayo y, sobre todo, escribe cartas. A su yerno le dice:

> Es un acto absurdo, brutal del destino habernos robado a nuestra Sophie, ante lo cual no es posible ni culpar a nadie ni lucubrar demasiado, sino solo bajar la cabeza y recibir el golpe como los seres pobres y desamparados que somos, librados al juego de la fuerza mayor.

Tremenda frase que da cuenta del desamparo que genera el duelo. En una aceptación plena de la realidad, Freud asume que la muerte es un acto brutal del destino y que no se debe culpar a nadie. Nada de defensas maniacas. Solo recibir el golpe lo mejor que se pueda.

Cada una de estas cartas devela qué pensaba Freud acerca del duelo, y hay en ellas más hondura teórica que en su famoso texto *Duelo y melancolía*.

Observemos la lucidez de este párrafo que escribió a un amigo aludiendo a la muerte de Sophie: «Es un hecho de efecto tan paralizante que no puede inspirar reflexión alguna. [...] Cruda fatalidad, muda sumisión».

Una definición exacta de trauma. Un hecho paralizante que anula toda capacidad de simbolización.

Ante la magnitud de lo acontecido el psicoanalista húngaro Sándor Ferenczi se mostró muy preocupado por su maestro. Pero Freud lo calmó.

> No se intranquilice por mí. Sigo siendo el mismo de siempre, aunque con un poco más de cansancio, con todo lo doloroso que fue el fatal acontecimiento, no ha sido capaz de trastocar mi actitud frente a la vida. [...] no tengo a quién acusar y sé que no hay tampoco a quién recurrir en queja [...] Muy adentro, muy en lo profundo, advierto el impacto de una honda herida narcisística, que ya no podrá ser curada.

Detengámonos aquí.

Freud confiesa sin rodeos que advierte el impacto de una herida tan honda que ya no podrá ser curada. Repito: una herida tan honda que ya no podrá ser curada. ¿Dónde queda, entonces, la idea de la posible sustitución del objeto perdido? ¿Parece alguien que cree que el tiempo le dará la posibilidad de reemplazar a Sophie?

De ninguna manera. Su postura es transparente. Lo dice con todas las letras. Ante algunas pérdidas no hay sustitución posible. Y es palabra de Freud.

Finalmente, Heinele, el menor de los hijos de Sophie, fue adoptado por Matilde, mientras que Ernest quedó al cuidado de Anna, ambas hermanas de la joven fallecida.

Años más tarde, al enterarse de que un colega ha perdido a su hijo, Freud le escribe lo siguiente:

> Mi hija muerta hoy cumpliría 36 años [...] Sabemos que el dolor agudo que se siente después de una pérdida tan grande seguirá su curso, pero también sabemos que permaneceremos inconsolables y nunca encontraremos un sustituto. No importa lo que venga después y ocupe su lugar, aunque lo llene por completo, sigue siendo otra cosa. Y es así como debe ser. Es la única manera de perpetuar un amor que no queremos abandonar.

No hay palabras más claras para demoler los argumentos de *Duelo y melancolía*. Freud reconoce que ante ciertas pérdidas permaneceremos siempre inconsolables y que no habrá sustitución posible. Y señala un detalle aún más impactante: así debe ser.

¿Qué nos está diciendo? Que el dolor es el precio que hay que pagar para no perder del todo un amor. Que el dolor da cuenta de que allí hubo algo o alguien que amamos. Algo o alguien que pasó por nuestra vida. Si se suprime el dolor, se borra la huella de ese paso.

Recordemos lo que Jorge Allen, el personaje de Dolina, le dijo a su psicólogo: «No deseo superar el dolor. Ya he perdido a la mujer que quería: ¿pretende usted dejarme también sin el sufrimiento?».

Freud nunca pudo superar esta pérdida. Se sabe que hasta el último de sus días llevó con él, junto al reloj de bolsillo, una imagen de Sophie.

5. El Nieto

Sophie murió en enero de 1920. Tres años después se acrecentó el horror. Heinele, el menor de sus hijos, falleció en 1923. Fue la pérdida más dolorosa para Freud. Más que su tierra, más que su amigo e incluso, más que su hija.

Él sentía un amor muy especial por ese nieto y consideraba que era el chico más inteligente que había conocido en su vida. Según Ernest Jones, el niño era muy delicado de salud. «Una bolsa de piel y huesos», así lo define.

El 19 de junio de 1923, Heinele murió de tuberculosis, a los cuatro años. Se dice que en ese momento Freud lloró por única vez en la vida.

A pesar de ser un hombre acostumbrado a los duelos, esa pérdida lo afectó de manera distinta. Las anteriores le habían causado un gran dolor. Esta, en cambio, según sus propias palabras, mató algo dentro de él.

Así lo confesó en una de sus cartas.

> Trajimos de Hamburgo a Heinele, el hijo menor de Sophie... un chiquillo encantador, y yo mismo me daba cuenta de que jamás había querido tanto a un ser humano [...].
> Esta pérdida me resulta difícil de sobrellevar. Creo que jamás he experimentado una tristeza tan grande. Quizás mi propia enfermedad influya en mi desazón. Hago mi trabajo por obligación, pues en el fondo ya nada tiene significado para mí.

Para Freud, la muerte de Heinele fue un dolor más insoportable que el cáncer que lo consumía. Tanto, que al mes de lo ocurrido manifestó estar sufriendo la primera depresión de su vida.

> Para mí, ese niño tomó el lugar de todos mis hijos y otros nietos, y desde entonces, desde la muerte de Heinele, ya no me he ocupado de mis nietos, pero tampoco encuentro placer en la vida. Este es también el secreto de mi indiferencia...

Para Ernest, el primer nieto de Freud, el chico del Fort-Da, el camino también fue difícil. En solo dos años perdió a su madre, a su hermano y a un hermano por nacer.

6. El segundo exilio

En el año 1933 se produce uno de los hechos más terribles en la historia de la humanidad. Adolf Hitler llega al poder y desata una persecución feroz contra los judíos que afectó directamente la vida de Freud. Sus hijos tuvieron que huir de Alemania al igual que todos los judíos que vivían allí. Poco a poco el nazismo se propagó como una peste y amenazaba con llegar a Austria. A pesar de ello, Freud se resistía a pensar en un exilio más, como le informa a su amiga Marie Bonaparte en una carta fechada el 16 de marzo de 1933.

> La gente teme que los excesos nacionalistas de Alemania puedan extenderse a nuestro pequeño país. Me han aconsejado huir a Suiza o a Francia. Eso es absurdo: no creo que aquí haya ningún peligro y, si lo hubiera, estoy enormemente decidido a esperarlo aquí. Si me han de matar, bien: es un tipo de muerte como cualquier otro.

Un mes y medio más tarde, en Berlín, un grupo de estudiantes nazis y algunos miembros de las SS quemaron todos sus libros por considerar que sobrevaloraban la importancia de la vida sexual y destruían las almas.

Al enterarse del hecho, Freud comentó con ironía:

> ¡Cuánto hemos progresado!
> En la Edad Media me hubieran quemado a mí; ahora se conforman con quemar mis libros.

Freud no comprendió que era solo el comienzo. Como señaló Jones, años después los nazis no tendrán ningún prurito en quemar cuerpos humanos. De hecho, las hermanas de

Freud murieron en campos de concentración y fueron incineradas.

Como se esperaba, el nacionalsocialismo llegó a Austria, pero Freud conservaba la tranquilidad. Así se lo comunicó a Ernest Jones.

> Las persecuciones legales a los judíos aquí conducirían inmediatamente a que la Liga de las Naciones tomara medidas. En cuanto una unión de Austria con la Alemania —caso en el cual los judíos perderán inmediatamente todos sus derechos— es cosa que Francia y sus aliados no permitirían nunca. Austria, además, no es proclive a asumir la brutalidad de los alemanes. Así pues nos mantenemos en una relativa seguridad. De todos modos, estoy decidido a no moverme de mi lugar.

Aunque poco después le dijo a Marie Bonaparte que si los nazis instalaban en Austria el mismo nivel de violencia que en Alemania, él debería irse. Todavía le costaba hacerse a la idea.

> ¿Hacia dónde dirigiría mi dependencia y mi impotencia física? Además, todas las tierras extranjeras son inhospitalarias. Solo si llegara a dominar Viena un gobernante tipo Hitler me iría, naturalmente, sin importarme dónde.

Y Hitler llegó a Viena. Y Freud recibió la visita nazi. Con modos amenazantes obligaron a la familia a poner sobre la mesa todo el dinero que tenían. Pero cuando estaban a punto de repartirse el botín, apareció Freud. Había escuchado unos ruidos extraños en la casa y se acercó para ver qué ocurría.

Jones comenta que Freud tenía una forma de «clavar la mirada y fruncir el entrecejo que le envidiaría cualquiera de los profetas del Antiguo Testamento».

Al parecer esa mirada surtió efecto, porque los nazis se retiraron desconcertados. De todos modos, una semana después la Gestapo volvió a inspeccionar la casa y se llevaron a su hija Anna, quien estuvo detenida varias horas. Ya no había otra opción más que emigrar.

Sin embargo, Freud se negaba a abandonar Austria como si fuera un desertor. Tenía ochenta y un años, un cáncer avanzado, y no confiaba en que algún país aceptara asilarlo.

Finalmente, Jones consiguió que el embajador norteamericano en Francia se encargara del tema. El propio presidente Roosevelt tomó cartas en el asunto y gracias a esas gestiones Jones logró que el gobierno británico le otorgara un permiso de residencia y trabajo.

Todo el dinero de la familia había sido confiscado por los nazis, pero su amiga Marie Bonaparte le prestó lo necesario para realizar el viaje y establecerse.

Así, el 4 de junio de 1938 Freud abandonó para siempre su casa de Viena. Luego de atravesar Alemania a bordo del Expreso de Oriente, llegó a la frontera francesa. Finalmente, en la mañana del 6 de junio fue recibido por su amigo y biógrafo Ernest Jones en Londres, donde permaneció exiliado hasta el día de su muerte.

En la víspera de su partida de Viena, para autorizar su salida la Gestapo lo obligó a firmar un documento que decía:

> Yo, profesor Freud, confirmo por medio de la presente que tras la anexión de Austria al Reich de Alemania he sido tratado por las autoridades alemanas y en particular por la Gestapo con todo el respeto y la consideración que merece mi

> reputación como científico; que he podido vivir y trabajar en completa libertad, así como proseguir mis actividades de todos los modos que lo he deseado; que recibí pleno apoyo de todos los que intervinieron en este respecto y que no tengo el más mínimo motivo de queja.

Antes de firmar Freud consultó al oficial nazi si podía agregar una frase al documento, y con ironía escribió: «Me permito de todo corazón recomendar a la Gestapo a cualquier persona».

Desde que se había visto obligado a emigrar de Freiberg siendo niño, vivió setenta y nueve años en Viena. Él mismo confesó que no fue un destierro fácil de soportar.

> El sentimiento de triunfo por estar liberado se mezcla intensamente con algo muy penoso dado que siempre sentí gran cariño por la prisión de la que acabo de salir.

De a poco todas sus pertenencias fueron llegando a Londres. Sus alfombras persas, sus libros y sus esculturas. Para que no extrañara tanto, Anna intentó reproducir el consultorio que su padre tenía en Viena. Aunque ya vimos que el objeto sustituto jamás llega a ocupar el lugar del objeto perdido. El diván era el mismo. La alfombra era la misma. Pero bajo sus pies estaba Londres, no Viena.

Al llegar a Inglaterra fue recibido con honores. Sus hermanas no tuvieron tanta suerte. Rosa murió en Auschwitz, Mitzi en Theresienstadt, Dolfi y Paula en Treblinka. Excepto esta última, todas tenían más de ochenta años.

Freud no llegó a saber de ese horror. Murió el 23 de septiembre de 1939, mientras las tropas alemanas anunciaban la inminencia de la Segunda Guerra Mundial.

7. El Cáncer

En su libro *No hay humo sin Freud*, Philippe Grimbert cita:

> Empecé a fumar a los veinticuatro años, primero cigarrillos y luego enseguida cigarros puros de manera exclusiva; sigo fumando hoy (con setenta y dos años y medio de edad) y me repugna sumamente privarme de este placer. Entre los treinta y cuarenta años, tuve que dejar de fumar durante año y medio debido a unos trastornos cardiacos que tal vez fueron causados por los efectos de la nicotina, aunque probablemente fueran las secuelas de una gripe. Desde entonces, me he mantenido fiel a este hábito o vicio, y estimo que le debo al cigarro puro un gran incremento a mi capacidad de trabajo y un mejor dominio de mí mismo. Mi modelo en este sentido fue mi padre, quien fue un gran fumador y lo siguió siendo hasta la edad de ochenta y un años.

La relación de Freud con el tabaco comenzó temprano. En aquellos tiempos se trataba de una costumbre habitual. Sin embargo, de sus dichos se desprende que fumar era para él mucho más que un simple vicio. En primer lugar se trataba de un acto cargado de simbolismo. El cigarro era parte constitutiva de su ser. Parafraseando a Grimbert, podríamos afirmar que «no hay Freud sin humo». Freud necesitaba fumar. El cigarro le permitía pensar, sostenía su creatividad e incluso su equilibrio psíquico.

Sobre el final de la cita Freud nos regala un detalle significativo. Fumando sigue el modelo de su padre.

Hemos hablado acerca de «la identificación a un rasgo», esa capacidad de apropiarse de una parte de alguien para conservarlo dentro de nosotros. Se trata de un acto de amor pleno e inconsciente.

Para Freud, su relación con el «objeto cigarro» fue tan potente que alguna vez le preguntaron a qué se debía. Él, restando importancia al comentario, respondió con una de sus frases más célebres: «A veces un cigarro es solo un cigarro».

Una respuesta ingeniosa que a la luz de su historia resulta falaz.

Freud disfrutaba fumar más que ninguna otra cosa. Lo cautivaba el gusto, el olor, el hecho de meditar *envuelto en una neblina aromosa y amorosa*. Incluso llegó a inventar un neologismo para nombrar a sus puros: *Arbeitsmittel*, «la sustancia del trabajo», porque estaba convencido de que no podría escribir ni atender pacientes sin fumar.

Cuando la Primera Guerra Mundial estaba a punto de terminar, cerca de fin de año, los cigarros que tanto amaba comenzaron a escasear. Freud manifestó su disgusto.

> Ayer he fumado mi último cigarro, y desde entonces he estado de mal humor y cansado.
> Aparecieron palpitaciones y un empeoramiento en una dolorosa inflamación en el paladar, que ya había notado desde que comenzó la escasez.

Una dolorosa inflamación en el paladar.

Como sabemos, Freud murió años después de un cáncer originado en esa zona. El tabaco, su amigo, su compañero, había comenzado a hacer su trabajo siniestro. Hay relaciones de amor que tienen un precio muy alto. Esta era una de ellas.

Al tiempo, se le detectó un tumor en la mandíbula, del lado derecho del paladar. A partir de ese momento comenzó otro infierno. Treinta y tres intervenciones quirúrgicas, pérdida de la audición del oído derecho y la obligación de usar una prótesis demasiado grande y dolorosa. Freud la detestaba, pero la prefería a no tener ningún maxilar.

Entonces comenzó su batalla contra «el monstruo», como él mismo lo denominó. Sus palabras son demoledoras: «Me he transformado en un cáncer, de ahora en adelante la duración de mi vida será la del tumor».

La prótesis era muy difícil de colocar. Tanto que debía utilizarse un hierro para hacer palanca y abrir la boca lo necesario, y una vez en su lugar producía un dolor torturante.

Freud se aisló y solo aceptaba la ayuda de su hija Anna y el doctor Schur, quienes lo auxiliaban en los duros procedimientos de colocar y quitar la prótesis e higienizar la zona.

Excepcionalmente, un día de 1924, aceptó recibir a Romain Rolland, pero no pudieron entenderse. «Lo siento», se excusó Freud, «mi prótesis no habla francés».

Por culpa del cáncer el creador del Psicoanálisis iba perdiendo la capacidad de comunicarse a través de la palabra. «Mi mundo es nuevamente una pequeña isla de dolor en un mar de indiferencia».

En sus últimos días supo que años atrás, al enterarse de que padecía un cáncer, algunos de sus amigos propusieron ocultárselo y montó en cólera. «¿Con qué derecho?», exclamó con los ojos inyectados en sangre. La posibilidad de que limitaran su autonomía sobre su propia vida era un atentado contra su dignidad.

Freud resistió el dolor y se negó a tomar analgésicos. Solo al final aceptó aspirinas. «Prefiero pensar atormentado a no poder pensar con claridad».

Ese fue Sigmund Freud. El de los exilios, el creador del Psicoanálisis, de la teoría del Inconsciente, de la idea de la pulsión de muerte, el que otorgó al dolor emocional el respeto que hasta ese momento le había sido negado por la medicina, era un hombre ligado al duelo.

Su hija Anna lo cuidó con dedicación, y él resistió con valentía su destino. Al igual que su querido amigo Toni, Freud se fue de la vida sin avergonzar al Psicoanálisis.

Una tarde sacó de su biblioteca *La piel de zapa*, la obra de Balzac que alude a la imposibilidad de detener el deseo. Decidió que sería su último libro. El 19 de septiembre escribió al poeta Albretch Schaeffer su última carta.

Tres días después tomó la mano del doctor Schur y mirándolo a los ojos le dijo:

> Seguro que usted recuerda nuestra conversación y entonces prometió no abandonarme cuando llegara el momento. Ahora solo queda la tortura, que ya no tiene sentido. Por favor, cuéntele a Anna de nuestra conversación.

Tiempo atrás Freud había hecho un pacto con su médico: le diría hasta cuándo sería suficiente. Es decir que Freud se hizo cargo de su vida hasta el punto de adueñarse de su muerte.

Schur respetó el acuerdo que habían hecho y el 22 de septiembre le aplicó dos dosis de clorhidrato de morfina. Freud entró en coma y falleció a las tres de la mañana del día siguiente.

Su cuerpo fue cremado en el cementerio de Golders Green y sus cenizas guardadas en una de las ánforas griegas que tanto amaba.

Freud no creía en Dios y se definió a sí mismo como un pesimista lleno de realismo. De todos modos, se permitió bromear con el tema:

No tengo temor alguno de enfrentarme al Todopoderoso. Yo tendré más reproches que hacerle a Él de los que Él podrá hacerme a mí.

En su oración fúnebre, Ernest Jones manifestó:

Si alguna vez puede decirse que un hombre ha derrotado a la misma muerte, que ha vivido a despecho del Rey de los Terrores, que a él no le daba ningún terror, ese hombre es Freud.

Podríamos decir, tal como circula por allí en una retoma de los dichos de Jones, que ningún hombre amó tanto la vida y ninguno temió menos la muerte.

Otro amigo notable estuvo presente en aquella despedida del creador del Psicoanálisis, el escritor Stefan Zweig, con quien en tiempos de cartas y tinta se escribieron mucho. Junto con Ernest Jones, también pronunció un saludo final. Y dijo: «Gracias por los mundos que nos has abierto y que ahora recorreremos solos...».

Quizás no tan solos.

Resulta cierta la frase de John Berger: «Los muertos, por haber estado vivos, no pueden permanecer inertes».

Freud, al menos para los analistas, es uno de los muertos queridos que habitan nuestro camino de soledad y escucha.

PARTE TRES

ENTONCES: PENSAR EL DUELO

I
EL IMPACTO

Solo nos enluta la muerte de aquellos, poco numerosos, que tienen el estatuto de irreemplazables.

JACQUES LACAN

Definimos el duelo como un proceso que tiene tres tiempos, el primero alude al impacto que produce la pérdida. Aclaremos que no se trata de una pérdida cualquiera. No toda pérdida es capaz de generar un impacto semejante. De hecho, todo el tiempo estamos perdiendo cosas y sin embargo no vivimos en estado permanente de duelo. Tenemos, eso sí, una sensación de incomodidad, de molestia, incluso a veces una tristeza moderada. Es comprensible. Después de todo, de eso se trata vivir, y nos hemos ocupado en extenso del tema en la primera parte de este libro.

Pero más allá de ese «sentimiento trágico» que nos recorre por el solo hecho de ser conscientes de nuestra finitud, existe un duelo menos existencial aunque tanto o más doloroso que requiere de un gran esfuerzo para transitarse. Un duelo que aparece solo ante la pérdida de aquellos «objetos», muy pocos según Lacan, que nos resultan irreemplazables.

Utilizo la palabra objeto porque sería un error creer que solo un ser humano tiene la capacidad de despertar amor. Resulta obvio que el fallecimiento de un ser querido es el paradigma del dolor emocional que nos empuja hacia el duelo, pero no es lo único. Como dice Juan David Nasio:

> Sería falso creer que el dolor psíquico es un sentimiento provocado exclusivamente por la pérdida de alguien amado. Ese dolor también puede responder al abandono, cuando el ser amado nos retira súbitamente su amor; a la humillación, cuando alguien nos hiere profundamente en nuestro amor propio, y a la mutilación, cuando perdemos una parte de nuestro cuerpo.

Nasio alude a la muerte, el caso de Martina, al desamor, el ejemplo de Laura y el abandono de su marido, a un golpe en la autoestima, hablamos de esto al plantear la frustración de aquella mujer que no pudo ser madre, o una amputación física, como la del capitán Ahab, el personaje de Melville.

Freud fue todavía más amplio a la hora de abarcar ese objeto cuya pérdida requiere de un trabajo de duelo, y remarcó que el duelo podía ser suscitado por la pérdida de cualquier abstracción que hiciera las veces del amado. Hemos nombrado la libertad o la patria. Pienso también en el duelo que implican los cambios de etapa, el paso de la niñez a la adolescencia o la pérdida de la juventud. Y hay más. La pérdida de un trabajo, la muerte de una mascota, la imposibilidad de alcanzar una vocación o la falta de vocación alguna. Son muchas las circunstancias que pueden despertar dolor y exigir un esfuerzo para superarlas.

¿De qué dependerá la magnitud de ese dolor? Como dijo Lacan, de que la pérdida de esa persona, emoción o circunstancia sea experimentada como una pérdida insustituible.

Preguntémonos entonces qué condiciones debe tener un objeto para alcanzar esa estatura. Para responder echaremos mano de todo lo que fuimos construyendo en este camino de pensamiento compartido.

Hemos dicho que la pulsión genera un estímulo constante e impone un esfuerzo permanente a nuestro aparato psíquico. Dijimos también que a diferencia de lo que ocurre con el instinto, no existe un objeto que se adecue a las demandas pulsionales, lo cual implica que la ansiedad que genera la pulsión nunca podrá desaparecer en su totalidad. Jamás conoceremos el estado de paz completo. Sin embargo, hay algo que puede mantener esa ansiedad en el marco de cierta calma: el objeto amado.

Retomemos la siguiente idea: «La mirada del amado es el espejo que nos refleja, nos ilumina, nos da un lugar de privilegio y nos hace sentir vivos».

Es la primera condición que el objeto debe cumplir para volverse indispensable, que ubique al sujeto en un lugar especial, pleno de vida, y logre que se sienta diferente a los demás. Es decir, que experimente la sensación de que la felicidad es posible.

El amor es la creación de una especie que necesita calmar la angustia de muerte y encontrar un sentido a su vida.

Desde el momento de nacer el ser humano comprende que morirá si no es reconocido por alguien. Por lo general, la madre es la primera en encarnar este lugar. Es el objeto amado por excelencia. El que puede apaciguar el caos pulsional que invade al bebé cada vez que, por ejemplo, tiene hambre o sueño. Ante el surgimiento de estos apremios el chico llora intentando descargar la tensión psíquica que esos estímulos le despiertan. La mamá escucha ese llanto y va en su auxilio. Lo alza, lo alimenta, lo abriga, lo duerme o simplemente lo mece y lo calma. Y en ese instante comienza a construirse un modelo de relación que nos acompañará durante toda la vida. A partir de entonces, siempre será necesaria la presencia de algo o de alguien que contenga el displacer que genera la excitación psíquica. Un objeto que pueda disminuir, pero también despertar esa excitación. De no lograrlo, jamás alcanzará el estatuto de imprescindible.

Así hemos descrito las características de ese objeto:

Nos excita y nos calma. Por momentos nos satisface y a veces nos frustra. De esa manera imparte un ritmo que sostiene nuestro deseo insatisfecho, pero no tanto. La persona que amamos no es la que nos completa sino la que nos permite sostener una incompletud que no duele. No es quien cumple todos nuestros caprichos sino quien nos insatisface hasta un punto soportable.

El amado, entonces, tiene la capacidad de excitarnos y relajarnos, de satisfacernos, pero también de frustrarnos. Parece contradictorio, y lo es, porque la naturaleza misma del deseo es ambivalente. El deseo requiere cierto grado de tensión para existir, pero si esa tensión es excesiva, el deseo se pervierte y se transforma en goce. Es decir, pulsión de muerte.

Los griegos de la Antigüedad clásica sabían que en los extremos acechaba la enfermedad. En la mitología, Sophrosine era la encarnación de la moderación. Se dice que fue uno de los espíritus escondidos dentro de la caja de Pandora, el regalo engañoso que los dioses enviaron a Prometeo para castigarlo por su traición. Se trataba de un cofre que contenía todos los males del mundo, los cuales salieron apenas fue abierto. Cuenta el mito que Prometeo se arrojó para taparlo, pero ya era demasiado tarde. Solo pudo conservar encerrada la esperanza, en tanto que Sophrosine, apenas logró escapar de la caja, voló hacia el Olimpo y se alejó para siempre del mundo de los humanos. Así los clásicos explicaban la falta de mesura tan común en hombres y mujeres.

Hibris, la desmesura, es el concepto opuesto a *sophrosine*. Hibris aludía a un descontrol que no era fruto de una locura irracional sino de un acto de rebeldía, el intento de transgredir los límites impuestos por los dioses. En este contexto diríamos que se trata del intento de ir Más allá del Principio del Placer.

Podríamos pensar que el objeto amado instala cierta sophrosine emocional. Es la primera característica que lo vuelve irreemplazable. La capacidad de contener nuestro ritmo pulsional.

Señalamos también que no se trata de algo o de alguien que nos completa. Si pudiera hacerlo, lejos de producir placer, anularía el deseo causando la muerte del sujeto deseante. ¿Cuántas personas se quejan de alguien que en el afán de manifestar su amor se adelanta a la demanda y obtura el deseo antes de que surja?

El amado inteligente sabe que lo que llega a destiempo es como si no hubiera llegado nunca. Y como el trapecista, mantiene la distancia justa para tender su mano a tiempo. Ni antes ni después. Así permite que su enamorado se sienta seguro y a la vez experimente el vértigo de estar en el aire. De ese modo, el amado deja que el deseo se despliegue porque sabe, con ese saber no sabido que da el inconsciente, que en eso radica parte de su atractivo, en su capacidad para mantener un nivel mesurado de incompletud. *Nada en demasía*. Ni el placer, ni la frustración.

Hemos afirmado que si no existiera el amor la vida sería nada más que un hecho traumático. Es decir que si no fuera por esos objetos amados que sostienen el displacer en un nivel tolerable, el avasallamiento pulsional sería imposible de soportar.

Hay quienes sucumben a la ilusión del amor y piensan que su finalidad es la completud. Se equivocan.

Lo más importante del amor no es que nos hace felices, sino que sostiene el deseo y aleja el horror.

Dejemos que Lacan nos guíe una vez más en la comprensión de otra de las características del objeto insustituible. «No estamos de duelo sino por alguien de quien fuimos su falta».

¿Qué significa esto? Que no basta con que ese objeto sostenga el ritmo de nuestras pulsiones. Además, es necesario que en algún momento nos haya instaurado como el objeto de su propio deseo. Fuimos su falta, es decir, le faltamos y por ende nos deseó. Y en ese juego de presencia y ausencia logramos ocupar un lugar de privilegio para él.

No se trata de un tema menor. Por el contrario, la pérdida de ese lugar es una de las causas de dolor más potentes que enfrenta el *ensombrecido*.

¿Cómo puede ser que ya no me quiera? ¿Cómo puede haberse olvidado de mí? ¿Cómo puede acostarse con otra persona?

Preguntas que no surgen a partir de la pérdida del otro, sino del lugar que el otro nos daba. Digámoslo con claridad:

Solo duelamos a quienes nos hicieron sentir la plenitud narcisista de haber sido su objeto de deseo. Eso duelamos: la pérdida de ese lugar enigmático y valioso.

Al comentar *Duelo y melancolía* señalamos que no se trataba solo de saber a quién se había perdido sino, sobre todo, de comprender qué se había perdido.

Ahora podemos decirlo:

Lo que se pierde no es el objeto sino un lugar que no es de uno ni del otro, un espacio compartido que nadie más podrá habitar. Un territorio vital que es un poco uno, un poco el otro y algo más. Algo que tiene una existencia tan propia que ante la pérdida no podemos conservarlo, ni el otro puede llevárselo. Porque se trata de una zona límite que, con esa característica particular que tiene todo límite, une y separa a la vez.

Nos relacionamos con el mundo a partir de los bordes. De la piel que nos separa y al mismo tiempo nos contacta con los demás. De la caricia que ya no es de uno ni de otro. Simplemente es. Como la mirada que no pertenece ni a los ojos que miran ni al objeto mirado.

Las zonas erógenas son los bordes del cuerpo por los que la vida entra y sale en un devenir constante. El amor también es una zona erógena, y al igual que la mirada o la caricia, tampoco pertenece ni a uno ni a otro. Es uno, el otro y algo más, algo diferente a ambos. Algo único. Y eso es lo que en realidad debe duelarse cuando ocurre una pérdida.

El amor está en el origen de todo duelo. Jamás sufriremos por algo que no amamos. Como sugiere Nasio, todo dolor psíquico es consecuencia de la ruptura inesperada de un vínculo de amor.

Digamos entonces que el duelo comienza cuando un impacto brutal y sorpresivo rompe ese borde y genera una herida. Una herida por la que algo se escapa, aunque no todo. Como si se tratara de una sustancia gelatinosa, parte de ella cae y otra se adhiere a nosotros. Y eso que queda grita su dolor por lo ausente. Es el padecimiento que genera la separación abrupta de un objeto irreemplazable.

Pienso en la familia de Martina mirando atónita el cuerpo sin vida de Melanie. El impacto que genera esa muerte rompe el borde. El espacio compartido se quiebra y todos intentan sostenerlo como pueden, a su manera, porque cada uno ha perdido algo distinto. Ahora Fabio es un *ensombrecido* que añora las peleas con su hermana. Algo en él sabe que esos momentos que antes padecía le pertenecían a él, a ella, y a la vez, a ninguno de los dos. Momentos que, aunque fueron habitados por ellos, eran más que ellos. Como señaló el psicoanalista Jean Allouch, lo que se ha perdido «no es un trozo de ti ni de mí. Es un trozo de sí».

El impacto ha destrozado ese espacio, y ahora el *ensombrecido* debe hacer algo con «eso» para no desvanecerse junto a lo perdido.

II
CATÁBASIS

[...] e trarrotti di qui per loco etterno;

ove udirai le disperate strida,
vedrai li antichi spiriti dolenti,
ch'a la seconda morte ciascun grida;

[...] y he de llevarte por lugar eterno;

donde oirás el aullar desesperado,
verás, dolientes, las antiguas sombras,
gritando todas la segunda muerte;

(Virgilio a Dante)
LA DIVINA COMEDIA

Luego del impacto inicial que produce la ruptura, se ingresa a un segundo momento al que denominé *catábasis*.

Como dijimos, esta etapa da cuenta del descenso a los infiernos emocionales del *ensombrecido*.

Tomemos dos circunstancias específicas como modelos para pensar el duelo: la muerte de un ser querido y el desamor. Preguntémonos por qué el proceso de duelo es tan doloroso.

La psiquis establece con sus objetos amados, ya se trate de personas, cosas o situaciones, una relación particular. Movido por el amor o el deseo vuelca sobre esos objetos una energía psíquica (libido) que los vuelve diferentes a todos los demás. Como aquella flor que habitaba en el planeta de *El Principito*. Una rosa que se parecía tanto al resto de las rosas del universo y sin embargo era muy diferente. Porque el joven príncipe la había libidinizado y de esa manera la transformó en una flor especial. Eso hace el amor. Convierte una casa, un trabajo, un hombre o una mujer en únicos y de esa forma establece un vínculo con ellos.

Dijimos que el «objeto irreemplazable» nos reconoce y nos da un lugar en su deseo, a la vez que satisface parcialmente nuestro propio deseo.

Además, con su presencia en la realidad, ese objeto permite y sostiene la construcción de una imagen que el enamorado internaliza. Cuando esto ocurre, el amor no solo se dirige hacia el objeto amado sino también a mantener esa imagen afantasmada.

Hemos señalado que en toda relación se construye algo que es independiente de uno y otro. Podemos pensar, entonces, que el vínculo de amor se sostiene en tres pilares: el enamorado, el objeto amado y «eso» que se erige entre ambos y los excede.

Parafraseando a Allouch podríamos decir que el amor contiene un trozo de mí, un trozo de ti y un trozo de sí.

A partir de esa construcción, en el espacio amoroso se vuelcan ilusiones, proyectos, ansias de completud, anhelos afectivos y fantasías sexuales. Así, el amor crece, vela la falta y apacigua la angustia.

Cuando sucede la muerte o el desamor, el objeto amado desaparece de nuestro mundo exterior y perdemos uno de los tres soportes del vínculo: el externo.

El universo pulsional se descontrola y la psiquis intenta con desesperación recuperar el equilibrio. Lo que registramos como dolor es en realidad el esfuerzo que inconscientemente hacemos para no desvanecernos con lo perdido. Digámoslo con claridad.

El dolor no se produce por la muerte o la pérdida del objeto amado, sino por el esfuerzo que realizamos para no morir con él.

Sigamos a Nasio:

> Quien practica el psicoanálisis percibe de manera evidente [...] que el dolor [...] es el signo indiscutible del paso por una prueba. [...] La prueba de una separación irreversible.

Al comenzar señalamos que la palabra duelo admite dos etimologías: batalla y dolor. Ambas se ponen de manifiesto cuando se atraviesa esta prueba. El proceso de duelo evidencia el dolor de la batalla.

Tras el impacto inicial se rompe el borde, el objeto desaparece, la pulsión irrumpe y el Principio del Placer nos reclama que bajemos el nivel de ansiedad. La primera opción para lograrlo es recuperar el objeto perdido.

En los casos de desamor este movimiento se ve con claridad. El enamorado llama, pide, incluso ruega por el retorno. En ocasiones, llevado al extremo por la dependencia con el amado, regala su amor propio y se humilla. Cuando el otro se niega a volver, la falta se hace evidente. Entonces, las sensaciones de privación, frustración y castración entran en juego y agudizan el conflicto. El *ensombrecido* se siente privado de una parte fundamental de su ser, frustrado por el sentimiento de injusticia y los sueños que han quedado rotos, y castrado ante la pérdida de ese amor que de un modo imaginario llenaba el vacío.

Aparecen las emociones que corresponden a cada una de estas faltas y el *ensombrecido* pasa alternativamente por momentos de dolor, enojo y angustia. Mientras tanto, el principio de Realidad lo incita a aceptar la ausencia del amado.

Sin la posibilidad de abrazar al objeto perdido, los sentimientos abrazan, rodean y protegen a su fantasma. Y es tanta la libido, la energía psíquica que se desplaza hacia él, que ese amado ahora ausente tiene más presencia psíquica que nunca. Obligado a retirar los lazos afectivos del objeto externo, el *ensombrecido* los retira del mundo y pierde todo interés por él.

La lucha se librará adentro. Es el duelo. Es dolor y batalla. El combate eterno entre la vida y la muerte.

Pero no se trata solo de pelear con el ausente y su fantasma. Al retirarse, el amado ha destruido también el lugar que el enamorado ocupaba como objeto de su deseo, y al sentimiento de abandono se le suma la humillación por el desprecio al que ha sido sometido.

Incapaz de sostenerse, el *ensombrecido* trastabilla. Se encuentra perdido en medio de la selva oscura del sufrimiento y se siente absurdo, avergonzado de su ingenuidad.

Nada era cierto. Lo que creía ser para el otro fue un engaño. Caída la fantasía del amor, comprueba que está fatalmente solo. Solo ante alguien que no volverá porque ha muerto o ya no lo ama, solo ante los demás que le piden que olvide y supere la pérdida, solo ante ese fantasma que se niega a abandonarlo y se ha vuelto omnipresente.

Es el fantasma que ahueca la almohada junto a Laura. Es el fantasma que huele en la ropa de Melanie. Es el fantasma que acompañó eternamente a Penélope, la mujer del bolso de piel marrón y los zapatos de domingo, ese fantasma que venció al amado real que le dio origen hasta hacerlo desaparecer. Por eso cuando el caminante volvió y dijo «mírame, soy tu amor, regresé», ella solo atinó a decir: «tú no eres quien yo espero».

Los griegos creían que todo difunto tenía un doble, una copia astral. La llamaban *eidolon*, y era en realidad un fantasma. Al parecer, una vez atravesada la puerta del Hades, el Infierno griego, el muerto perdía su identidad y su espíritu volaba como un *eidolon*. Una imagen idéntica a él, pero sin sangre. Una imagen descarnada.

Cuenta Homero que cuando Odiseo descendió al Infierno divisó la figura de su madre y corrió hacia ella. Pero no era más que un *eidolon* que se desvaneció entre sus manos cuando quiso abrazarlo.

Y ahora vuelve a invadirme el recuerdo de Majo. También el analista lleva sus fantasmas.

Majo entró a mi vida con su sonrisa plena y su mirada oscura. La recorría una ambivalencia que yo no podía dejar de percibir. La pulsión de vida y la pulsión de muerte libraban en ella una lucha permanente. Majo me mostró su luz y sus sombras. Llenó el espacio con su risa y sus lágrimas. Un día me dijo que tenía cáncer. Peleamos juntos por su vida... y perdimos. De golpe, de manera brutal, *se apagaron los ecos de su reír sonoro* y apareció el silencio *que me hizo tanto mal.*

Majo murió con todo por hacer. Se fue dejando un cuaderno inconcluso que llené de sueños durante largo tiempo. Su recuerdo, su fantasma me visitaban a diario. «Eso» que habíamos construido juntos se negaba a abandonarme. Lloré por ella. Me enojé con ella. Me enojé conmigo. La extrañé tanto... La extraño todavía.

Al igual que Odiseo en el Infierno o que yo en aquel consultorio, el *ensombrecido* intenta en vano encontrar una piel ausente. Y su mente duela, da batalla, y el dolor se esfuerza por detenerlo antes de que cruce el límite de la locura. Y el amor después del amor. Y la vergüenza de haber sido y el dolor de ya no ser, y la angustia que muerde las carnes. Y en medio de todo eso la sensación profunda de estar indefenso ante un destino injusto.

Como grabó la pluma de Discépolo: «Solo… espantosamente solo».

Se trata de uno de los momentos más difíciles que un ser humano debe afrontar. Es el dolor en estado puro, sin ilusiones ni compañía, y lo que es peor, sin palabras ni deseo.

Es el punto culminante de la catábasis.
Y no hay nada que temer.
El *ensombrecido* ya está en el Infierno.

III
ANÁBASIS

> *No te rindas. La ergástula es oscura,*
> *la firme trama es de incesante hierro,*
> *pero en algún recodo de tu encierro*
> *puede haber un descuido, una hendidura.*
> *El camino es fatal como la flecha*
> *pero en las grietas está Dios, que acecha.*
>
> JORGE LUIS BORGES

En la segunda etapa, convencido de lo irreparable de la pérdida y en estado de desesperación, el *ensombrecido* atraviesa situaciones muy complejas. Tiran de él la realidad que lo insta a aceptar la pérdida, el fantasma del amado que va en contra de ese dictamen, el deseo de recuperar lo perdido y el dolor por el desprendimiento de «eso» en común que, sin el sostén real del objeto amado, exige su libertad.

Es la etapa más dolorosa, el momento «catábico» del duelo cuando el *ensombrecido*, obligado a forcejear con todas estas exigencias, se encuentra confundido. Y sufre.

El *ensombrecido* comprueba que la pérdida del objeto de amor es definitiva y enfrenta el desafío de desprenderse también del fantasma que lo habita. Un fantasma que, a diferencia del objeto en la realidad, juega su existencia en tres tiempos: pasado, presente y futuro. Encarna lo que ha sido el vínculo de amor, sostiene lo que es aquí y ahora, y promete una relación que ya no es posible.

Es un momento con un alto costo emocional. El *ensombrecido* arremete contra esa imagen. La enaltece, le reclama, la insulta, la acaricia. Sin el sostén externo el fantasma vacila, cede su fortaleza y se muestra ineficaz para contener el caos pulsional que enviste al enamorado.

El objeto fantaseado alimenta el anhelo del reencuentro e insta al *ensombrecido* a pensar todo el tiempo en el objeto real perdido, porque necesita de su presencia para seguir existiendo. A su vez, el deseo genera trastornos que hacen que lo ausente se haga presente de modo alucinado o delirante. Así, el *ensombrecido* cree verlo en la calle, escucha sus pasos en la casa o despierta sobresaltado al sentir la presencia del objeto perdido a su lado.

Al mismo tiempo lo invaden sentimientos contradictorios. Está enojado y triste, se siente desamparado, solo e incomprendido, avergonzado y culpable al mismo tiempo.

Ante la pérdida, el sujeto ha quedado vacío y se cuestiona qué responsabilidad le cabe en el desenlace de la historia. Piensa que podría haber conservado el objeto perdido. Se flagela y se acusa por lo que hizo y por lo que no hizo. Por las palabras que pronunció y las que calló. E instala el modo potencial con toda su crueldad: si hubiera, si hubiese, a lo mejor si… Pensamientos vanos que solo mantienen al doliente aferrado al sufrimiento.

Es Martina pensando que si no hubiera parado en aquella estación de servicio su hija estaría viva. Culpándose cada noche por no haber muerto en su lugar.

Esta fantasía de cambiar de sitio con el muerto es bastante común en quienes atraviesan un duelo. Y como *el mundo sigue andando*, cada cosa que se vive luego de la pérdida alimenta más la culpa.

Así lo dice Borges: «Aquí está el patio que ya no comparten sus ojos, allí la acera donde acechó su esperanza».

La sensación de culpa dificulta todavía más el arduo trabajo de duelo. El *ensombrecido* se lastima y se aleja del mundo también por vergüenza. Es la vergüenza de Martina por no haber podido evitar el choque, la vergüenza de Laura por no haber sido capaz de mantener el amor de su esposo.

La pérdida pone al descubierto nuestra impotencia, nuestra inevitable castración. Surgen la angustia, el enojo, y otra vez la culpa.

Es mi culpa ante el diván que Majo dejó vacío.

En un intento por no derrumbarse, la persona en duelo apela a las defensas maniacas e intenta corregir el destino aunque sea en sus sueños. No es extraño que el amado perdido sea protagonista de la mayoría de los sueños que habitan el duelo.

El *ensombrecido* sueña con el amado, lo alucina y lo encuentra en sus objetos. A veces le atribuye participación en ciertas coincidencias. Puede que interprete una nota o un mensaje antiguo como si el ausente estuviera dando un mensaje actual. Se identifica con él, se viste con alguna de sus prendas, se sienta en su lugar de la mesa o incorpora gestos del objeto perdido que antes no tenía.

Lobos que acechan el sendero del duelo.

Con el tiempo, enojado e impotente, el *ensombrecido* desata su furia contra él mismo o la proyecta sobre alguien más: la mujer por la cual el esposo de Laura la abandonó, o el muchacho de la estación de servicio que se demoró en atender a Martina.

En la psiquis lastimada del *ensombrecido* aparecen las charlas que quedaron pendientes, lo que no pudo decirse, lo que quedó sin simbolizarse. Es tal vez uno de los puntos más difíciles de resolver. Aceptar que hay cosas que habitarán un vacío eterno.

En realidad, los sentimientos de culpa son una forma de mantener a salvo la imagen del objeto perdido. Sin embargo, es de esperar que a medida que el duelo avance, parte de ese enojo se dirija sobre el ensombrecido. Cuando eso ocurre surge una relación ambivalente y comprendemos que ese objeto ya no es solamente amado, también es odiado. Y hay razones para que lo sea. Después de todo, su muerte o su abandono han causado nuestro sufrimiento y la sensación de vacío que nos recorre. Ese objeto perdido además es responsable de la separación. Tal vez si se hubiera cuidado no habría muerto, o quizás podría habernos amado mejor y quedarse a nuestro lado para siempre.

Se trata de un momento fundamental del duelo. Es ahí cuando el Infierno se *ameseta*, se vuelve llano y dejamos de descender. Es cierto, aún caminamos entre los gritos de Tántalo y el desconsuelo de Sísifo. Seguimos en el Hades, pero algo cambió. Como si la pulsión de vida comenzara a reclamar un lugar para el retorno del deseo.

Mientras esta lucha se libra dentro del *ensombrecido*, los demás hacen su parte. Se acercan y lo incitan a volver a la vida. Intentan palabras de consuelo que lejos de ayudar lo enfurecen, y lo ligan más al fantasma de lo perdido: «Yo sé que ahora vendrán caras extrañas con su limosna de alivio a mi tormento».

Y el *ensombrecido* se niega a aceptar esas limosnas, esas torpes palabras de aliento que le acercan aquellos que no entienden la batalla que está librando.

Hasta que una mañana despierta y el dolor duele menos.

Es un momento extraño, tan sorpresivo como fue el impacto. Así, sin preparación alguna, aparece una sonrisa o la posibilidad de pensar en algo distinto. Y sin que nos demos cuenta el camino se vuelve ascendente, las sombras pierden oscuridad y el presente se ilumina.

Es Martina asombrada por haber disfrutado del sexo con su esposo otra vez.

En *El precio de la pasión* dijimos que el duelo era un recorrido que iba de una muerte a otra. Un recorrido que comienza con la pérdida de algo real y concluye con la pérdida de la representación inconsciente del objeto perdido. Es decir que en el final de la travesía debe darse muerte al fantasma para que nazca el recuerdo.

La sensación de alivio aparece a medida que el fantasma agoniza y la calma llega con su desaparición.

Este es el punto más complejo del trabajo de duelo. No es fácil dejar ir la imagen del otro porque se llevará un pedazo de nuestra historia y una parte de nosotros.

Dijimos que el duelo era un proceso de metamorfosis. Y es así. Quien emerge del Infierno ya es otro. Carece de algo que tenía al iniciar el viaje: el objeto amado, su imagen, los sueños adheridos a él, y sobre todo el lugar que ocupaba en su deseo. Un lugar al que tiene que renunciar para siempre. Algo que debe perderse para no perderlo todo.

El *ensombrecido* cede una parte de sí y ofrenda una muerte para conservar la vida. La muerte de «eso» que no era ni de uno ni de otro.

Se trata del desprendimiento más doloroso que debe realizarse, sin el cual no es posible el retorno al mundo del deseo. Ya fuera del Infierno, el sujeto recupera su contacto con el mundo y comienza su lucha por construir su destino.

No es el mismo que era antes del Impacto. Es otro. Alguien que lleva en su cuerpo y en su psiquis las marcas de la batalla que acaba de librar. Alguien que vuelve a mirar de frente la vida de la mano del deseo.

Cuando esto sucede podemos decir que la anábasis ha permitido un final de duelo.

IV
EL REGRESO

Matar es fácil y vivir difícil.
Apuesto al riesgo de vivir… y vivo.
ARMANDO TEJADA GÓMEZ

Estar en duelo es haber amado.

No hay duelo sin amor. No hay duelo si no existió alguien que alojó nuestro deseo y nos invitó a la aventura de crear algo que no existía antes.

Alguna vez pensé que todo vínculo implicaba la construcción de un espacio donde solo estuvieran las cosas compartidas. Es la idea de la intersección que describe la teoría matemática de los conjuntos. Tenemos el conjunto A, el B y uno nuevo, el conjunto C, formado por los elementos que A y B tienen en común.

Hoy sé que no es así. Una relación es mucho más que eso. No se trata solo de lo que cada uno aporta sino de lo que nace a partir de ellos. Es un nuevo conjunto —D—, que contiene a C, pero a la vez suma elementos que ni A ni B tenían y que desaparecerán si el vínculo se rompe.

No es posible pensar el final del duelo como la aparición de un objeto sustituto porque «eso» que se pierde, el espacio D, se pierde para siempre. Como dijo la doctora en Psicología Marta Gerez Ambertín, «el duelo es un enigma incurable».

Un enigma porque nunca sabremos de verdad qué fue lo que perdimos al perder el objeto amado. No hay saber que pueda comprender la pérdida y darle un sentido.

Dejemos que las palabras de Freud nos acompañen. La pérdida… «Es un hecho de efecto tan paralizante que no puede inspirar reflexión alguna. […] Cruda fatalidad, muda sumisión».

El duelo es un hecho misterioso y cruel, enigmático e incurable, porque la herida jamás sanará del todo: «Muy adentro, muy en lo profundo, advierto el impacto de una honda herida narcisística, que ya no podrá ser curada».

Y sin embargo debemos seguir. Tomar el guante y aceptar el desafío de ir hasta el Infierno y volver.

El melancólico no lo consigue. Queda capturado en la catábasis y habita para siempre en un mundo alucinado y doloroso. El depresivo lo logra a medias, con una anábasis imperfecta. Asciende hasta la puerta del Infierno, pero no sale del todo. Cada tanto se permite dar unos pasos y disfrutar del sol. Luego regresa y permanece en esa penumbra que lo envuelve. En cambio, quien atraviesa el proceso de duelo renuncia a la servidumbre que lo ligaba al objeto de amor, y recupera su libertad. Una libertad en falta.

En los mitos antiguos, algunos podían salir del Infierno a condición de no haber probado el alimento de los condenados. Ese era el precio. De igual modo, para abandonar el lugar del *ensombrecido* también hay que pagar un precio: ceder una parte de sí.

La pérdida del objeto amado genera el efecto de una amputación emocional. El fin del duelo vuelve a amputarnos, solo que esta vez la entrega es aceptada por el *ensombrecido* como una manera de recuperar el deseo.

¿Qué significa esto? Que debemos admitir que hay algo que ya no seremos más. Aunque volvamos a amar y construyamos sueños nuevos, ninguno reemplazará a los sueños perdidos.

Borges dijo que cualquier destino, por largo o complicado que fuere, constaba en realidad de un solo momento. El momento en el que alguien sabe para siempre quién es.

El duelo es la instancia que nos pone a prueba y desnuda quiénes somos, y quién no.

La anábasis, el ascenso del Infierno, surge cuando renunciamos a recuperar el objeto amado y comenzamos a anhelar la muerte de su fantasma.

Silvio Rodríguez lo expresó así:

> Ojalá que la lluvia deje de ser el milagro que baja por tu cuerpo.
> Ojalá que la luna pueda salir sin ti. Ojalá que la tierra no te bese los pasos.
> Ojalá se te acabe la mirada constante, la palabra precisa, la sonrisa perfecta…
> Ojalá pase algo que te borre de pronto.

Sin embargo, no existe ese «algo» que borre de pronto lo perdido. El desvanecimiento del objeto amado llevará un tiempo doloroso, pero necesario. Un tiempo que a veces estiramos por culpa.

Martina creía que si volvía a reír o a soñar estaría traicionando a su hija. Parte del trabajo de análisis consiste en que el paciente comprenda y acepte que el duelo no es el olvido. Como sostuvo Thomas Carlyle, lo que amamos nunca nos es arrebatado por completo porque…

Deja tras él un vestigio luminoso
semejante a esas estrellas apagadas
que se ven desde la tierra después
de muchos siglos.

Una metáfora eficaz para describir el efecto psíquico que ejercen los objetos amados y perdidos. Son luces que continúan iluminando aunque la estrella que las originó haya desaparecido hace tiempo.

Duelar no implica olvidar. Implica sí, una muerte personal. El antiguo escritor latino Sirius dijo que el hombre muere tantas veces como pierde a cada uno de los suyos.

Pero no solo morimos con cada uno de nuestros seres amados. También morimos un poco con cada amor perdido y cada ilusión frustrada. Eso es vivir: caer con cada pérdida. El duelo es la posibilidad de levantarse y volver en busca de un deseo más.

Aunque no se trata solo de perder.

En nuestra definición de duelo dijimos que quien vuelva de los infiernos emocionales, regresará diferente. Habrá algo que ya no tiene, y tendrá algo que no tenía antes de iniciar el duelo. Es otro, y a la vez el mismo. Y afirmamos que el trabajo de duelo no busca recuperar el antiguo ser, sino que alguien se anime a ser diferente. Alguien que ha perdido, y a partir de esa pérdida es capaz de dar nacimiento a algo distinto.

Una persona ha concluido su duelo cuando aceptó la pérdida, cedió una parte de sí mismo, renunció a ese «trozo de sí» propio del vínculo con lo perdido y, además, ha sido capaz de dar origen a algo nuevo. Algo vital.

Hemos recorrido los dolores de Freud y pudimos ver cómo la palabra acudía a rescatarlo. Cómo cada una de sus cartas era en sí misma un camino duelante. Pero no fueron solo sus cartas las que le permitieron transitar las pérdidas.

Su hija Sophie murió en 1920. Ese año Freud publicó uno de los textos más importantes del Psicoanálisis: *Más allá del principio del placer*, donde introduce ni más ni menos que el concepto de pulsión de muerte.

En 1923 muere su nieto Heinele. Es el año de la publicación de *El yo y el ello*. Y es nuevamente la escritura que a partir del dolor da a luz un texto único.

Podríamos sospechar que Freud transitó el camino de su anábasis de la mano de la palabra, y a través de sus escritos denunció aquello que el duelo le reveló: la muerte y el dolor son más fuertes que la vida y el placer.

En esa misma época, lejos de Viena, en Mar del Plata, ciudad que amo, nació uno de los músicos más importantes que dio la Argentina: Astor Piazzolla.

Astor pasó su infancia en Nueva York y a mediados de los años treinta regresó a la Argentina, donde tuvo un momento estelar en el ámbito del tango. Fue arreglador de Aníbal Troilo, uno de los bandoneonistas y más grandes compositores argentinos de tango entre los años 40 y 50, armó su propia orquesta típica y estudió con Ginastera. Más tarde, una beca le permitió viajar a Francia para tomar clases con Nadia Boulanger la compositora francesa, discípula de Ravel y maestra, entre otros, de Gershwin, el gran jazzista estadounidense.

A su vuelta a la patria, Piazzolla creó el Octeto, un ensamble musical disruptivo, provocador y genial que revolucionó el género para siempre. Entre otras cosas, se incorporó por primera vez la guitarra eléctrica al tango. El costo de esta aventura fue que Astor se quedó sin un peso.

En su apuesta artística había contratado músicos de enorme jerarquía que no pudo pagar. Aunque ellos lo acompañaban con admiración y entusiasmo no lograron continuar. Seducidos todavía por el sonido de la «orquesta típica», nadie contrataba al Octeto y la agrupación no consiguió mantenerse.

La aventura duró apenas un par de años, al cabo de los cuales Astor, frustrado, emigró nuevamente a los Estados Unidos.

En el año 1958 Piazzolla se fue de Argentina. Se fue solo. Tiempo después se sumarían su primera esposa, Dedé, y sus hijos Daniel y Diana.

Astor no solo amaba la música. Él era música, y quiso probar suerte en la ciudad en que había vivido de niño. Quizás allí pudiera encontrar la trascendencia que Buenos Aires le negaba.

Al llegar visitó su antiguo barrio y se enteró de que algunos amigos estaban purgando penas en Sing Sing y Alcatraz.

Un día, Albino Gómez, que integraba la misión argentina ante las Naciones Unidas, lo llamó para comentarle que debía pasar a buscar al afamado compositor y director musical Igor Stravinsky para llevarlo a un coctel, y le preguntó si deseaba acompañarlo. Astor pensó que se trataba de una broma, lo insultó y le cortó el teléfono.

Esa noche Piazzolla asistió a una recepción en honor a Victoria Ocampo, sin reparar en que el propio Albino Gómez la había organizado. Tampoco reparó en que Victoria era amiga de Stravinsky.

En un momento se abrió la puerta y Gómez entró al salón llevando del brazo al compositor. Piazzolla, sin poder creerlo todavía, se acercó y le dijo: «Maestro, soy su alumno a la distancia». Stravinsky lo miró y le estrechó la mano con calidez. El maestro ruso no sabía que estaba saludando a quien sería uno de los grandes genios de la música del siglo XX.

Sin embargo, a pesar de estos acontecimientos, Piazzolla estaba muy mal económicamente. A veces no alcanzaba ni a pagar el transporte de sus hijos. Por suerte, desde Mar del Plata llegaban algunos giros de sus padres.

En un momento de desesperación consiguió un puesto como traductor en un banco. Sería su primer trabajo fuera de la música.

El día que tenía que empezar a trabajar salió de su casa a las ocho de la mañana. Volvió a las nueve. Miró a su esposa y le contó que al llegar a la esquina se sintió abrumado por la angustia. Seguramente imaginó su vida allí, trabajando en ese lugar para siempre, tan lejos de su vocación y de su alma.

«No pude». Es lo único que dijo.

Decidido a vivir de lo que amaba, Astor aceptó sumarse a una gira por Puerto Rico. Muerto el sueño de aquel octeto inigualable, pobre y rechazado por una Buenos Aires que no entendía su música, se resignó a participar de esa gira por Centroamérica para ganar algunos pesos. Por entonces, desconocía que lo esperaba uno de los dolores más grandes de su vida.

Piazzolla tenía cerca de treinta y ocho años y actuaba en el Club Flamboyan. Fue una época muy difícil para él. Así lo cuenta en *Astor*, el libro biográfico que escribió su hija, Diana.

> Me sentía deprimido, triste, añoraba volver a mi país. La música que salía del bandoneón, mi aspecto cuando tenía que aparecer en el escenario con un pañuelito blanco, al estilo compadrito, y tocando «El choclo»... eso no era yo. Lo único que quería era volver a Buenos Aires, escuchar a Pugliese, tomar café con mis amigos. Fueron años de pesadilla, a lo que se sumó una noticia que me derrumbó definitivamente...

Una tarde recibió una llamada telefónica que le informó que su padre se encontraba grave. Don Vicente Piazzolla había tenido siempre una salud perfecta, pero se lastimó una pierna en un accidente en bicicleta y a partir de ahí las cosas se fueron complicando.

Astor les contó la noticia a sus compañeros de elenco, los bailarines Juan Carlos Copes y María Nieves, quienes le sugirieron que se comunicara de inmediato a Mar del Plata para saber si había alguna novedad. Y la había.

Uno de sus primos le dijo que Nonino, como llamaban a su padre, Vicente, había muerto de una embolia cerebral. Tenía tan solo sesenta y seis años.

A pesar de la noticia, Piazzolla quiso hacer la función. En una entrevista, Copes confesó que se encontraba desgarrado. Simon Collier y María Susana Azzi, sus biógrafos, cuentan que al finalizar el espectáculo, en el momento del saludo, Astor tomó las manos de Copes y Nieves con tanta fuerza que parecía necesitar aferrarse a ellos para no caer.

Cuando la gira terminó Piazzolla regresó a Nueva York, donde vivía con su familia. Y allí nació su obra maestra, como le contó al periodista Natalio Gorin.

> Cuando volví a Nueva York, unos días después, pedí que me dejaran solo en una habitación del departamento, me senté al piano y en menos de una hora compuse «Adiós, Nonino». Entonces lloré como pocas veces he llorado en mi vida. En el trayecto del aeropuerto hasta casa, en la calle 92, la imagen de Nonino se me había aparecido en cada pared de Nueva York, y en ese tema quedaron todos los recuerdos que tenía de papá.

Algunos años atrás, cuando estudiaba en París, Astor había compuesto para su padre un tango llamado «Nonino». Sus biógrafos cuentan que ese era el tango que estaba tocando aquella noche, cuando el dolor de la pérdida lo tomó por completo. Desconsolado, se dejó llevar y comenzó a improvisar una melodía celestial. Era una continuación de aquel tango a su padre, aunque ahora era una despedida, un *requiem*, la más famosa de sus obras.

Su compañera Dedé lo escuchaba componer y el sonido del piano se apagaba con los sollozos que en un momento se hicieron terribles.

«Yo nunca lo había visto llorar», confesó. «Ni así, ni de ninguna manera».

En el año 1959 Astor tuvo que duelar a su padre. Fue un duelo difícil y descarnado que dejó como saldo el nacimiento de una pieza inmortal.

Pero me atrevo a imaginar una anábasis más.

Tras la muerte de su padre y la creación de «Adiós, Nonino», Piazzolla decidió volver a Buenos Aires y fundó el quinteto. Un ensamble musical que lo alojó, le permitió desplegar su deseo y desde el que compuso muchas obras que pasarían a la historia.

Un nacimiento más, producto del trabajo de duelo.

Dijimos que el duelo no es el olvido.

Pude duelar a Majo, aunque jamás la he olvidado. Cada tanto vuelve a visitarme. Algunas veces me saca una sonrisa. Otras, varias lágrimas.

Majo me obligó a recorrer el camino del duelo y me enseñó que hay heridas que no dejan de doler.

Ya no atiendo en el mismo sitio. Antes de dejar para siempre aquel consultorio, donde habíamos compartido sus deseos, sus miedos y su pregunta eterna, «¿cómo será morirse?», me despedí de ella.

Había pasado tiempo de su muerte, pero Majo seguía estando allí. Porque estaba en mí. La noche previa, antes de entregar las llaves del lugar, me senté en ese espacio ya sin muebles y le pedí perdón… Y la perdoné. Y me fui.

Majo seguirá siendo para mí como la luz de esa estrella que se apagó hace años. Acepté perderla, de a poco dejé ir su imagen y cedí una parte de mí. Ya no soy ese analista que contenía su angustia y acompañaba sus sueños. También admití que «eso» que habíamos construido juntos desapareció con su pérdida. Y como rastro de mi paso por el duelo quedó algo nuevo. Un libro, *Escucha tu dolor*, y un personaje que la gente amó: Majo. Un personaje que ya no es mío ni de ella. Un personaje que ya no es de nadie. Ni siquiera del lector.

EPÍLOGO

Soy feliz, soy un hombre feliz
y quiero que me perdonen en este día
los muertos de mi felicidad.

SILVIO RODRÍGUEZ

En un momento de su análisis Martina contó su separación de Joaquín. Él creía haberse enamorado de otra mujer y ella tuvo que afrontar ese duelo. Al relatar aquel suceso citamos esta frase de Silvio Rodríguez para decir que muchas veces lo que hace feliz a uno, vuelve infeliz a otro. Entonces, surge la culpa, el dolor y la necesidad de autorizarse a vivir el deseo para alcanzar la felicidad. Una felicidad que estará cimentada por el dolor de los muertos que llevamos a cuestas.

«Los muertos de mi felicidad» no es una contradicción. Es la anábasis. Es el reencuentro con la vida siempre teñida por alguna pérdida.

Como dije: toda persona lleva el olor de sus muertos.

El tiempo que nos toca vivir, atravesado por la tecnología, presenta algunas dificultades para la elaboración del duelo. Freud se encargó de señalar la importancia que «la prueba de la realidad» tiene en este proceso.

En la actualidad, desde los videos o mensajes de voz guardados, el objeto perdido conserva una presencia constante. En todos los tiempos los *ensombrecidos* releyeron cartas o miraron fotos viejas, pero nunca como ahora esa presencia fue tan «real». Hoy basta con buscar en una conversación antigua para que el amado vuelva a decir que nos quiere, o cuente lo que hace en ese momento, que ya ha dejado de ser «ese», porque ahora es pasado. Aferrado a esos mensajes, el deseo de conservar el objeto perdido arremete contra el Principio de Realidad. ¿Por qué aceptar que todo se ha terminado si cada mañana puede restituirse lo ausente a partir de un archivo que repite palabras de amor tantas veces como uno quiera? ¿Por qué considerar que jamás volveremos a ver a nuestros muertos si desde el teléfono celular se mueven, gesticulan, y tienen una presencia casi corpórea?

Se trata de un tema sobre el cual los analistas deberemos pensar mucho todavía. Pero señalo el cuidado que debe tenerse ante la posibilidad de la aparición del efecto «siniestro» que tiene la presencia tan plena de alguien que no está.

Ahora el fantasma no vive solo en el Inconsciente. Su voz ya no murmura únicamente desde la oscuridad de un psiquismo atormentado por la pérdida. Lejos de las sombras, y al alcance de quien quiera verlo, el objeto de amor se presentifica con toda su potencia. Lo miramos, lo escuchamos. Está allí, no termina de irse por completo. Y la mente duda.

Agustín tenía cuarenta años en el momento que lo conocí.

Me consultó porque no conseguía disfrutar de sus logros. Su vida era agradable. Sin problemas familiares ni económicos. Estaba casado con una mujer que amaba, tenía una hija, Nayla, y un trabajo que no solo le permitía un pasar relajado, además le proporcionaba placer y reconocimiento. Sin embargo, no era feliz. Algo que no podía descifrar lo llevaba a atravesar momentos de fuerte angustia.

Agustín era hijo de empresarios. Personas que viajaban mucho, por lo cual él y su hermana menor, Ariela, crecieron con periodos largos de padres ausentes. En esos momentos, ambos quedaban al cuidado de dos empleadas, aunque los seis años de diferencia hacían que Agustín se sintiera responsable de su hermana.

Ariela tenía una vida oscura y solitaria. Nunca había logrado construir lazos de amistad o de amor con alguien, y solo se vinculaba con Agustín, con quien tenía una relación ambivalente. A veces lo idolatraba, otras lo agredía. Parecía enojarse ante los logros de su hermano, y con sus actitudes conseguía que él se angustiara y se sintiera culpable.

—Agustín —le señalé en una sesión—, es evidente que siempre sentiste que era tu obligación cuidar a tu hermana.

—Era así —comentó.

—No veo por qué. Tú también eras un chico. A ti también te faltaban tus padres. Tenías seis, siete años. La edad que tiene tu hija ahora. Dime, si tuvieras un bebé, ¿crees que sería su obligación hacerse cargo de él?

—Claro que no —responde—. Pero es distinto.

—¿Por qué es distinto? —Silencio—. ¿Qué piensas?

—Que yo siempre fui el más fuerte. A ella, pobrecita, todo le costó más.

—Pobrecita —repito—. ¿Te das cuenta dónde la ubicas?

—No soy yo. Ella sola se ubica en ese lugar.

—Puede ser, pero tú lo sostienes.

—Todos lo sostenemos. Mis padres están encima de Ariela todo el tiempo —sonríe.

—¿Qué pasa?

—Pasa que ya es tarde. No es ahora cuando Ari los necesita. Era antes.

—Y ahora, ¿a quién necesita?

Me mira.

—A mí.

La relación de Agustín con su hermana era demasiado intensa. Ella reclamaba su atención de modo permanente y competía tanto con Nayla como con su cuñada.

Ariela se encargaba de arruinar cualquier momento de felicidad de Agustín. Algo que él no comprendía.

—No lo entiendo. Yo sé que me ama más que a nada en el mundo. Te lo juro.

—Puede ser. Pero no todos los amores son sanos. Ariela te ama, es cierto. Te ama como puede. Mal.

—¿Y qué debo hacer?

—No sé. ¿Qué quieres hacer?

Duda.

—Vero, mi mujer, me dice que tengo que sacarle los ojos de encima.

—¿Y qué pensás de eso?

—Que a lo mejor tiene razón. Te juro que Vero no lo dice de mala manera. De verdad. Ella la quiere, pero se desespera al ver lo mal que me pongo cada vez que Ari me dice algo malo.

—¿Y eso ocurre seguido?

—Todo el tiempo. Es rara… A veces me deja un mensaje amoroso y al rato, de la nada, me agrede. Y te juro que yo no le hice nada.

Asiento.

—Lo que pasa es que el problema de tu hermana es con ella, no contigo. No tiene nada que ver con lo que hagas o dejes de hacer. Y mientras no lo entiendas no vas a poder irte de ese lugar.

Me mira serio.

—Es que tengo miedo.

—¿A qué? —Niega con un gesto—. Dilo.

—Tengo miedo a que se mate.

En aquella sesión, por primera vez Agustín puso en palabras su temor. Sentía que la vida de Ariela estaba en riesgo permanente y por eso, como señalaba Verónica, no podía quitarle la mirada.

Durante mucho tiempo trabajamos ese tema. De a poco, Agustín comenzó a evitar los lugares emocionales adonde su hermana quería llevarlo. A veces, ella reaccionaba con furia, otras reclamaba desde el llanto. Por suerte, a los pocos meses apareció Eugenio, un empleado de Agustín.

Ariela lo había conocido en una fiesta laboral y empezaron a salir. Ella comenzó a mostrarse diferente. Reía, participaba de reuniones sociales y mejoró el trato con sus padres. Fue su mejor momento. Duró solo un año.

Cuando la relación terminó, Ariela cayó en un pozo depresivo y volvió a ser la mujer empobrecida y cruel de antes. Agustín intentó contenerla. En ocasiones ella se lo agradecía de la forma más amorosa, aunque a veces lo echaba de su casa.

Al tiempo, comenzó a acribillarlo con mensajes. Veinte, treinta por día. En algunos le decía que lo amaba, en otros que lo odiaba por ser amigo del hombre que la había abandonado.

Un sábado de mañana al encender el teléfono vi que tenía un mensaje de Agustín. Contenía solo dos palabras.

—Se mató.

El suicidio es un tema difícil de abordar. Según Lacan se trata del único acto efectivamente logrado. Un acto sin vuelta atrás. Un acto imposible de resignificar.

André Comte-Sponville escribió:

> El suicida no muere más que los otros ni más pronto que muchos. Muere de un modo distinto, por cierto, porque muere voluntariamente.
>
> [...] no escoge morir (no es una opción que se tenga) sino morir ahora.

Es cierto. Morir no es una opción. Vivir sí. Nadie puede evitar la muerte, pero el suicida evita la vida. Y condena al infierno a quienes no mueren con él.

A lo largo del libro remarcamos que somos sujetos del deseo y la palabra. El suicida es alguien que desaparece como sujeto humano aun antes de morir. Rompe su relación con la palabra y decide que ya no hablará. Su acto final es la manera en que se despide de la vida biológica. De la otra, de la vida de verdad, ya se había despedido al romper su lazo con el deseo.

En el suicidio la pulsión de muerte gana, y con su triunfo deja un mundo plagado de emociones que costará resolver.

El suicidio de Ariela empujó a Agustín hacia un duelo desgarrador. Entregado por completo a conservar la imagen de su hermana, retiró su energía del mundo, incluso de su familia, y se encerró en otro mundo… un mundo *ensombrecido*.

Agustín no hablaba con sus padres ni con su esposa. A veces tampoco conmigo.

—Cuéntame qué sientes.

—Vergüenza.

—¿Por qué?

—No sé.

—Agustín —le expliqué—, la vergüenza aparece frente al miedo de que alguien se entere que hicimos algo que está mal. ¿Qué crees que hiciste mal?

Pausa.

—Abandoné a mi hermana. La dejé morir sola.

Son momentos complicados del análisis. Tomado por la pulsión de muerte, el paciente se flagela y es necesario sacarlo de ese padecimiento mudo. El único modo es lograr que hable y que piense. Para eso, a veces hay que contradecirlo.

—No es cierto. La llamabas a diario y conversaban todo el tiempo.

—Esas no eran conversaciones. Yo hablaba solo. Ella apenas escuchaba. Después cortaba, y de la nada me mandaba un mensaje.

—¿Y qué decía?

—Depende. Me daba las gracias, me contaba lo importante que era para ella, me insultaba... No entendía cómo yo no echaba a Eugenio del trabajo. Y cuando empezaba con ese tema se enojaba y me pedía que no la molestara más. Me decía que disfrutara de mi mujer y de mi hija y no me preocupara por ella... Al rato llegaba un mensaje donde me pedía perdón y rogaba que no le soltara la mano.

—¿Y tú qué hacías?

—La llamaba, intentaba consolarla... no sé... hice lo que pude... no lo suficiente.

Fueron meses angustiosos. A la sensación de vergüenza se le sumó la culpa. Agustín pensaba que tal vez, si hubiera despedido a Eugenio, si la hubiera llevado a vivir a su casa, o si la hubiera llamado aquel día, la historia podría haber sido diferente.

También apareció el enojo. Con sus padres, con Verónica, con él mismo.

—¿Por qué no con ella? —lo increpé.

—¿Qué dices?

—Agustín, ¿quién mató a tu hermana? ¿Tus padres, Verónica? ¿Tú?

—No.

—¿Quién fue el culpable, entonces? —Llora en silencio—. Si quieres puedes quedarte callado. Pero que no lo digas no cambia las cosas.

—¿Y qué pretendés… que me enoje con ella?

—¿Por qué no? Tendrías derecho. Después de todo asesinó a tu hermana.

En aquella época, Agustín tuvo una serie de desmayos y comenzó a sufrir terrores nocturnos. Se hizo todos los estudios y no apareció ninguna anomalía física. Ni los médicos, ni él mismo encontraban un sentido para sus síntomas. Yo sí.

—Agustín, tienes que dejar de ser tu hermana —dije en medio de una sesión.

—¿Qué? —preguntó desconcertado—. ¿Te volviste loco?

—No. Quiero que entiendas lo que te está pasando.

—¿Y qué me está pasando?

—Que al no poder tener más a tu hermana, decidiste ser tu hermana. Te identificaste con ella. Pero no con uno de sus rasgos. Eso no tendría nada de extraño. Es normal que cuando alguien muere, sus seres queridos incorporen alguno de sus gestos y lo hagan propio. Por ejemplo, usan una de sus prendas o utilizan alguna de sus expresiones. Eso no está mal. A su manera, están intentando mantenerlo con vida en una parte de ellos. Pero tú no te identificaste con un rasgo de Ariela, sino con toda ella.

—No entiendo.

—Estás atravesando un momento terrible y no sabes cómo manejarlo. Por eso a veces, de modo inconsciente, te identificas con Ariela y te pones en su lugar. De ahí tus terrores nocturnos. Tu miedo a la noche, a la puerta cerrada. Pero no tienes por qué tener miedo. No eres tú el que está encerrado en un cajón oscuro. Es tu hermana. Tú estás en tu cuarto, con tu mujer. Y aunque te desmayes, solo vas a desvanecerte por un rato. Ella, en cambio, se desvaneció para siempre y no va a despertar. Hazte cargo, Agustín. Estás vivo. Vas a tener que aceptarlo y vivir.

Hicimos un trabajo intenso. El impacto había sido duro y la catábasis también. De a poco, Agustín fue recuperándose. Verónica resultó ser un psicopompo ideal, una compañera de viaje que recorrió el Infierno junto a él sin dejar de sostenerlo.

Su hija Nayla, también jugó sus cartas.

A pesar de haber comenzado su anábasis, Agustín conservaba vestigios del horror.

Desde que su hermana había muerto, cada día al despertar y antes de dormir, tomaba el celular, abría las conversaciones que había mantenido con ella y como si se tratara de una ruleta rusa, elegía alguna al azar.

A veces escuchaba la voz dulce de Ariela que comentaba un hecho casual o le decía cuánto lo quería. Otras, el teléfono le devolvía una serie de insultos y de llantos.

Desde ese mundo fantasmal plagado de fotos y videos, la voz y la imagen de Ariela desplegaban deseos de buena suerte, pedidos ocasionales, trazos de su melancolía, saludos de cumpleaños, comentarios políticos, augurios de buen viaje, reclamos de presencia, mensajes para Nayla, chismes familiares y amenazas.

También estaban allí las respuestas de Agustín intentando contener y dando aliento. A veces se escuchaba algún suspiro angustiado o una sonrisa aliviada.

Aquel teléfono era un reservorio cruel de la hermana ausente. A diferencia de las cartas o las fotos de antaño, el fantasma en el celular reía, lloraba, pedía opinión sobre su vestimenta o proponía un encuentro. Un encuentro que ya no era posible.

En aquel chat había más de dos mil mensajes. Mensajes que él recorría de la mano del azar. Y lloraba, y se enojaba con el teléfono, y sonreía, con esa sonrisa triste que tienen los recuerdos lindos. Como dijo Lord Byron, «el recuerdo de la felicidad ya no es felicidad».

Una tarde, al llegar al consultorio, Agustín puso el celular sobre la mesa baja que nos separaba. El aparato estaba destrozado. Le pregunté qué había pasado.

—Anoche, a punto de acostarme, me di cuenta de que había dejado el celular en la cocina y le pedí a Nayla que me lo trajera. —Baja la mirada—. Quería tener mi conversación con Ariela antes de dormir. La niña fue a buscarlo y volvió corriendo. Se tropezó y… lo rompió. —Pausa—. Lo agarré enseguida y vi que se había apagado. Quise encenderlo, pero no puede. No respondía. Entonces, en un ataque de nervios, lo revoleé contra la pared. —Se quiebra—. Ya está, Gabriel… se fue… mi hermana no está más.

Se tapa la cara con las manos y llora. Llora con ese sonido extraño que produce la emoción cuando muerde al cuerpo. Pulsión pura. Límite entre lo psíquico y lo somático. Desgarro absoluto.

Permanezco en silencio unos minutos antes de intervenir.

El analista tiene que poder soportar esa angustia en silencio. Luego, debe tomar ese dolor mudo y convertirlo en un dolor simbolizado. Para eso solo cuenta con las palabras.

—Agustín, hace tiempo que tu hermana ya no está. Murió.

—Se mató —balbucea.

—Sí, se mató. Y tú no tienes la culpa de eso. Y Nayla tampoco. —Asiente—. Cuéntame qué pasó después.

—Mi hija se asustó y salió corriendo para su cuarto. Vero me abrazó. «Llora», me dijo. Y lloré. Lloré como no lo había hecho nunca desde que Ari se fue. Cuando pude calmarme fui a la pieza de Nayla. Le dije que no pasaba nada. Que estaba todo bien.

—Y ella, ¿qué hizo?

—Me acarició la cara y me dijo: «Papá, ese teléfono hace mal»...

Pausa.

—Tiene razón tu hija. Ese teléfono te hacía mal.

Asiente.

—¿Y ahora qué hago con Ariela?

—Recuérdala y quiérela, como siempre. Agustín, lo que había en el teléfono no era tu hermana, era apenas una ilusión. Tenemos la creencia de que las ilusiones siempre miran al futuro. Bueno, no. Algunas miran al pasado. Un pasado que no morirá jamás. Y por más que se rompan todos los celulares del mundo, te aseguro que tu hermana estará siempre en tu recuerdo.

Agustín atravesó el duelo. Sufrió el impacto y recorrió su catábasis y su anábasis. Contó con la ayuda de una mujer que lo amaba y una hija que resolvió la angustia de su padre. Aquello no fue un accidente, fue un acto fallido. Nayla quiso desterrarlo del Infierno, y lo hizo... Como pudo. El infierno era «ese teléfono que hacía mal».

Han pasado tres años desde la muerte de Ariela.

Sigo viendo a Agustín. Hace poco volvió a ser padre. Está feliz. Vive. Ya no tiene esa pequeña ventana con forma de tumba. Ahora tiene un teléfono para comunicarse con los vivos.

* * *

El Psicoanálisis es la clínica del duelo.

Ningún paciente llega al consultorio si no ha perdido algo que ama.

Todo paciente es un *ensombrecido.* Un guerrero. El diván es el campo de batalla. Y allí peleamos juntos hasta que un día el dolor duele menos. Los enemigos son la depresión y la melancolía.

Por eso el Psicoanálisis.

Porque es aquí y es ahora donde puede jugarse nuestro destino.

Tenemos la creencia de que el duelo se emparenta con la muerte. Por el contrario. El duelo es la manifestación más potente de la vida. Es la batalla de un sujeto deseante que no piensa entregarse a pesar de sus pérdidas. La lucha de un hombre o una mujer que se niegan a renunciar a sus sueños y se ponen de pie con todas sus muertes sobre los hombros.

El duelo es una guerra entre una parte que quiere olvidar y otra que se niega a hacerlo, entre el objeto real y el *ensombrecido*, entre el *ensombrecido* y el fantasma, entre la realidad que lo empuja a la sustitución y el anhelo por conservar lo perdido.

El duelo es una guerra entre la ilusión y la soledad, entre el amor por lo perdido y el amor propio. Una prueba en la que alguien descubre quién es y qué está dispuesto a hacer para seguir siendo.

Somos aquello que perdimos. Y somos también el mundo que podemos crear a partir de lo perdido.

El duelo es un precio y una invitación.

El precio que pagamos por habernos atrevido a amar. Y la invitación a escribir una historia que cuente nuestro paso por la vida. Porque todos, alguna vez, seremos ausencia.

Todos, alguna vez, seremos duelados.

AGRADECIMIENTOS

Cynthia: por las mil y una noches de amor y lectura.
Nico: por el tiempo, la inteligencia… y la amistad.
Nacho, Mariano: porque diez libros después seguimos soñando juntos.
Gastón: por el apoyo constante.
A todos los compañeros y compañeras de Grupo Editorial Planeta.
A los lectores: por invitarme a seguir por estos caminos de emoción.

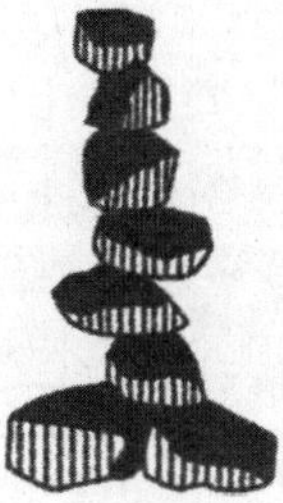